2010年教育部人文社会科学研究一般项目（10YJA880122）

县级政府教育政绩
评价指标体系研究

XIANJI ZHENGFU JIAOYU ZHENGJI
PINGJIA ZHIBIAO TIXI YANJIU

宋农村◎著

人民出版社

目　录

导　论 ……………………………………………… 1

一、选题意义和研究价值 …………………………… 1

二、核心概念的界说 ………………………………… 2

三、国内外研究现状述评 …………………………… 5

四、研究目标 ……………………………………… 14

五、研究内容 ……………………………………… 15

六、创新之处 ……………………………………… 18

七、研究方法 ……………………………………… 19

第一章　县级政府教育政绩评价的现状 ……………… 21

第一节　当前我国县级政府教育政绩评价的概况 ……… 21

一、国家的宏观要求 ………………………………… 21

二、地方的实施情况 ………………………………… 28

第二节　当前县级政府教育政绩评价取得的成绩 ……… 35

一、教育事业快速发展 ……………………………… 35

二、教育经费显著增加 ……………………………… 39

三、教师队伍水平提高 ……………………………… 42

四、教育管理实现规范 ……………………………… 43

第三节　当前县级政府教育政绩评价存在的问题 ……… 47

一、定位不准 ……………………………………… 47

二、逻辑不清 ……………………………………… 48

三、贪大求全 ……………………………………… 48

四、内容空泛 ……………………………………… 49

五、重面轻点 ……………………………………… 50

　　　　六、忽视差异 ･･････････････････････････････････････ 50

第二章　县级政府教育政绩评价的核心——县级政府的
　　　　教育责任 ･･･････････････････････････････････････ 51
　　第一节　县级政府教育责任在国家教育管理体制中的地位 ･･････ 51
　　　　一、中西教育管理体制比较 ･･･････････････････････････ 51
　　　　二、"地方负责,分级管理"教育管理体制的形成 ･･････････ 55
　　　　三、"以县为主"的义务教育管理体制 ･･････････････････ 60
　　第二节　县级政府教育责任在县级政府职责中的定位 ･･･････ 65
　　　　一、县级政府的职责 ･･････････････････････････････ 65
　　　　二、县级政府教育责任定位 ･････････････････････････ 67
　　第三节　县级政府教育责任的主要内容 ･･･････････････････ 73
　　　　一、教育保障 ･･･････････････････････････････････ 73
　　　　二、教育管理 ･･･････････････････････････････････ 85
　　　　三、教育发展 ･･･････････････････････････････････ 89

第三章　县级政府教育政绩评价的理论依据、法律与政策
　　　　基础和测量工具 ･･･････････････････････････････ 99
　　第一节　理论依据 ･･････････････････････････････････ 99
　　　　一、量化理论 ･･････････････････････････････････ 100
　　　　二、比较理论 ･････････････････････････････････ 105
　　　　三、成本理论 ･････････････････････････････････ 110
　　　　四、效益理论 ･････････････････････････････････ 116
　　第二节　法律与政策基础 ･･･････････････････････････ 120
　　　　一、法律保障 ･････････････････････････････････ 121
　　　　二、政策支撑 ･････････････････････････････････ 130
　　　　三、文件指导 ･････････････････････････････････ 132
　　第三节　测量工具 ･････････････････････････････････ 133
　　　　一、评价指标体系的工具特性 ･････････････････････ 134
　　　　二、评价指标体系的工具功能 ･････････････････････ 136

第四章　县级政府教育政绩评价指标体系构建的理论思考 ･････ 138
　　第一节　评价指标体系构建的理论基础 ･･･････････････････ 138

一、系统论的基本理论 ·················· 138

二、系统论的方法论意义 ·················· 144

第二节　评价指标体系的构建原则 ·············· 148

一、构建的基本原则 ·················· 149

二、构建的具体原则 ·················· 153

第三节　评价指标体系构建的理论路径 ·········· 158

一、运用整体性原理,发挥系统优势 ········ 161

二、运用自组织性原理,提高合理性与操作性 ···· 164

三、运用层次性原理,促进多层次参与和认同 ···· 166

四、运用结构功能原理,推进结构整合与功能优化 ··· 170

五、运用开放性原理,实现可持续发展 ······ 172

第五章　县级政府教育政绩评价指标体系构建的实践创新 ······ 177

第一节　县级政府教育政绩评价的体系构建 ·········· 177

一、体系的构架 ·················· 178

二、指标的选择 ·················· 180

三、指标体系的内容 ·················· 182

四、指标的测量 ·················· 184

五、分数的计算 ·················· 188

第二节　教育投入指标评估与计分方法 ·········· 191

一、人均教育经费 ·················· 191

二、教育支出占财政总支出的比重 ········ 193

三、生均公用经费 ·················· 195

四、教师工资水平 ·················· 197

第三节　教育资源指标的评估与计分方法 ·········· 199

一、教育资源增量 ·················· 199

二、中小学幼儿园班额 ·················· 203

三、学校布局调整情况 ·················· 205

四、优质资源占比 ·················· 206

第四节　教师队伍指标的评估与计分方法 ·········· 209

一、师生比 ·················· 210

二、高一级学历教师占比 …………………………………… 212

三、名优骨干教师占比 ……………………………………… 212

四、每100名教师年发表论文数 ………………………… 213

第五节 教育普及率指标的评估与计分方法…………………… 214

一、学前教育毛入园率 …………………………………… 214

二、义务教育巩固率 ……………………………………… 215

三、初中毕业生升学率 …………………………………… 217

四、19周岁人口高等教育入学率………………………… 217

五、从业人员年培训率 …………………………………… 218

第六节 教育服务质量指标的评估与计分方法……………… 219

一、教育公平情况 ………………………………………… 219

二、素质教育实施情况 …………………………………… 222

三、社会满意度 …………………………………………… 225

第六章 县级政府教育政绩评价指标体系的运用………… 227

第一节 评价指标体系的运用关系…………………………… 227

一、上级政府对县级政府的考核 ………………………… 227

二、人民群众对政府教育的监督 ………………………… 232

第二节 评价指标体系的运用方法…………………………… 234

一、信息有效采集 ………………………………………… 234

二、数据真实验证 ………………………………………… 237

三、数据综合分析 ………………………………………… 239

第三节 评价指标体系的运用程序…………………………… 240

一、自评 …………………………………………………… 241

二、他评 …………………………………………………… 244

三、结果运用 ……………………………………………… 248

第七章 县级政府教育政绩评价指标体系的测试………… 251

第一节 个案测试——可行性验证…………………………… 251

一、苏北某县2009年度县政府教育政绩评价报告 …… 251

二、指标的可行性分析 …………………………………… 255

第二节 专家评估——科学性验证…………………………… 257

一、专家评估 ……………………………………………… 257

二、指标的科学性分析 …………………………………… 261

第三节　民意调查——公信力验证 ……………………… 264

一、民意调查 ……………………………………………… 264

二、指标的公信力验证 …………………………………… 270

结　语 …………………………………………………… 275

参考文献 ………………………………………………… 279

后　记 …………………………………………………… 282

导　论

一、选题意义和研究价值

党的十七大提出了"加快行政体制改革,建设服务型政府"的战略任务,要求"更加重视政府的社会管理和公共服务职能"。而长期存在的"唯GDP论英雄"的地方领导干部政绩评价体制严重制约了政府职能的转变,迫切需要完善包括教育政绩评价在内的、更加关注民生的政绩评价体系,以引导政府合法行政、有效行政,进而促进服务型政府建设。

《国务院办公厅关于完善农村义务教育管理体制的通知》强化了县级政府的教育责任,新《义务教育法》实现了教育由"人民办"到"政府办"的转变,中职学生助学金政策、教育绩效工资改革、中小学校舍安全工程等一系列教育惠民政策的出台使县级政府的教育责任凸显。县级政府履行教育职责不积极,对教育的关心、投入不够,就会严重影响县域教育的发展。迫切需要建立完善教育政绩评价制度,形成激励竞争机制,以落实县级政府教育责任,保障教育优先发展的战略地位。

由于缺乏科学且具较强公信力的教育政绩评价指标体系,长期以来,一些干部在教育政绩方面存在很多错误认识。有的把升学率当作教育的GDP,作为评价教育政绩的硬指标,为应试教育推波助澜;有的热衷于"窗口学校"、"示范学校"建设,通过实施"面子工程"显示所谓的教育政绩,造成"择校热"等一系列社会问题。因此,建立科学、合理的教育政绩评价指标体系,对转变干部的教育政绩观、深化教育改革、推进素质教育、实现教育公平具有十分重要的意义。

二、核心概念的界说

本文将会涉及的概念有"县级政府"、"县级政府的教育责任"、"教育政绩评价"、"指标和指标体系"等,下面对这些概念逐一进行界定和解释,以便于研究的深入。

(一)县级政府

主要包括县、区和县级市政府。我国是实行单一制政权组织形式的国家,按照中央政府统一领导、地方政府分级管理的原则,形成了自上而下的金字塔形式的地方政府结构。自秦朝设郡县以来,中国就有"郡县治,天下安"之说。在两千多年的行政区划变动中,县是最基本的行政区域,县级政府是中国政府管理与治理史上最稳定的行政单位。从行政建制上看,属于县级行政建制的有县(自治县)、县级市、市辖区;从政府职能的角度看,本研究涉及的"县级政府"具有以下两个的特点:一是综合性。县域之内,城镇乡村兼有,农民市民混杂,一、二、三产业共生。县级政府全面担负着"经济调节,市场监管,社会管理,公共服务"等项职能。二是基层性。由于乡镇一级没有全面的治理能力,县基本上是一切政策的终端,同时又是民意直接反馈的底端,处于国家与社会相连接的关键位置,发挥着承上启下的核心和纽带作用。俗话说,上面千条线,下面一根针。中央和省面向全国、全省城乡作出的宏观决策,要经由县委和县政府转化为具体的政策措施,并通过乡镇的有效领导和监督贯彻下去。①

(二)县级政府的教育责任

从政府职能上看,教育主要属于公共服务的范畴。随着政府职能的转变,社会管理和公共服务职能在政府责任中不断得到强化,教育责任在政府整体责任体系中的位置也越来越突出。通过对《教育法》、《义务教育法》、《国务院关于基础教育改革与发展的决定》(国发〔2001〕21号)、《国务院办公厅关于完善农村义务教育管理体制的通知》(国办发〔2002〕28号)、《国务院办公厅转发教育部关于建立对县级人民政府教育工作进

---

① 朱光磊:《当代中国政府过程》(第2版),天津人民出版社2002年版,第365页。

行督导评估制度意见的通知》(国办发〔2004〕8 号)、《国家中长期教育改革和发展规划纲要(2010—2020 年)》及其他相关法律法规和文件的梳理,星级政府的教育责任可以从两个方面界定。从教育类别上,担负着统筹管理县域内义务教育、幼儿教育、普通高中教育、中等职业教育和成人教育的重要责任。从管理职能上,主要承担着教育财政责任和教育管理责任。教育财政责任具体包括教育经费的筹集、预算、分配和管理等。教育管理责任主要包括加强政府领导、落实法律法规、教育事业发展、人力资源管理、教育质量保障等方面。

(三)教育政绩评价

教育政绩是指在掌握公权力的广义政府中,各级领导班子和领导干部正确行使人民赋予的权力,在其任期内履行教育职责时所取得的业绩。教育政绩体现在教育职责履行、教育发展增值、教育服务质量三个方面。教育政绩评价是指有关部门在一定周期内,采取一定的方法和技术手段对评价对象的教育政绩进行一番调查研究,并依据一定评价标准作出科学评价的过程。考虑到地区差异、历史积淀和机会成本,教育政绩评价不是对区域教育水平的静态测量,而是对政府任期内教育发展情况的增值评价。

教育政绩是政府政绩的重要组成,党的十七大提出把改善民生作为落实科学发展观、促进社会和谐的重中之重;要加快行政管理体制改革,建设服务型政府,进一步强化社会管理和公共服务职能。教育是每个人终身发展的起点,是最基础的民生,关系到每家每户的幸福,是人民群众关注的焦点。教育事业属于公共服务的范畴,是建设服务型政府的重点。因此,在整体的政府政绩评价体系中理应占有重要的比重。但目前多数省份的政府政绩考核都是以经济指标为主,教育只占了很少的权重,这一方面反映了政绩观的偏差;另一方面也反映出教育政绩评价研究和实践不够深入,拿不出具有操作性和公信力的硬指标,致使经济考核一手硬,教育考核一手软。

关于教育政绩评价的研究多从绩效评价和督导评价两个视角进行。普雷姆詹德(A. Premchand)在《公共支出管理》中对"绩效"的定义为:绩效是包含了效率、产品与服务质量及数量、机构所作的贡献与质量,包含了节约、效益和效率;朱志刚所编写的《公共支出绩效评价研究》一书中认为,绩效不仅仅是对结果的衡量,还包括对过程的衡量以及对提供方主观努力程度和接受满足程度的衡量。尽管人们对绩效的表达有着种种的不同定义,但总体上认为绩效是一个综合性的范畴,是效益、效率和有效性的统称。绩效评价的重点是通过对投入和产出的比较,检测政府行为的有效性。它更加关注成本,强调如何"少花钱,多办事"。而就当前中国的基础教育而言,投入不足是制约发展的瓶颈,教育投入占 GDP 的比例低于4%,基础教育在教育整体投入的比例一直处于低位。在这种背景下,衡量政府对教育的重视程度,关键要看是不是舍得在教育上花钱。要把增加教育投入、提高教育支出占财政总支出的比例作为教育政绩评价的重点。考虑到目前中国基础教育发展的现状,我们认为,教育政绩评价与政府绩效评价应当有所区别。

2003 年国务院办公厅转发教育部《关于建立对县级人民政府教育工作进行督导评估制度的意见》,各省按照《意见》精神,结合本地实际制定了相应的督导评估方案和指标体系。并由政府教育督导部门牵头,对政府教育工作实施年度或任期督导评估。此举对促进县级政府积极履行教育职责、依法增加教育投入、加快教育事业发展、加强教师队伍建设发挥了积极的作用。但由于其主要着眼于政府工作的过程,偏重于对政府工作的监督与指导,因此存在指标体系繁杂、数据可采摘性差、指标量化不够等问题,致使结果很难以量化,难以形成区分度,所以不易与整体的政府政绩评价体系接轨,成为一种"软评价",和经济的"硬指标"相比,在整个评价系统中处于弱势,从一定程度上削弱了评价的导向作用。

本研究所谈的教育政绩评价与教育督导评价有三个方面的不同。第一,教育督导着眼于政府工作的过程,重在对政府工作的监督与指导,强调"如何去做"。而政绩评价更加强调结果,偏重于判断与考核,更加关注"做得如何"。第二,督导偏重于主观评价,由政府选派一定资历的督学,通过看、听、访、查,形成对政府教育工作的基本印象,并有针对性地突出改进的意见。而政绩评价更多的是一种客观评价,强调指标的量化,用数据说话。第三,督导评价指标繁杂,专业性强,只能由专业人员实施。政绩评价指标简洁,操作方便,既可以由专业人员操作,也可以让社会各界根据公开的数据去评判。这样就增加了评价的刚性，既方便与整体的政绩评价对接，也有利于人民群众对政府教育工作的监督。

（四）指标与指标体系

指标是一种可以评估发展、确认挑战和需求、监督实施和评价发展的有效工具，它可以显示与某个重要目标或者动机相联系的某种事物的发展情况，它是反映总体现象的特定概念和具体数值，是评估和监测经济社会发展的重要量化手段。显而易见，指标体系则是一系列指标的有效组合，评价指标体系是实施评价的系统测量工具，即把评价对象通过分解、加权进行量化处理，使之具有比较意义。绩效评价指标体系是评价绩效的依据和工具，提供了描述、监测政府领导班子及工作人员行政作为的有效手段。

指标体系是指人们按照一定的逻辑模型设计的一种评价系统，通常表现为一个复杂、多维的结构体系。系统内各要素之间相互联系、相互作用，形成特定的结构。① 指标体系可分为直线结构和树状结构两种。直线结构由一个一级指标和若干个子指标构成，而树状结构由若干个一级指标构成，每一个一级指标可以细分为若干个二级指标，每一个二级指标又可以进一步细化为若干个三级指标，依此类推。

一言以蔽之，县级政府教育政绩评价指标体系就是对县级政府治理之下的教育发展情况进行增值评价的系统测量工具。对于这样一个由目标、准则、具体操作指南、指标权重、评价标准等要素组成的指标体系，可以用数学模型来描述。

三、国内外研究现状述评

关于教育政绩评价指标体系的研究，学界目前尚未有较高价值的成果出现。国内外相关的研究与实践成果主要集中体现在以下几个方面。

（一）国外的研究和实践状况

1. 在理论研究方面

西方国家对于政府政绩指标体系的理论研究要晚于其实践操作的，

---

① 彭国甫：《地方政府绩效评估研究》，湖南人民出版社 2005 年版，第 110 页。

也就是说,国外关于政府政绩指标体系的探索和研究是出于实践的发展和实际的需要。然而截至目前,国际上还未形成一致公认的衡量政府政绩和公共服务的指标体系。但是,相关的研究成果还是有的。

绩效管理制度在工商企业管理中最早可追溯到的是20世纪初泰勒的《科学管理原理》中的时间研究、动作研究和差异工资制。但绩效评估与绩效管理真正运用到政府管理中来则是始于20世纪50年代美国的绩效预算制度。70年代以来,西方国家普遍开展的政府改革使绩效评估在政府管理中得到广泛应用。学术界对政府绩效评估的研究始于1938年,其标志是克莱伦斯·雷德河和赫伯特·西蒙发表的一篇名为《Measuring Municipal Activities: A survey of Suggested Criteria Appraising Administration》的文章。这时对政府绩效评估的研究,主要采用的是机械效率的研究方法。之后,出现了一些关于政府绩效评价的其他理论著作:如克伦拉斯·里德利和赫伯特·西蒙合作出版的《市政活动的评价》,对行政效率的改进和评估提出了非常有益的建议;戴维·奥斯本和特德·盖布勒合著的《改革政府——企业精神如何改革着公营部门》一书中,以"业绩测量的力量"为题,阐明了绩效评估对提高政府绩效的重要作用①;美国的阿里·哈拉契米主编的《政府业绩与质量测评——问题与经验》,提供了美国、荷兰、英国、加拿大、西班牙、德国和澳大利亚等国不同政府层级,从中央、省(州)到地方市、镇等不同政府职能部门业绩与质量测评的理论思考、实践经验和解决问题的途径;凯瑟琳·纽科默等主编的《迎接业绩导向型政府的挑战》,以1993年美国国会通过的《政府绩效与结果法》为背景,对美国联邦政府、州政府和其他公共部门实施业绩测评的理念、方法与实施结果进行了探索、分析和介绍②。

西方国家的政府绩效评估实践与其理论的发展相辅相成。20世纪70年代,美国、英国、加拿大、瑞典等国政府绩效实际的发展,使得地方政府业绩评估的核心指标越来越强调"经济"、"效率"、"效能"的"3E"

---

① 戴维·奥斯本、特德·盖布勒:《改革政府——企业精神如何改革着公营部门》,上海译文出版社1996年版,第128—136页。
② 凯瑟琳·纽科默:《迎接业绩导向型政府的挑战》,中山大学出版社2003年版,第1页。

（"3E"指经济 Economy、效率 Efficiency、效益 Effectiveness）指标体系。在美国国会通过的《政府绩效与结果法案》的指导下,建立了一系列衡量政府部门和个人成绩的指标体系。其中,美国政府责任委员会提出了一个指标体系,该指标体系也不同程度地反映了"3E"标准。20世纪90年代,平衡计分卡作为一种较为新颖的组织战略和绩效管理工具,开始在美国夏洛特市等一些较发达的地方政府逐步得到应用,并在指标的设计和应用上取得了一定成效。1991年,美国凤凰城的实证管理者开始借助市民活动中心群体阐明在结果指标完善上的方向。市民的参与影响着部门选择的标准。中心活动群体帮助厘清了管理者在服务提供上公众需要的设想同公众实际期望之间的不一致。而且,凤凰城的市民可以直接为政府部门提供反馈。

从目前的情况看,以英、美为首的西方国家在政府绩效管理与评估方面逐渐形成了一套较为成熟的理论和方法。一些地方政府在构建指标体系时比较尊重民意,以增强政府的服务意识和服务导向;有的还利用企业的一些方法分解政府绩效指标,如标杆管理法、平衡计分卡等,形成合理的绩效标准,从而使他们的指标体系较接近民意,更科学合理。目前,西方大部分学者都认为政府绩效已经不仅仅是一个经济的范畴,其政府绩效评估指标也不完全用 GDP 总量及其增长速度、投资规模、通货膨胀等传统指标作为评估政府绩效的依据,而是更加注重对政府社会职能的评估,如为公众提供公共基础设施、秩序维护等公共产品和不增加税收负担等公共服务。在评估内容方面,国外更加注重对政府社会职能的评估,即政府的社会绩效,这与西方经济发展水平与国家服务型政府的定位是密切相关的。

西方发达国家,由于进入资本主义社会较早,公民的民主法制观念和参政议政时间较长,经过长期的发展,一般在政府绩效评价方面都积累了较丰富的经验,有一套适合自身国情的方法,其中有很多地方值得我们学习和借鉴:

第一,评价的独立性强,不受外界因素的干扰。一些发达国家在进行政府绩效评估过程中一般都是严格按照独立性原则,以独立的第三者身份进行评估,维护了绩效评估的严肃性;并且由于在经费方面的优势,使得他们的评估机构和人员能够保持独立地位,不会因为经费问题而屈从于地方政府和官员的意志。第二,评估方法先进,注重定量分析。在方法的运用上,国外运用大量精确的数量方法和先进的技术工具。由于政府绩效是一个重要的公共行政管理的概念,同时也是一个包罗万象的综合指标,传统上都是使用定性分析方法进行研究。但是,近代发达国家非常强调数量方法在社会科学领域的应用,重视使用精确数量方法评估政府绩效问题。第三,注重对政府绩效的投入产出效率的评估。我国的政府绩效评估大都局限于政府在经济建设、精神文明、环境保护、改善人民生活等业绩方面,重视政府绩效的产出,但是,很少有对取得这样的业绩所付出的人、财、物的消耗进行综合计算,在行政的经济效益方面考虑得很少。第四,注重民意调查的作用。国外各类研究机构都很重视民意调查。近年来,在政府绩效评估方面,民意调查的方法发展得非常迅猛,在政府绩效评价方面发挥了重要作用。

另外,国外学术界对于政府绩效管理的理解存在着不同的观点。胡雷等人认为,政府绩效管理是改进公共组织和公共项目的生产力、质量、时效性、回应性以及有效性的综合系统,是一种"融入多种判断价值的工具模式"[1]。伯曼等人将政府绩效管理定义为"面向结果的公共项目管理"。他们认为绩效涵盖生产力所包括的效率、效益以外的公正,公共绩效是"多元的",在效率、效益、公共等方面同等重要[2]。戴维·奥斯本和彼得·普拉斯特里克则认为,绩效管理是"利用绩效管理、绩效标准、奖励和惩罚来激励公共组织"[3]。美国国家绩效评估小组将绩效管理定义为"利用绩效信息协助设定同意的绩效目标,进行资源配置与优先顺序的安排,告知管理者维持或改变既定目标计划,并且报告成功符合目标的

① Whden, Joseph S, Kathryn E. *Improving Government Performance: Evaluation Strategies for Strengthening Public Agencies and Programs.* San Francisco: Jossey – Bass Publishers, 1989:91.

② Kearney, Richard C, Evan M. Berman. *Public Sector Performance: Management, Motivation and Measurement.* Oxford: Wocstvicn Press, 1999:1 – 2.

③ 戴维·奥斯本、彼得·普拉斯特里克:《摈弃官僚制:政府再造的五项战略》,中国人民大学出版社 2002 年版,第 133 页。

管理过程"①。前两种观点侧重从绩效管理的对象及其内在价值来揭示绩效管理的本质,后两种观点则偏向从绩效管理的运行机理和操作流程来描述绩效管理的内涵。管理学家阿姆斯特朗指出:"要改进绩效,你必须首先了解目前的绩效水平是什么。""测定是绩效管理的一个关键环节;如果你不能测定它,你就无法改善它。除非在绩效目标实现程度的测定方法方面达成一致或谅解,否则,一切确定绩效目标或标准的努力都是徒劳无益。"②

2. 实践推行方面

政府绩效评估是西方国家行政体制改革过程中逐渐形成和发展起来的,崇尚效率政府、大众至上、公共责任的核心,以多样的功能影响着世界各国的政府政治体制改革的进程。其演变的历史进程大体可以分为四个阶段:

第一,萌芽阶段:20 世纪初至 20 世纪 40 年代。早期的政府绩效评估发源于美国并以美国为主,发展比较缓慢。这一时期,政府的办事效率成为人们普遍关注的问题,开始逐步出现与政府绩效评估相关的理念和技术,社会上专门研究政府绩效的学术团体和组织也开始出现。与此同时,政府本身也开始把绩效评估引入到政府的评估实践中。美国行政学家吉特·波科特在《公共生产力的历史演变》(《Public Productivity in Ret-rospective》)中将这一历史时期的行政行为称为"效率政府"(Efficiency Government)时期。

第二,起步阶段:20 世纪 50 年代至 20 世纪 60 年代。在这一时期,政府的绩效评估继续强化"效率"这一核心价值,并通过预算手段控制支出,以实现经济意义上的高效率。

第三,发展阶段:20 世纪 70 年代至 20 世纪 80 年代。这一历史时期,可以说是政府绩效评估的全面发展时期,这一时期的政府绩效评估在依旧关注效率的同时,也开始注重和强调公平的重要性。绩效评估不仅作为一项评估技术,而且与组织的战略规划、预算、管理过程和公民参与

---

①　张成福、党秀云:《公共管理学》,中国人民大学出版社 2001 年版,第 271 页。
②　Michael Armstrong. *Performance Management*. London:Sage,1994:35,60 – 61.

等因素相结合,逐渐形成一种新的管理制度,即我们所说的绩效管理制度。

第四,深化阶段:20 世纪 90 年代至今。20 世纪 80 年代,英国政府绩效评估的成功实践以及后期的"下一步"行动方案、"公民宪章"运动、为质量而竞争等改革措施,都极大地促进了英国政府绩效评估活动的开展。进入 20 世纪 90 年代以后,政府绩效评估的发展出现了新的特点和趋势,绩效评估逐步走向制度化、规范化和法制化。政府绩效评估技术的不断发展,逐渐对评估主题多样化、评估主体多元化和公民参与评议达成共识。政府绩效评估的理念、方法和技术不仅在发达国家之间盛行,同时也推广到一些发展中国家。[①]

(二)国内的研究现状

1. 政府绩效评估及其指标体系的理论研究

目前,国内学术界对地方政府绩效评估指标体系的研究成果并不多见,其中有代表性的观点有:由人事部下属人事科学研究院完成的《中国政府绩效评估研究》在总结和借鉴国内外相关指标体系设计思想和方法技术的基础上,提出了一套评估指标体系。这套政府绩效评估指标体系由职能指标(经济调节、市场监管、社会管理、公共服务、国有资产管理)、影响指标(经济、社会、人口与环境)和潜力指标(人力资源状况、廉洁状况、行政效率)三大类、十一项二级指标和三十三项三级指标组成。[②] 该政府绩效指标体系全面系统地评估了全国各级政府,为市、县级政府的绩效状况的评估提供了有益参考。

吴建南在《教育财政支出绩效评价:模型及其通用指标体系构建》一文中,通过对教育财政支出的基本理论及《中华人民共和国教育法》关于政府教育职能有关规定的分析,给出了绩效评价模型,并从总体状况、目标达成、合规性、直接影响四方面构建了一种通用指标体系。

韩兆洲在《政府政绩综合评价指标体系及实证分析》一文中指出,在政府政绩多指标综合评价中,评价指标的构建是关键,它关系到综合评价

---

① 蓝志勇、胡税根:《中国政府绩效评估:理论与实践》,《政治学研究》2008 年第 3 期。
② 桑助来、张平平:《政府绩效评估体系浮出水面》,《瞭望》2004 年第 29 期。

是否准确的问题。该文最后精选了两大类七种类共三十项指标组成政府政绩综合评价指标体系。

2004年,厦门大学的卓越在试点县市政府绩效评估实践中提出,政府绩效评估指标体系的逻辑框架就是按照"综合指标—分类指标—点项指标"的结构来构建。这一逻辑性划分的提出,使政府绩效评估指标体系更加条理化,构建的技术路线更加明确。

兰州大学的中国地方政府绩效评价中心课题组在2005年根据兰州的具体实际情况指出,兰州政府绩效评价指标体系由职能履行、依法行政、管理效率、廉政勤政和政府创新五项一级指标和十四项二级指标和四十项三级指标构成。

北京师范大学的唐任伍在《政府效率的特殊性及其测度指标的选择》一文中指出,测度指标的选择是量化政府效率的前提。参照瑞士国际管理发展学院对政府效率的测度原理,设计了一套测度中国省级政府效率的指标体系。

吴江在2007年基于价值观理论,选择价值管理的理念和方法作为指标体系设计的技术支撑,构建了政府绩效评估指标体系。将价值管理的公众导向、结果导向、人本导向、权力下放导向、扁平化导向等引入设计,提出可以按照管理职能、服务绩效、公众满意度三个纬度来划分政府绩效评估指标体系。

倪星在《试论政府绩效评估的价值标准与指标体系》一文中认为,价值体系为政府绩效评估指引了方向和目标,指标体系则确立了绩效评估的标准和尺度,提出要将效率与公平并重、效率与民主兼顾、经济增长与社会发展同步作为中国政府绩效评估的价值标准。

庄国波关于领导干部政绩评价的研究及其指标体系内容和形式上"一条主线、两根辅线、四个纬度"的思路,对县级政府教育政绩评价指标体系的构建也有积极的借鉴价值。

国内学者的相关研究成果主要集中在对地方政府绩效评价指标做了一般性的探讨。首先,地方政府经济评价指标由单一经济指标逐步转变为经济、政治、社会、环境等多元综合指标。其次,政府绩效指标由单一的现状考核指标转变为同时重视政府发展潜力指标。再次,政府绩效评价指标由重视结果指标转向综合考核过程指标和结果指标。最后,政府绩效评价指标由单一的外部指标走向内部指标与外部指标的综合。在政府绩效指标的设计过程中,广泛运用先进的方法和技术,从而增强了绩效指标的科学性。

县级政府绩效评估及其指标体系的构建既是一个重大的理论问题,又是一个紧迫的现实问题。政府政绩评估自 20 世纪 80 年代引入我国政府管理以来,在政府管理的具体实践中发挥着越来越重要的作用。纵观多年来的实践探索,改革开放以来,我国县级政府绩效评估的发展历程大致经历了三个重要的历史发展时期。即 20 世纪 80 年代以行政效率为主旨的萌芽时期、20 世纪 90 年代效率与效能建设并重的发展时期和本世纪初以公共服务与和谐发展为主旨的转型时期。

我国县级政府政绩评估 30 年的历史进程,可以透视出我国政府绩效评估在理论层面上推陈出新、在实践层面上不断深入,县级政府政绩评估的理念、方法、指标体系等方面都达到了一个历史上的高点。县级政府政绩评估及其技术上的逐渐完善在提高政府管理水平、改善政府公共服务质量、建设高效政府等方面作出了极大的贡献。但我们仍然要看到,尽管我国地方政府绩效评估指标体系的理论研究和实践推行取得了一定的成绩,但从当前的实际现状来看,还存在着很多不足。首先,绩效指标过于宽泛,对政府的职能缺乏准确界定。其次,我国地方政府绩效评估指标体系对行政成本关注不够,没有把效果与成本结合起来加以考虑。再次,我国地方政府绩效评估指标体系过于关注存量指标,而忽视增值评估指标。因此,对某一时期政府绩效水平的评估应着重评估在这一阶段政府绩效水平的改进状况。再次,我国地方政府绩效评估指标体系普遍缺少维护社会公平、推进政治民主与行政公开、促进公民参与、改善政府与公民关系等相关领域的指标。最后也是最重要的一点,当前国内外关于政府绩效评估指标体系的探索和分析大都从宏观的角度泛泛而谈,甚至可以随意套用,针对性相对较弱,而关于政府某一方面或者专题性政绩(比如教育政绩)的考察几乎不见。因此,目前学术界关于这一问题所取得的研究成果是本课题研究的基础和借鉴,而研究中存在的问题与不足则是我们进行县级政府教育政绩评价指标体系研究的逻辑起点。

2. 区域教育评价和督导的实践探索

近年来,随着义务教育免费政策的落实、教师绩效工资改革、党和国家关于加快幼儿教育和职业教育发展的一系列政策措施的出台,县级政府教育工作责任日益繁重。为促进政府履行教育工作职责,各省从不同角度开展了对县级政府教育政绩的评价工作。概括地讲,当前省考量县级政府教育工作的方式大致可以分为三类:

一是教育督导评估。2003年国务院办公厅转发教育部《关于建立对县级人民政府教育工作进行督导评估制度的意见》(以下简称《意见》),要求各省"根据本地教育发展和改革实际,突出重点,因地制宜地制订本地督导评估的实施方案和指标体系,并开展对县级人民政府教育工作的年度重点督查和任期内综合性评估",并对县级政府教育工作评价的主体、主要内容、原则和程序等提出了具体的要求。各省按照《意见》精神,结合本地实际制定了相应的督导评估方案和指标体系,并由政府教育督导部门牵头,对政府教育工作实施年度或任期督导评估。此举对促进县级政府积极履行教育职责、依法增加教育投入、加快教育事业发展、加强教师队伍建设发挥了积极的作用。此类评估指标偏重于督导,更应当归类为教育督导的指标体系,而不是政绩评价的指标体系。其特点一方面着眼于政府工作的过程,其指标更多反映为上对下的工作要求,重在对政府工作的监督与指导。另一方面偏重于主观评价,由政府选派一定资历的督学通过看、听、访、查,形成对政府教育工作的基本印象,并有针对性的突出改进的意见。因此存在指标体系繁杂、数据可采摘性差、指标量化不够等问题,致使结果很难以量化,难以形成区分度,所以不易于整体的政府政绩评价体系接轨。虽然《意见》要求督导结果要"列入县级人民政府及其主要领导政绩考核的重要内容",但由于对实绩的关注不够,客观性、区分度不强,很多地方都没有将督导结果纳入政府整体政绩评价体系,或者仅占有很小的权重,从一定程度上影响了对县级政府教育工作的促进和激励作用的发挥。

二是达标性评价。为提高区域教育发展水平,有些省份制定了"示范县"、"先进县"的评估指标,以此开展创优达标活动。通过指标引领,促进县级政府加大教育投入,规范办学行为,加快教育发展。这类指标体系主要是根据省域教育发展的总体目标,按区域、分项目提出对县域教育的目标任务。通过对县域教育达标情况的评估,考量政府教育政绩。比较有代表性的有《山东省教育工作示范县指标体系》《河南省义务教育均衡发展先进县(市、区)评比指标体系》《广东省县域教育现代化评估细则》《江苏省县(市、区)教育现代化主要评估指标》。达标性评价实际是对省域教育发展目标的任务分解,自上而下提出的统一的发展要求,较少考虑到各县教育发展的具体情况。是对县域教育发展水平的测量,往往经济基础、教育基础好的县区比较容易获得"先进"和"示范"的称号,以彰显政府的教育政绩。对发展水平与省定标准差距较小的县区激励作用较大,通过短时间的努力,快速提升县域教育发展水平。而对经济薄弱、教育基础差的县区激励作用不明显,也无法体现这些地区政府的教育工作政绩。

三是教育政绩评价。我国绝大多数地区还没有形成专门的县级政府教育政绩评价体系,少数省份在这方面作出了探索。如广东省出台的《广东省县级党政主要领导干部基础教育工作实绩考核指标体系》、湖南省颁布的《湖南省县级党政主要领导干部教育工作实绩督导考核方案》、陕西省颁布《关于建立县级党政领导干部教育工作督导评估与考核制度的通知》等。由于结果运用力度较大,对县级政府树立科学的政绩观,加快区域教育发展促进作用明显。但这些指标体系虽然冠以"实绩考核"之名,但体系构建、指标设计仍没有脱离督导评估和县域教育发展水平评价的模式。

综上所述,我国各省均建立了对县级政府教育政绩的评价办法,通过评价促进了县级政府履行教育职责的积极性。但多数是从教育督导、县域教育发展水平评价、省定教育发展目标任务考核的角度评价政府教育工作政绩,专门针政府教育政绩评价指标体系的研究与实践仍然比较薄弱。

四、研究目标

总结部分地区县级政府教育督导评估和教育政绩评价的经验,明确县级政府教育责任,建立刚性、简明、可操作的县级政府教育政绩评价指标体系,制订各项指标的测量标准、定量评价数学模型和数据采集办法,设计教育政绩评价的应用软件,为上级政府或其他组织进行县级政府教育政绩评价提供相对科学、公正、实用的测量工具。

五、研究内容

(一)教育政绩评价的内涵、功能和意义

主要包括政绩、教育政绩、教育政绩评价的内涵;教育政绩评价的诊断功能、鉴定功能、激励功能、引导功能、监督功能;加强教育政绩评价对转变政府职能、落实教育优先发展地位、促进教育发展的意义等方面内容。

(二)教育政绩评价的理论依据和法律基础

主要包括相关学科对教育政绩评价的理论概述(系统理论、量化理论、比较理论、成本理论、效益理论);教育政绩评价及教育督导评价的有关政策、法规、条例、文件等方面内容。

(三)当前县级政府教育政绩评价的现状及导向分析

主要包括部分省市对县级政府教育工作督导评估的现状分析;部分省市对县级领导干部教育实绩考核的现状分析;县域教育发展水平评价与政府教育政绩评价的区别和可资借鉴之处分析;县级政府的教育责任和科学的教育政绩观;在加快行政体制改革、建设服务型政府的背景下,教育政绩评价在整个县级政府政绩考评体系中的权重及意义等内容。

(四)县级政府教育政绩评价指标体系的构建

主要包括构建指标体系所遵循的原理和原则;教育职责履行(包括完善教育管理体制、依法增加教育投入、加强教师队伍建设、规范办学行为、保障学校安全等)、教育发展增值(包括人均教育资源占有量、优质教育资源占比、义务教育均衡发展、教师队伍建设等)、教育服务质量(包括各类教育普及率、教育教学质量、家长和社会对教育的满意率等)二个维度评价指标的具体构成及指标权重分配设计等内容。

（五）县级政府教育政绩的评价方法

主要包括人均教育资源和优质资源占有量、义务教育均衡化、教育教学质量等关键要素的定量评价数学模型设计；教育职责履行情况的达标评价、教育发展的增值评价和教育服务质量的发展性评价方法；指标数据的监测、采集和定量分析计算办法；应用软件设计等内容。

（六）县级政府教育政绩的评价程序

主要包括教育政绩评价主体的分层与分类、主体选择的标准与依据；评价组织实施和操作流程；评价结果的分析与运用等内容。

（七）苏北某市县级政府教育政绩评价工作行动枚举

主要包括近年来该市县级政府教育政绩评价工作的研究报告（评价的基本情况、指标体系、评价办法、操作流程和结果运用、评价过程中形成的有效做法和存在的问题、实施几年来对县域教育的影响）；本课题设计的指标体系、评价方法等在该地区应用的实验报告等内容。

具体而言,本课题的研究成果的主要观点和内容共分为七个部分。

第一部分,"县级政府教育政绩评价的现状"。从国家的宏观要求和地方的实施情况两个方面解读当前我国县级政府教育政绩评价的基本情况。当前我国县级政府教育政绩评价在优先发展教育、增加教育投入、加快教育发展、规范教育管理等方面取得较大的成绩,不断推动县域教育的迅速发展。在肯定成绩的同时,不能忽视或回避问题,当前县级政府教育政绩评价确实存在着评价内容陈旧、权重失衡、忽视差异、内容与周期不一致、主体单一化、指标内容笼统等不足。

第二部分,"县级政府教育政绩的核心——县级政府的教育责任"。对县级政府的教育政绩进行评价,其核心是要明确县级政府的教育责任。县级政府的教育责任是由其在国家教育管理体制中的地位所决定的。我国确立的"地方负责、分级管理"的教育管理体制共经过了四个发展阶段,最终形成"以县为主"的教育管理体制。在这种管理体制下,县级政府的教育责任要在政府职责中进行准确定位,明晰其基本原则和责任。县级政府教育责任的主要内容包括教育保障、教育管理和教育发展三个方面。在教育保障上,县级政府应该从教育投入、人力资源和发展环境三个方面进行操作。教育管理方面,要坚持政府依法管理和学校自主办学的基本原则。在教育发展上,县级政府应该从幼儿教育、义务教育、普通高中教育、中等职业教育和成人与社会教育五种教育类型来协调发展。

第三部分,"县级政府教育政绩评价的理论依据、法律基础和测量工具"。任何一种实践的创新和尝试都不可能凭空产生,它需要有理论上的构思和制度上的约束。我们在进行教育政绩评价的实践和研究上,仍然要遵循这一规律。从宏观上来讲,对县级政府的教育政绩进行评价是有其理论依据和法律基础的。在理论上,我们需要综合运用多学科的知识,从各种维度进行解析。这其中涉及哲学、政治学、经济学、管理学和统计学等相关领域的基本理论问题,本章将就教育政绩评价所主要依据的量化理论、比较理论、成本理论和效益理论展开分析。在法律上,我们既需要从国家颁布的相关律法条文中找出依据,又需要遵循政府制定的相关政策和指导文件,这些是进行教育政绩评价的基础性问题。构建一个科学、合理的指标体系是我们对县级教育政绩进行评价的系统测量工具,它将会对教育职能部门履行教育职责、保障教育优先发展地位具有指导意义,同时也是深化教育改革、推进素质教育、实现教育公平等内容的重要参照系。

第四部分,"县级政府教育政绩评价指标体系构建的理论思考"。县级政府教育政绩评价指标体系的构建既是一个实践问题,也是一个理论问题;既是一个带有实证研究性质的课题,又需要有深厚的哲学基础和理论依据作为支撑。县级政府教育政绩评价指标体系本身便是一个完整的系统结构。因此,我们在进行构建的过程中,需要借助系统论及其相关理论原理所提供的方法论启示和原则,对县级政府教育政绩评价指标体系构建的理论路径进行深入的探讨,为其后的实证研究和实践操作提供坚实的理论基础。整体来看,系统论及其相关原理是县级政府教育评价指标体系构建的理论基础和哲学支撑,为构建县级政府教育政绩评价指标体系提供了科学的理论原则和合理的理论路径。因此,在理论上的深入思考,是实际构建和实践运用县级政府教育政绩评价指标体系的理论前提和重要环节。

第五部分,"县级政府教育政绩评价指标体系构建的实践创新"。政绩评价是根据一定的指标和标准对政府管理过程、管理成本、管理效率、管理效果的测评。构建一个科学合理的指标体系是政绩评价工作的核心环节。本研究基于政府对教育的"投入—管理—成效"的内在逻辑,建立评价模型,力求全面体现政府教育工作实绩,客观测量不同经济条件、教育基础之下县区教育发展的增值,以期形成有较强的针对性和客观性、易于操作、方便应用的县级政府教育政绩评价指标体系。本章主要包含体系构建和实践创新两个方面的内容,是全文的重点。构建指标体系主要是解决评价什么的问题,从哪些维度、选取哪些具体的观测点描述县级政府的教育政绩。实践创新主要解决如何评价的问题,包括指标如何测量、权重如何设定、结果如何量化等。

第六部分,"县级政府教育政绩评价指标体系的运用"。理论来源于实践,又需要回到实践中进行检验。县级政府教育政绩评价指标体系在实际中的运用及评价功能的发挥既是政绩评价理论深入的需要,也是教育实践发展的需要;既是树立科学政绩观的检验标准,也是推进教育长足发展的重要步骤。就县级政府教育政绩评价指标体系而言,构建是为了运用。因此,指标体系在实践中的运用,是本课题研究的价值诉求所在。本章从运用关系、运用方法、运用程序的角度,全面考核了指标体系之与县级政府教育政绩评价的实际价值。

第七部分,"县级政府教育政绩评价指标体系的测试"。为了验证县级政府教育政绩评价指标体系的可行性,我们选取了苏北某市,研究了该市近三年的对县级政府教育工作督导考核的有关资料,利用本指标体系进行模拟评价,重点对数据采集、工作过程和结果生成的可行性、科学性、公信力进行了验证。

六、创新之处

第一,综合运用公共管理和教育评价的相关理论,按照建设服务型政府的要求,明确教育政绩的科学内涵、教育政绩评价标准和原则、教育政绩在政府整体政绩中所占的比重,让县级政府更加明了教育责任和如何树立科学的教育政绩观。

第二,引入增值评价和发展性评价理论,重点考量教育发展的增量和县级政府任期内对教育的贡献值,为处于不同经济发展和教育基础水平的地区之间提供了相对公平的比较平台,更能调动经济欠发达、教育基础薄弱地区县级政府教育工作的积极性。

第三,区别于以往的教育发展水平评估的指标分类方式,从教育职责履行、教育发展增值、教育服务质量三个维度构建评价指标体系,更加符合县级政府教育工作实际,符合现代政府治理和教育发展规律。

第四,通过建立教育资源评价、义务教育均衡发展、教育教学质量等关键指标的数学模型,对教育政绩进行定量分析,使评价指标体系更加刚性、简明、可操作。同时通过规范数据采集方式、设计应用软件,为评价者提供具有较强实用性和公信力的评价工具。

七、研究方法

本文的研究主要采用了文献研究和数据分析法、实证分析法、历史分析法、问卷调查和专家咨询法。

（一）文献研究和数据分析法

亦称为文献分析法或资料分析法,针对与题目相关的各类期刊论文、学术著作、学位论文、专题研究报告等资料进行归纳分析,经由文献对研究主题的界定,可获得概括性的原理,以增加探索性研究领域的新知。其优点在于能从他人的研究中学到经验,避免前车之鉴,帮助问题的定位及了解目前知识的基础和限制。研究教育政绩评价的相关理论、国家对县域教育的发展要求,一些地区对县域教育评价、政府教育工作督导、政府教育政绩考核等文献资料。并对一些省市县级政府教育工作督导指标权重、计分情况进行数据分析。

（二）个案分析和实验研究法

以苏北某市为例开展实验研究,总结该地区 5 年对县级政府的评价实践,并将研究成果在该地区开展试点,收集反馈信息,校正指标设计,使课题研究与实践密切结合。

（三）历史分析方法

结合对我国县级政府绩效评估二十多年的管理实践以及我国领导干

部考核实践,依据较为显著的转折性事件,将我国县级政府教育政绩的评估放到地方政府绩效考核历史长河中考察,将其实践划分为三个阶段:模式探索阶段;评估指标确立阶段;价值取向确立阶段。这三个阶段表明了我国在绩效模式上的积极探索和有益实践。正是这三个阶段的有益探索,为以后研究县级政府教育政绩评价指标体系提供了线索和帮助。

（四）问卷调查和专家咨询法

采用问卷调查的方法,将指标体系在政府、教育行政部门、教育督导机构、学校、家长等特定人群中征求意见,在指标体系构成、指标权重设计、数据可采摘性和敏感性等方面征求专家意见。研究思路见下图:

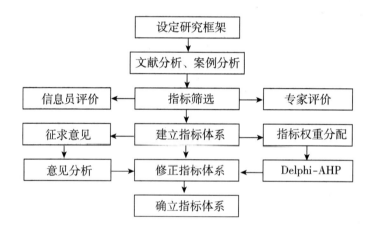

第一章　县级政府教育政绩评价的现状

县级(市、区)教育工作在整个教育事业发展中占有极其重要的位置,建立科学的县级政府教育政绩评价机制有助于加强对教育的宏观管理,推动县域教育事业的持续快速发展。当前,我国政府通过出台一系列法律法规和政策文件明确了县级政府的教育工作责任,成为各地方政府制定和实施县级教育政绩评价的法律和政策依据。通过实施对县级政府教育工作的评价,推动了县级政府贯彻落实优先发展教育的战略方针,加快教育事业发展,增加教育投入,提高教师队伍素质。伴随着社会经济和教育事业的日益发展,县级政府教育政绩评价也存在着明显的不足,问题日益突出。研究县级政府教育政绩评价的现状,有利于我们总结经验,发现其不足之处,为制定更加科学、合理的教育政绩评价指标体系提供借鉴,进而更好地推动我国教育事业的健康发展。

第一节　当前我国县级政府教育政绩评价的概况

目前,我国通过制定各种教育法律法规,加强考核县级政府党政领导在教育工作责任、教育投入、经费管理、队伍建设等方面的政绩。我国绝大多数省份都依照国家要求,结合本地区的实际,制定出关于本地区的县级政府教育工作评价体系,对于推动县域教育的发展,监督县级政府的教育行政工作起到了重要作用。

一、国家的宏观要求

当前,我国主要实行"在国务院领导下,地方政府负责、分级管理、以县为主"①(简称"以县为主")的农村义务教育管理体制。县级人民政府担负着统筹管理县域内义务教育、幼儿教育、普通高中教育、中等职业教育和成人教育的重要责任,县级人民政府的教育工作水平直接关系到我国整个教育事业的健康发展。建立对县级人民政府教育工作的科学政绩评价制度,对于县级党政主要领导干部落实科学发展观,树立正确政绩观,全面履行教育工作职责,巩固和完善农村义务教育管理体制,推动基础教育以及县域内各类教育的改革与发展具有重要意义。

我国通过一系列法律法规以及政策文件明确了县级政府教育的责任,对县级政府教育工作评价做了宏观的要求和一般规定。目前,对于县级政府教育工作评价具有指导性的法律法规主要有:《中华人民共和国教育法》、《中华人民共和国义务教育法》、《中华人民共和国教师法》、《中华人民共和国民办教育促进法》、《中共中央国务院关于深化教育改革,全面推进素质教育的决定》、《国务院关于基础教育改革与发展的决定》、《国务院关于进一步加强农村教育工作的决定》、《关于建立对县级人民政府教育工作进行督导评估制度意见的通知》以及各地方省(市)根据国家的法律法规而制定颁布的关于县级政府教育政绩考核的文件和规定。

早在1985年,《中共中央关于教育体制改革的决定》就规定:"各级党委和政府都要按照党的十二大的决策,把教育摆到战略重点的地位,把发展教育事业作为自己的主要任务之一,上级考查下级都要以此作为考绩的主要内容之一。"②这样就把发展教育事业作为考核党政领导干部政绩的重要内容。1993年,中共中央和国务院印发《中国教育改革和发展纲要》规定:"建立各级各类教育的质量标准和评估指标体系。各地教育部门要把检查评估学校教育质量作为一项经常性的任务。要加强督导队伍,完善督导制度,加强对中小学学校工作和教育质量的检查和指导。对职业技术教育和高等教育,要采取领导、专家和社会用人部门相结合的办

---

① 何东昌主编:《中华人民共和国教育文献选编:2003—2008》,新世界出版社 2001 年版,第 289 页。

② 教育部全国教育普法领导小组办公室编:《常用教育法律法规》,教育科学出版社 2010 年版,第 328 页。

法,通过多种形式进行质量评估和检查。"①1994 年,国务院关于《中国教育改革和发展纲要》的实施意见进一步强调领导干部的教育政绩。《纲要》指出:"贯彻实施《纲要》的关键,是各级党委和政府切实把教育摆在优先发展的战略地位并在实际工作中认真加以落实。各级党、政主要领导都应亲自抓教育,要像抓好经济工作那样抓好教育工作,把教育列入党和政府工作的重要议事日程。各级政府应将教育发展列入本地区经济和社会发展规划,将各类学校建设纳入地区市政建设和乡村建设规划,在部署、检查、总结年度工作时把教育工作作为一项重要内容。各级政府要就教育发展和改革情况每年向同级人民代表大会作出报告。把重视教育,保证必要的教育投入,为教育办实事,列为各级领导干部的任期目标责任制和考核政绩的重要内容。"②1996 年,在全国教育事业发展规划中强调依法治教,这为制定县级政府教育政绩评价指标体系提供了法律依据。《义务教育法》、《教师法》、《教育法》的颁布实施,为依法治教奠定了良好基础。"九五"期间,对已颁布的法律法规要广泛宣传,认真组织实施,使各级政府、社会各界和学校的行为符合法律法规要求,基本形成较为完备的教育法规体系基本框架,使教育管理和运行有法可依。为保证教育方针的有效贯彻和教育质量、办学效益的稳步提高,对中小学教育和扫盲工作要加强督导检查,建立较为完备的督导检查制度,对高等教育和中等职业教育要逐步建立以教育质量、办学效益为重点的教育评估制度。

1999 年 6 月,《中共中央国务院关于深化教育改革,全面推进素质教育的决定》强调要求进一步健全教育督导机构,完善教育督导制度,在继续进行"两基"督导检查的同时,把保障实施素质教育作为教育督导工作的重要任务。"建立自上而下的素质教育评估检查体系,逐级考核省、市、县、乡各级党委和政府及其主要领导干部抓素质教育工作的情况。"③

---

①　教育部全国教育普法领导小组办公室编:《常用教育法律法规》,教育科学出版社 2010 年版,第 356 页。

②　教育部法制办公室编:《中华人民共和国教育法律法规总览:1949—1999(上卷)》,法律出版社 2000 年版,第 38 页。

③　吴德刚:《中国教育改革发展报告——改革开放二十年回顾与展望》,中共中央党校出版社 1999 年版,第 429—430 页。

第三次全国教育工作会议明确提出了"建立对县级党政领导教育责任目标考核制度"的要求。2001 年,《国务院关于基础教育改革与发展的决定》又明确规定将"基础教育工作的情况作为考核地方各级人民政府领导同志的重要内容"①。2002 年,《国务院办公厅关于完善农村义务教育管理体制的通知》规定:"建立表彰、奖励和责任追究制度。县级人民政府主要负责人是农村义务教育工作的第一责任人。"《国务院关于进一步加强农村教育工作的决定》明确指出:"地方各级人民政府要建立健全农村教育工作领导责任制,把农村教育的发展和改革列入重要议事日程抓紧抓好。"加强农村教育的督查工作。要重点督查"以县为主"的农村义务教育管理体制和"保工资、保安全、保运转"目标的落实情况,以及"两基"攻坚和巩固提高工作的进展情况。建立对县级人民政府教育工作的督导评估机制,并将督导评估的结果作为考核领导干部政绩的重要内容和进行表彰、奖励或责任追究的重要依据。2001 年,教育事业"十五"规划中明确指出:今后政府主要运用立法、拨款、规划、评估、信息服务、政策指导、执法监督和必要的行政手段对教育进行宏观管理,进一步健全教育督导机构,完善教育督导制度,加强督导检查。2004 年,教育部在制定全国教育振兴计划中规定:健全教育督导与评估体系,保障教育发展与改革目标的实现。坚持督政与督学相结合,实施对不同类型地区教育的分类督导评估,全面推动中等及以下学校的督导评估工作,建立对县级人民政府教育工作的督导评估机制,并将督导评估结果作为考核政绩和表彰奖励的重要依据。加强督导机构与队伍建设,完善督导和监测手段。②2006 年,《中华人民共和国教育法》第二章"教育基本制度"第 24 条规定:国家实行教育督导制度和学校及其他教育机构教育评估制度。第一章"总则"第 7 条也规定:义务教育实行国务院领导,省、自治区、直辖市人民政府统筹规划实施,县级人民政府为主的管理体制。县级以上人民政府教育行政部门具体负责义务教育实施工作;县级以上人民政府其他

---

① 本书编写组编:《教育实用核心法规(含最新司法解释)》2003 年版,第 66 页。
② 教育部发展规划司主编:《2003—2007 年教育振兴行动计划》,教育科学出版社 2004 年版,第 21 页。

有关部门在各自的职责范围内负责义务教育实施工作。第8条规定:人民政府教育督导机构对义务教育工作执行法律法规情况、教育教学质量以及义务教育均衡发展状况等进行督导,督导报告向社会公布。[①] 2010年,第四次全国教育工作会议指出:"强化教育督导与评估,把教育资源配置和学校工作重点进一步集中到提高质量上来。"《国家中长期教育改革和发展规划纲要(2010—2020年)》明确规定:"要把推进教育事业科学发展作为各级党委和政府政绩考核的重要内容,完善考核机制和问责制度。"[②]通过近几十年来的探索和努力,颁布和制定了一系列关于加强和完善县级政府教育政绩的法规和文件,对于县级政府教育政绩考核做了明确的规定。

为了进一步推动县级政府教育政绩评价工作,2003年国务院办公厅转发教育部《关于建立对县级人民政府教育工作进行督导评估制度的意见》(以下简称《意见》),专门系统地规定了县级人民政府教育政绩评价的具体内容,对于县级政府教育政绩评价工作具有指导性的意义。《意见》全面而又具体地规定了关于县级政府教育政绩评价的主体、主要内容、原则和程序等内容。我国县级人民政府教育政绩评估工作由省级人民政府负责。各省级人民政府根据本省的教育发展需求和改革实际,因地制宜地制定本省县级政府教育政绩评估的实施方案和指标体系,开展对县级人民政府教育工作的年度重点督查和任期内综合性评估。

根据《关于建立对县级人民政府教育工作进行督导评估制度的意见》,国家对县级政府教育政绩评价的领导职责、促进教育改革和发展、教育经费投入与管理、办学条件、教师队伍建设以及教育管理六个方面的主要评估内容做了明确的规定。第一,必须明确领导职责。巩固和完善"以县为主"的农村义务教育管理体制,全面落实统筹管理本地教育发展规划、经费安排使用、校长和教师人事管理以及县域内各类教育协调发展的责任。建立县级人民政府及其有关职能部门教育工作目标责任制,县

---

① 何东昌主编:《中华人民共和国教育文献选编:2003—2008》,新世界出版社2001年版,第1123页。

② 教育部发展规划司主编:《国家中长期教育改革和发展规划纲要:2010—2020年》,人民出版社2010年版,第12页。

级人民政府主要负责人是教育工作的第一责任人。第二，促进教育改革与发展。把农村教育作为教育工作的重中之重，切实做好基本普及九年义务教育和基本扫除青壮年文盲(以下简称"两基")工作以及"两基"实现后的巩固提高工作。加快普及高中阶段教育和学前三年教育。积极推动各项教育改革，全面贯彻党的教育方针，全面推进素质教育，全面提高义务教育质量。努力做到县域内义务教育、幼儿教育、普通高中教育、职业教育和成人教育协调发展。第三，经费投入与管理。实现"三个增长"。根据法律法规和有关政策规定，切实做到教育财政拨款的增长高于财政经常性收入的增长，在校生人数平均教育费用逐步增长，教师工资和学生人均公用经费逐步增长。第四，办学条件。合理调整教育结构和学校布局，逐步缩小学校间差距，促进义务教育均衡发展。生均建筑面积、图书、实验仪器、现代远程教育设备等各项教学设施设备，逐步达到国家和省级规定的标准，及时消除校舍现存危房，学生宿舍、食堂、厕所等条件符合有关规定，确保学生安全，确保校园及周边环境良好。第五，教师队伍建设。调整优化教职工队伍结构，合理配置人才资源，建设高素质专业化的教师队伍，教师数量、结构和素质基本满足教育事业发展的需要。贯彻落实国家和本省、自治区、直辖市颁布的中小学教职工编制标准和实施办法，将教师编制逐一核定到校。第六，教育管理。坚持依法治教，依法行政，遵循教育规律，规范办学行为，实施科学管理。建立起比较完善的决策、执行、监督相结合的教育管理体制。

为建立健全县级政府教育政绩评价体系，国家还要求县级人民政府围绕完善教育管理体制、增加教育投入、合理配置教育资源、加强教师队伍建设等方面进行教育政绩评价，明确要求突出下列指标的考核：一是地方政府可用财力用于教育的比例，旨在考核各级政府的教育工作努力程度；二是均等化公共教育经费拨款制度，旨在考核各级政府推进教育公平的努力程度；三是基于国家标准的行政区域内义务教育学校建设合格率，旨在考核各级政府提高学校办学水平和推进教育均衡发展的努力程度；四是健全的城乡统一的教师工资待遇保障机制，旨在考核各级政府保障教师合法权益的努力程度；五是和谐协调的地方教育结构，旨在考核各级政府推进教育全面协调发展的努力程度；六是基础教育规范办学行为，旨在考核地方政府遵守党的教育方针和教育法律法规的程度。这里要特别强调指出：制定新的教育政绩考核指标体系，是符合党的教育方针要求的、遵守教育法律法规的、遵循教育规律的、依靠教育科学和教育创新的。

我国县级政府教育政绩评价的基本原则是教育政绩评价要坚持实事求是，坚持公开、公平、公正，坚持督政与督学相结合，坚持鉴定性评估和发展性评估相结合，坚持经常性检查和综合性督导评估相结合，重在落实责任，推动工作。我国县级政府教育政绩评价的程序是：首先是县级自评，然后是地（市）级复查，再次是省级督导评估，最后是结果反馈。

构建县级政府教育政绩评价体系主要是为了贯彻落实国家优先发展教育的战略方针，也是促进教育均衡发展的重要举措。把教育摆在优先发展的战略地位，需要各级领导干部牢固树立科学的发展观和正确的政绩观。重不重视教育，能不能够担当起"为政一任，兴教一方"的责任，在很大程度上是衡量一个领导干部是否真正树立科学发展观和正确政绩观、是否具有历史责任感和民族使命感的重要标尺之一。优先发展教育是党中央、国务院，省委、省政府的战略决策。基础教育是对国民进行普通文化教育，包括幼儿教育、小学教育、初中教育、普通高中教育和中职教育。这些层次的教育，主要集中在县级区域内。新阶段的教育是以县为主的教育。优先发展教育，不仅是县级领导干部政绩观的重要组成部分，也是法律职责、政府职责、工作职责。根据省委、省政府及省委组织部有关规定，应把考核结果作为县级党政主要领导干部政绩考核的重要内容和选拔任用、培养教育、奖励惩戒、责任追究的重要依据。

应当指出，我国绝大多数地区还没有形成专门的县级政府教育政绩评价体系，而只是少部分省市地区制定颁布了县级政府教育政绩评价指标体系。如广东省出台的《广东省县级党政主要领导干部基础教育工作实绩考核指标体系》、湖南省颁布的《湖南省县级党政主要领导干部教育工作实绩督导考核方案》、陕西省颁布的《关于建立县级党政领导干部教育工作督导评估与考核制度的通知》等。

近几年来，由于国家把优先发展教育作为一项战略性任务提出来，伴随教育的发展进步，我国县级政府教育政绩评价制度取得了较大进步。这主要表现在：建立了我国教育政绩评价的理论和方法；形成了教育政绩评价的实践模式;初步形成了我国教育政绩评价制度的基本框架。这些教育政绩评价体系基本上能够做到对县级政府的教育政绩作出科学、合理的评价起到应有的作用。

二、地方的实施情况

2003 年,国务院办公厅转发教育部《关于建立对县级人民政府教育工作进行督导评估制度的意见》,经过多年的探索和实践,多数省份相继建立了对县级政府教育工作的督导评估制度。可以说,绝大多数省份高度重视县级人民政府教育政绩的评估工作,把对县级人民政府教育政绩评价作为重要的工作任务。多数省市以邓小平理论、"三个代表"重要思想为指导,贯彻落实科学发展观,始终坚持以人为本的原则,根据国家教育的法律法规以及国务院、教育部的具体规定,结合各自省县级教育的具体实际情况,制定了相对完善的县级政府教育政绩的评价标准,并且在实践中继续探索,不断完善和发展。全国各省(市)根据国务院工作部署,各县级政府教育政绩评价指标体系基本上得到贯彻落实,有效地促进了县级政府教育政绩评价工作的开展。

应当指出,各省(市)在按照国家的基本要求进行教育政绩评价的工作,还存在诸多不同,各具特色。根据地区经济社会的发展差异,教育发展水平的层次不一,教育资源不均衡的特点,各省(市)能够因地制宜,结合本地区的实际情况,制定不同的政府教育政绩评价指标体系,有效地推动了本地区教育事业的发展进步。下面以各个省(市)为例,简要说明各省的县级政府教育政绩评价的具体实施状况。

河南省 2007 年制定了《河南省县级政府教育工作督导评估实施方案(试行)》,突出强调不断健全"督县"工作制度,完善督政机制。全省各地围绕"督县"工作进一步加强制度建设,不断完善教育政绩评估机制。如郑州市积极构建并不断完善"督县"工作制度,先后建立了乡镇政府教育工作督导评估制度、"督县"反馈意见书制度、"督县"结果通报制度、"督县"新闻发布会制度、"督县"结果通告制度和"督县"奖励制度。焦作市对参加县级政府教育工作督导评估的人员和被评估单位制定了"评估工作八不准",强化工作教育责任制,实行责任倒查制。安阳市实行了督导公告、督导内参、督学责任区、督导评估问责等制度,加大对督导评估中发现问题的整改问责力度。河南省在推行教育政绩评价的过程中还高度重视县级自评环节,规范"督县"工作。一是认真组织县级自查自评。不少省辖市把县级自查作为"督县"工作的基础,促使各县级政府对照有关政策要求,认真开展自查自评,查找存在的差距和问题,采取得力措施,认真加以整改。如驻马店的上蔡县将对乡镇及县直有关职能部门履行教育职责情况的督导评估结果纳入年度考核目标体系,县政府教育督导部门会同有关方面组织对乡镇及县直有关职能部门履行教育职责情况开展督导评估,并将评估结果报县委组织部、政府办和目标办等部门备案,纳入乡镇及有关职能部门年度责任目标考核成绩中予以奖惩。二是科学设定督导评估程序。如郑州、安阳市设定现场答辩环节,考查县级政府有关领导履行教育职责情况;采取现场抽签的方式随机确定被查乡镇,并对近年来督导检查过的乡镇一般不再重复检查;在对每个县(市、区)督导评估结束后,督导评估组与被督导评估县(市、区)政府现场签订督导评估意见书,对发现的问题提出明确的整改要求。三是加强对督导评估所发现问题整改情况的跟踪问责,确保"督县"工作取得实效。如焦作市政府教育督导团将发现的各县(市、区)存在的问题和整改进度情况建立工作台账,进行整改工作专项督导,并对整改情况进行定期通报,促进县级政府认真整改。

2007 年,河北省政府制定了《河北省县级人民政府教育工作督导评估内容和标准》。河北省在县级政府教育政绩评价指标体系中突出教育经费投入的考核。教育经费投入水平是检验政府行为是否到位的一个最直接、最主要的指标。其实质内容有三点:第一,县级财政对教育的投入是否依法做到了"三个增长",即政府教育财政拨款的增长高于财政经常性收入的增长,中小学在校生均教育费用逐步增长,保证教师工资和学生人均公用经费逐步增长。第二,县级财政是否落实了有关教育投入政策。主要检查七项投入政策落实情况。一是按照省规定标准足额安排财政预算内中小学生均公用经费,及时拨付,并逐步增长;二是对于一般预算收入超收所形成的可用财力,按年初预算同比例用于教育;三是城市教育费附加按时足额征收到位,全部拨付教育部门安排使用,其中要安排30%

用于职业教育；四是从税费改革专项转移支付资金中安排不少于20%比例的资金，用于中小学改善办学条件和补充学校公用经费；五是从城市维护建设税收入中至少抽取7%—10%用于中小学校舍修缮；六是国家和省对农村义务教育阶段家庭困难学生"两免一补"政策落实情况；七是设立了中小学教师继续教育经费，以政府财政拨款为主，多渠道筹措，在地方教育事业费中专项列支。第三，是否加强对教育经费的监督和管理，充分发挥经费的使用效益。重点检查县级教育支付中心建立情况。同时，要加强对学校收费工作的监管工作，坚决制止学校乱收费行为。

江苏省根据《国务院关于进一步加强农村教育工作的决定》（国发〔2003〕19号）和《省政府关于进一步加强农村教育工作的决定》（苏政发〔2003〕135号），从2005年起，建立对县级人民政府教育工作的督导评估和考核制度，主要督导考核县级人民政府主要领导和分管领导切实履行教育工作职责，依法保障和增加教育投入，全面建立"以县为主"的农村义务教育管理体制，不断改善办学条件，加强教师队伍建设，提高教育发展水平的情况。县级政府教育政绩考核指标体系主要分为8个一级指标23个二级指标，主要考核切实履行教育工作的领导责任、依法增加教育投入、加强教育经费管理、规范教育收费行为、统筹和协调各类教育的发展、全面推进素质教育、改善办学条件、加强教师队伍建设。通过县级政府教育政绩评价，县级政府对教育工作的领导责任进一步强化。各地基本形成了政府主要领导亲自过问教育工作，分管领导主抓教育工作，县、乡镇两级党委政府将教育工作列入重要议事日程的领导格局，树立正确的教育政绩观，形成了高度的教育责任意识。义务教育经费保障机制逐步得到优化。落实免收学杂费补助资金，加强公用经费管理，将农村中小学国标省标工资、地方性津贴补贴和公用经费纳入县级预算管理，努力确保教育投入依法及时到位，为区域推进义务教育均衡发展提供了经费保障。教育发展的步伐明显加快，教育健康和谐运行的氛围开始形成。教育部门及各中小学依法实施素质教育的认识明显提高，义务教育学校"不分重点校和重点班"、"开齐开足课程与减轻学生过重课业负担"这两项要求逐渐成为教育系统广大干部教师的共识。素质教育发展取得新的突破，全面推进了教育均衡发展，保障了教育公平，实现了教育优先发展的方针。

2005 年 8 月,吉林省政府颁布了《吉林省对县(市、区)人民政府教育工作督导评估实施办法》,2006 年开始全面实施对县(市、区)政府教育政绩评价工作。吉林省在实际工作中把县域素质教育作为重要的考核目标,要求政府教育政绩评价要统一思想,提高认识,深刻认识和把握教育的发展要求和趋势,抓住制约和影响素质教育实施的主要矛盾,加强对县级政府、教育行政部门和学校各个层面实施素质教育情况的督导检查,运用督导评估的手段促进突出问题的解决,使教育政绩评价在推动县级教育工作方面发挥更大的作用。吉林省要求县级政府教育政绩评价坚持三个方面的基本原则:其一,坚持统筹兼顾,建立健全推进素质教育实施的工作体系,形成推进素质教育实施的合力;其二,坚持正确的导向,强化过程管理,完善推进素质教育实施的运行机制;其三,不断深化改革,推进督导体制、内容和方法的创新,努力增强推进素质教育实施的有效性。

吉林省在县级政府教育政绩评价中体现素质教育的要求,积极推进县域素质教育的实施。在县域范围内全面实施素质教育,主要责任在县级政府。对县级政府教育工作的督导评估要以推动教育发展,推进县域实施素质教育为目的,体现素质教育的要求。吉林省不断改革创新,寻求在督导评估的内容、方式、方法上的新突破,逐步建立起科学高效的县域实施素质教育的监督、评价和激励机制,推进县域素质教育的实施。深入开展各类学校督导评估,建立科学、全面、有效的学校督导评估制度。根据“建立符合素质教育要求的对学校、教师和学生的评价机制”的要求,构建多维度、多层面的学校督导评估体系,引导和促进各类学校树立科学的成才观,提高学校管理水平,严格规范办学行为,全面实施素质教育。特别强调在教育政绩评价的指标体系中要体现在保证基本办学条件的基础上,引导和促进各类学校把教学工作作为学校的中心工作,不断深化教育教学改革,全面推行体现素质教育要求的新课程,切实改进教学方法,更新教学手段,提高教学效率,保证教育教学质量。在县级教育政绩评估中,要发挥督导的多功能作用,在加强监督的同时,通过对评估结果的深入分析,加强对学校工作的指导,使学校明确全面实施素质教育的努力方向,进而采取更加有力的措施推进素质教育。

吉林省还以单项评估为手段衡量县级政府的教育政绩。各县按照统一要求不断加强建设、优化管理、提升质量,整体上实现了教育政绩评价的规范化。在此基础上,又实施了十个单项督导评估,以此来推动县级政府教育工作的充分发展。实施单项评估实现了两个结合。一是在确定评估内容与指标上做到常规要求与创新指标相结合,其目的是县级政府在夯实常规教育工作的基础上,充分发挥自身优势,让县级教育实现自身突破与创新,形成全市教育的整体达标与个性化创新发展;二是在选择评估的方式方法上做到过程性评估与终结性评估、量化评价与定性分析相结合。通过过程性评估,实现评价主体与客体的互动,在不断改进与完善中实现教育政绩评价工作水平与质量的提高。通过定性分析,促进教育工作从量变到质变,促进县域教育的有效发展。

北京市把全面推进素质教育与政府教育政绩紧密结合起来。在其制定的教育政绩指标体系中,体现着全面推进素质教育发展的核心要素。北京市各区县政府、教委、学校在实施过程中,结合本地区实际,有效地推动了素质教育全面实施,保证了教育事业健康持续发展。优化目标管理责任制的指标设置,科学确定指标权重,努力体现素质教育的导向。政府教育政绩评价指标既要强化保障素质教育实施的增加教育投入、改善办学条件、加强教师队伍建设、优化教育环境等方面的指标,又要改进深化课程改革、加强教育教学管理、提高教育质量等方面的指标,充分发挥目标管理责任制在实施素质教育中的激励和导向功能。各地要加强目标管理责任制的过程管理,把目标管理责任制作为推进素质教育实施的重要"抓手",正确理解和科学把握目标管理责任制指标的内涵,并将其分解落实到各级和各有关方面,形成促进年度实施素质教育目标任务落实的合力。例如,在指标体系中明确把"履行实施素质教育职责情况纳入对有关部门主要领导年度考核内容;将有关部门履行实施素质教育职责情况列入对相关部门效能监察的范围。建立和完善实施素质教育先进集体和个人表彰奖励制度;不以任何方式下达升学指标,不以升学率作为评价教育部门与学校工作的唯一标准"。建立和完善区县主要领导联系学校制度,帮助学校解决实际问题。北京市制定的县级政府教育评价指标体系的三级指标分为 A、B、C、D 四个定性评价等级,其基本标准为:A、各项要求全面落实,成效显著;B、各项要求全面落实,成效较好;C、各项要求基本落实,成效一般;D、各项要求未全面落实,有缺项。区县政府、教委自我评价和督导评价均采取定性与定量评价相结合的办法,在对三级指标进行定性等级判断的基础上确定实际得分,定量评分与定性评价等级相对应,量化评分在规定取值范围内确定,并计算总分。各区县教委督导评价量化分数,按30%比例计入政府相应三级评价指标量化得分。区县政府、教委及相关单位的自评结果和市政府教育督导室对区县政府、教委的督导评价结果,作为区县政府、教委等推进素质教育全面实施,规范教育管理,深化教育改革,促进教育发展的参考依据。自评结果和督导评价结果作为市政府考核、奖励区县政府教育工作的重要依据。

山东省在省域内建立了逐级督政制度。山东省自2003年起在全省启动和开展了对各级政府教育工作综合督导评估,这一制度的基本运行机制包括:组织领导→市、县、乡自查自评,自我完善→市对县(市、区)、乡镇复评→省督导评估→督导评估结果处理和运用→督导整改。这样一个运行机制,起到了市、县、乡三级政府联动、部门联动、逐级督政的效果,率先在一个人口大省、教育规模大省形成了省、市、县三级相互衔接、相互沟通的逐级督政制度。山东省对政府教育工作督导评估指标的设置充分考虑先进地区和基础薄弱地区发展不平衡的实际,为有利于充分调动处于不同层次和水平地区的积极性,促进教育均衡发展,设"总体发展水平指标"和"年度发展指标"两大类,用总体发展水平指标测度县级政府教育工作的整体水平,用年度发展指标测度其年度工作发展提高的幅度。实践证明,设置两类指标起到了对各地教育发展全面推动的作用。先进地区既注重在发展水平上保持先进,同时,对年度发展提高幅度也十分关注;而基础较薄弱的县,虽然在发展水平上比不过先进地区,但却可以在提高幅度上努力争先,取得好名次,从而受到鼓舞,树立信心,更加努力争先,加快缩小与先进地区、先进单位的差距,逐步实现教育均衡发展。

山东省在教育政绩评估过程中把验证法与督导评估相结合,并严格督导评估程序。一是在全省性大面积、大范围督导中首次成功运用验证法与督导评估相结合,对督导对象既进行定性评价,又做出定量评价,对被督导对象具有更加明显的激励作用。二是重视自评。以自评为基础,自我完善、自我提高；力求自评与督导评估结果的真实性；将各年份的督导结果作为下年督导的基础，相关数据上下级之间、各年份之间，相互衔接、吻合，制约和促进据实自评。三是采用"自评可信度"，运用数学方法，处理评估信息，进行量化计分；同时，改进评估信息搜集办法，采用"自评纪要"和"督导评估纪实"、双方签字确认等办法，使评估信息与评估结果更具客观性、可信性。

广东省县级政府党政领导教育实绩考核标准把"以县为主"工作与依法治教结合来，紧紧围绕落实国家关于推动教育事业发展、落实"以县为主"的管理体制和全面推进素质教育而制定。教育政绩考核标准不仅坚持每项指标都是县级党政主要领导确定的教育工作重点，而且所选的内容都严格限定为县级政府行为。在制订督导考核的指标时，以差异性为指导原则，根据各地社会经济及教育发展水平的差异，把全省各县划为三种类型，不同类型地区在某些指标的要求上有所区别。针对不同地区的不同经济、社会、教育的发展水平，制定不同的政绩评价指标体系进行评价，有利于调动各方面的积极性，客观公正地反映不同地区政府教育政绩。

广东省县级领导教育实绩考核实际运作过程由省委组织部牵头，教育督导部门协助。文件用组织部文号，发至各市、县党委组织部、教育局。具体的实施工作则主要由教育督导部门承担。这一考核标准产生了三个方面意义。其一，突出考核对象，责任直指个体。由组织部考核第一把手，考核结果的好坏作为其政绩的重要内容，县级领导直接对教育负主要责任。其二，多方形成合力，扩大考核影响。考核领导小组必须由组织部、纪委、审计、教育、督导等部门的领导参加，并可邀请人大代表、政协。突出重点，力求突破。其三，重视考核结果的运用，树立督导权威。考核结果作为考核党政主要领导干部政绩的重要内容及其提拔、使用的重要依据。

总之，全国绝大多数省份高度重视县级人民政府教育政绩评估，按照国家的宏观要求，制定并出台了一系列法律法规和政策文件，不断加强县级人民政府教育政绩评价工作，较好地实施了县级政府教育政绩评价，有效推动了县域教育事业的发展。各县级政府结合本地经济发展状况和教育发展的实际,坚持了客观、公正、科学、激励性的原则,实现了鉴定性评价与发展性评价相结合、经常性检查和综合性评价相结合,进一步明确了县级政府教育政绩评价的重要意义。各省对县级政府教育政绩评价的实施状况各有特色,其中一些关于突出加大教育投入、促进教育均衡发展、考虑地区差异等比较好的评估制度,对于我们构建新的教育政绩评价指标体系,进行科学合理的教育政绩评价具有重要的借鉴意义。

第二节 当前县级政府教育政绩评价取得的成绩

县级政府教育政绩评价有利于促使县级政府把发展教育作为政府工作的重要内容,督促县级政府落实国家和省的教育方针政策,进而有效地推动县域教育的健康发展。当前,我国通过县级政府教育政绩评价取得了显著成绩,贯彻落实教育优先发展的方针,推动了教育事业的快速发展,促进了教育经费得到显著增加,促使了教师队伍水平不断提高,实现了教育管理规范化。

一、教育事业快速发展

通过县级政府教育政绩评价,贯彻落实了义务教育"以县为主"的管理体制,城乡免费义务教育得以全面实现,学前教育与特殊教育发展迅速,职业教育快速进步,高等教育进入大众化阶段,成人教育和扫盲教育以及民办教育取得较大进步,农村教育得到加强,教育公平迈出重大步伐,有效地加快了各省教育事业的发展步伐,县域教育事业成绩显著。

(一)各地区以义务教育为重点,促使中小学整体办学水平的不断提高

各地在推进教育事业发展的过程中,始终坚持将义务教育放在突出位置,通过进一步落实和完善农村义务教育"以县为主"的管理体制,努力推进义务教育均衡发展。截至 2010 年年底,全国 2856 个县(市、区)全部实现"两基",全国"两基"人口覆盖率达到 100%。小学学龄儿童净入学率达到 99.70%,其中男、女童净入学率分别为 99.68% 和 99.73%。初

中阶段毛入学率100%,比上年提高1.1个百分点。初中毕业生升学率87.5%,比上年提高1.9个百分点。全国初中专任教师352.54万人,比上年增加0.74万人。初中专任教师学历合格率98.65%,比上年提高0.37个百分点。

全国普通中小学校舍建筑面积141751.04万平方米,比上年增加3000.52万平方米。小学体育运动场(馆)面积达标学校的比例为55.48%,体育器械配备达标学校的比例为52.19%,音乐器械配备达标学校的比例为48.55%,美术器械配备达标学校的比例为47.64%,数学自然实验仪器达标学校的比例为54.62%,均比上年有所提高。普通初中体育运动场(馆)面积达标学校的比例为69.53%,体育器械配备达标学校的比例为68%,音乐器械配备达标学校的比例为62.4%,美术器械配备达标学校的比例为61.67%,理科实验仪器达标学校的比例为74.55%,均比上年有所提高。全国义务教育阶段在校生中农村留守儿童共2271.51万人,比上年增加47.27万人。其中,在小学就读的农村留守儿童1461.79万人,比上年增加28.82万人,增长2.01%。在初中就读的农村留守儿童809.72万人,比上年增加18.45万人,增长2.33%。

(二)通过县级政府教育政绩评价,学前教育和特殊教育得到了较快发展

幼儿园数、在园幼儿数、幼儿园园长和教师数均有增加。学前教育毛入园率比以前有了较大幅度提高。全国共有幼儿园15.04万所,比上年增加1.22万所,在园幼儿(包括学前班)2976.67万人,比上年增加318.86万人。幼儿园园长和教师共130.53万人,比上年增加17.75万人。学前教育毛入园率达到56.6%,比上年提高5.7个百分点。全国共有特殊教育学校1706所,比上年增加34所;特殊教育学校共有专任教师3.97万人。全国共招收特殊教育学生6.49万人,比上年增加0.09万人;在校生42.56万人,比上年减少0.25万人,其中在盲人学校就读的学生4.91万人,在聋人学校就读的学生11.26万人,在弱智学校及辅读班就读的学生26.39万人。普通小学、初中随班就读和附设特教班招收的学生为3.97万人,在校生为25.96万人,分别占特殊教育招生总数和在

校生总数的 61.26% 和 60.99%。

（三）县级政府教育政绩评价也对高中教育的发展起到了重要作用

目前，全国高中阶段教育共有学校 28584 所，比上年减少 1177 所；招生 1706.66 万人，比上年增加 7.80 万人；在校学生 4677.34 万人，比上年增加 36.43 万人。高中阶段毛入学率 82.5%，比上年提高 3.3 个百分点。其中：①全国普通高中 14058 所，比上年减少 549 所；招生 836.24 万人，比上年增加 5.90 万人，增长 0.71%；普通高中共有校舍建筑面积 39821.83 万平方米。普通高中设施设备配备达标学校的比例比上年有所提高，其中，体育运动场（馆）面积达标学校的比例为 80.61%，体育器材配备达标学校的比例为 81.14%，音乐器材配备达标学校的比例为 76.95%，美术器材配备达标学校的比例为 77.83%，理科实验仪器达标学校的比例为 84.63%，建立校园网的学校的比例为 76.74%。②全国成人高中 654 所，比上年减少 99 所；在校生 11.50 万人，比上年增加 0.03 万人；毕业生 9.02 万人，比上年减少 0.78 万人。成人高中教职工 0.47 万人，比上年减少 0.14 万人，其中专任教师 0.35 万人，比上年减少 0.08 万人。

（四）通过县级政府教育政绩评价，全国中等职业教育也得到了长足发展

截至目前，中等职业教育共有学校 13872 所，比上年减少 529 所；招生 870.42 万人，比上年增加 1.90 万人，占高中阶段教育招生总数的 50.94%；在校生 2238.50 万人，比上年增加 43.34 万人，占高中阶段教育在校生总数的 47.78%；专任教师 84.89 万人，比上年增加 0.61 万人。其中：①全国普通中等专业学校 3938 所，比上年增加 149 所；招生 316.61 万人，比上年增加 4.90 万人；在校生 877.71 万人，比上年增加 37.28 万人；毕业生 264.64 万人，比上年增加 23.12 万人。②全国职业高中 5206 所，比上年减少 446 所；招生 278.67 万人，比上年减少 34.50 万人；在校生 726.33 万人，比上年减少 52.09 万人；毕业生 230.20 万人，比上年增加 1.05 万人。职业高中教职工 40.32 万人，比上年减少 2.24 万人，其中专任教师 30.70 万人，比上年减少 1.45 万人。③全国技工学校 3008 所，比上年减少 69 所；招生 159.02 万人，比上年增加 2.27 万人；在校生

422.05 万人,比上年增加 6.73 万人;毕业生 121.64 万人,比上年增加 6.11 万人。技工学校教职工 26.63 万人,比上年增加 0.66 万人,其中专任教师 19.05 万人,比上年增加 0.41 万人。④全国成人中等专业学校 1720 所,比上年减少 163 所;招生 116.11 万人,比上年增加 29.22 万人;在校生 212.40 万人,比上年增加 51.41 万人;毕业生 48.81 万人,比上年增加 9.82 万人。

(五)通过县级政府教育政绩评价,成人培训与扫盲教育进步迅速

全国接受各种非学历高等教育的学生 332.89 万人,当年已结业 712.56 万人;接受各种非学历中等教育的学生达 5291.91 万人,当年已结业 5986.37 万人。全国职业技术培训机构 12.94 万所,比上年减少 2.37 万所;教职工 47.31 万人,其中专任教师 24.23 万人。成人初等学校 1.10 万所,比上年减少 0.31 万所;毕业生 98.04 万人,比上年减少 9.50 万人;在校生 86.58 万人,比上年减少 9.38 万人。教职工 1.54 万人,比上年减少 0.57 万人,其中专任教师 0.92 万人,比上年减少 0.32 万人。全国共扫除文盲 90.26 万人,比上年减少 5.48 万人;另有 108.08 万人正在参加扫盲学习,比上年减少 6.78 万人。扫盲教育教职工 5.04 万人,比上年减少 1.12 万人,其中专任教师 1.95 万人,比上年减少 0.21 万人。

(六)通过县级政府教育政绩评价,民办教育也得到持续快速发展

全国共有各级各类民办学校(教育机构)11.90 万所,比上年增加 1.25 万所;招生 1300.45 万人,比上年增加 143.68 万人;各类教育在校生达 3392.96 万人,比上年增加 327.57 万人。其中:①民办幼儿园 102289 所,比上年增加 12985 所;入园儿童 711.63 万人,比上年增加 136.94 万人;在园儿童 1399.47 万人,比上年增加 265.30 万人。民办普通小学 5351 所,比上年减少 145 所;招生 94.72 万人,比上年增加 10.70 万人;在校生 537.63 万人,比上年增加 34.75 万人。②民办普通初中 4259 所,比上年减少 72 所;招生 153.21 万人,比上年增加 4.74 万人;在校生 442.11 万人,比上年增加 8.23 万人。民办普通高中 2499 所,比上年减少 171 所;招生 80.95 万人,比上年减少 0.42 万人;在校生 230.07 万人,比上年减少 0.06 万人。③民办中等职业学校 3123 所,比上年减少 75 所;招生

113. 19 万人。比上年减少 14. 85 万人；在校生 306. 99 万人，比上年减少 11. 10 万人。

二、教育经费显著增加

教育经费的较快增长，为教育事业发展提供了有力支持。近年来，通过县级政府教育政绩评价，促使绝大部分县（市、区）财政对教育的投入做到了"三个增长"，落实了各省规定对县级政府教育事业的各项投入政策，加大了对教育的投入力度。

（一）教育经费投入力度不断加大，保障水平逐步提高

国家财政性教育经费投入力度不断增强。据统计，2009 年全国教育经费总投入 16502. 7 亿元，比 2005 年几近翻番。国家财政性教育经费投入达 12231. 1 亿元，比 2005 年增长了 1. 4 倍；占国内生产总值的比例达 3. 59%，同比提高 0. 80 个百分点。2009 年，全国普通小学、普通初中、普通高中、中等职业学校、普通高校生均预算内事业费分别为 3358 元、4332 元、3758 元、4263 元、8542 元，分别是 2005 年的 2. 5 倍、2. 9 倍、1. 9 倍、1. 9 倍和 1. 6 倍。教育经费投入结构不断优化，义务教育全面纳入公共财政保障范围。"十一五"期间，我国义务教育被全面纳入公共财政保障范围，义务教育预算内拨款 2009 年达 6357. 6 亿元，比 2005 年增长了 151. 4%，占义务教育经费总投入的 87. 7%，同比提高了 16. 6 个百分点。

"十一五"期间，各级教育帮困助学体系不断完善，以国家奖学金、助学金制度和以风险补偿金为核心的高等教育国家助学贷款新机制已经形成，每年 300 多亿元的资助资金覆盖全国 2000 多所高校的 500 万名大学生。从 2009 年秋季学期起，对中等职业学校农村家庭经济困难学生和涉农专业学生免除学费。2010 年秋季学期起，免学费政策扩大到城市家庭经济困难学生，中央和地方财政共同安排资金设立普通高中国家助学金，资助家庭经济困难学生。

（二）各地积极贯彻落实"三个增长"，使教育经费投入增加显著

通过政府教育政绩评价，各地积极贯彻落实《教育法》规定的"三个增长"（即各级政府教育财政拨款的增长应高于财政经常性收入的增长，并使按在校学生人数平均的教育费用逐步增长，保证教师工资和学生平

均公用经费逐步增长），使教育经费投入增加显著。2009 年全国教育经费投入实现了"三个增长"，具体如下：

第一，中央和地方各级政府预算内教育拨款（不包括教育费附加）为11419.30 亿元，比上年的 9685.56 亿元增长 17.90%。其中，中央财政教育支出 1981.39 亿元，按同口径比较，比上年增长 23.55%，高于中央财政经常性收入约 2.72% 的增长幅度。

第二，各级教育生均预算内教育事业费支出增长。2009 年全国普通小学、普通初中、普通高中、中等职业学校、普通高等学校生均预算内教育事业费支出情况是：①全国普通小学生均预算内事业费支出为 3357.92元，比上年的 2757.53 元增长 21.77%。其中，农村普通小学生均预算内事业费支出为 3178.08 元，比上年的 2617.59 元增长 21.41%。②全国普通初中生均预算内事业费支出为 4331.62 元，比上年的 3543.25 元增长22.25%。其中，农村普通初中生均预算内事业费支出为 4065.63 元，比上年的 3303.16 元增长 23.08%。③全国普通高中生均预算内事业费支出为 3757.60 元，比上年的 3208.84 元增长 17.10%。④全国中等职业学校生均预算内事业费支出为 4262.52 元，比上年的 3811.34 元增长 11.84%。

第三，各级教育生均预算内公用经费支出增长。2009 年全国普通小学、普通初中、普通高中、中等职业学校、普通高等学校生均预算内公用经费支出情况是：①全国普通小学生均预算内公用经费支出为 743.70 元，比上年的 616.28 元增长 20.68%。其中，农村普通小学生均预算内公用经费支出 690.56 元，比上年的 581.88 元增长 18.68%。②全国普通初中生均预算内公用经费支出为 1161.98 元，比上年的 936.38 元增长24.09%。其中，农村普通初中生均预算内公用经费支出为 1121.12 元，比上年的 892.09 元增长 25.67%。③全国普通高中生均预算内公用经费支出为 831.59 元，比上年的 698.28 元增长 19.09%。④全国中等职业学校生均预算内公用经费支出为 1164.43 元，比上年的 911.71 元增长 27.72%。

（三）落实对各项教育事业的投入政策，加大对县级各项教育事业的投入力度

近年来，随着经济水平的快速发展和财政收入的不断增加，各省份按照国家的统一要求，通过建立健全县级政府教育政绩评价体系，加大了对县级各项教育事业的投入力度。以江苏省为例，2009年绝大部分县（市、区）财政对教育的投入做到了"三个增长"，落实了省规定对各项教育事业的投入政策。

第一，关于"各级人民政府教育经费拨款的增长应当高于财政经常性收入的增长"情况。2009年，全省财政经常性收入2946.62亿元，比上年增长13.93%；全省预算内教育拨款654.85亿元，比上年的570.02亿元增长14.88%，高于财政经常性收入增长0.95个百分点。

第二，各级教育生均预算内教育事业费支出增长情况。2009年全省普通小学、普通初中、普通高中、职业中学和普通高等学校生均预算内教育事业费支出情况：①全省普通小学生均预算内教育事业费5820.20元，比上年的4306.54元增加1513.66元，增长35.15%。其中：农村小学生均预算内教育事业费5871.93元，比上年的4259.54元增加1612.39元，增长37.85%。②全省普通初中生均预算内教育事业费5903.74元，比上年的4464.21元增加1439.53元，增长32.25%。其中：农村初中生均预算内教育事业费5540.36元，比上年的4255.95元增加1284.41元，增长30.18%。③全省普通高中生均预算内教育事业费4391.55元，比上年的3744.45元增加647.10元，增长17.28%。④全省普通中等职业学校生均预算内教育事业费3551.54元，比上年的3305.63增加245.91元，增长7.44%。其中：职业高中生均预算内教育事业费3971.28元，比上年的3497.21元增加474.07元，增长13.56%。

第三，各级教育生均预算内公用经费支出增长情况。2009年全省普通小学、普通初中、普通高中、职业中学和普通高等学校生均预算内公用经费支出情况：①全省普通小学生均预算内公用经费689.08元，比上年的641.01元增加48.07元，增长7.50%。其中：农村小学生均公用经费693.83元，比上年的613.53元增加80.3元，增长13.09%。②全省普通初中生均预算内公用经费864.03元，比上年的871.03元减少7元，降低

0.80%。其中:农村初中生均预算内公用经费 850.38 元,比上年的 862.01 元减少 11.63 元,降低 1.35%。③全省普通高中生均预算内公用经费 496.90 元,比上年的 409.64 元增加 87.26 元,增长 21.30%。④全省普通中等职业学校生均预算内公用经费 608.03 元,比上年的 569.28 元增长 38.75 元,增长 6.81%。其中:职业高中生均预算内公用经费 557.46 元,比上年的 474.94 元增长 82.52 元,增长 17.37%。

总之,通过县级政府教育政绩评价,督导县级政府高度重视教育投入,把增加教育投入作为落实义务教育、促进教育均衡发展、实现优先发展教育的重要举措,进而有效地推动了县级教育事业的发展。

三、教师队伍水平提高

百年大计,教育为本。教育大计,教师为本。胡锦涛总书记在全国优秀教师代表座谈会上指出:"推动教育事业又好又快发展,培养高素质人才,教师是关键。没有高水平的教师队伍,就没有高质量的教育。尊重教师是重视教育的必然要求,是社会文明进步的重要标志,是尊重知识、尊重人才、尊重创造的具体体现。要进一步在全社会弘扬尊师重教的良好风尚,把广大教师的积极性、主动性、创造性更好地发挥出来。"当前,通过县级政府教育政绩评价,有效发展了教师队伍,提升教师队伍素质,整体水平得到进一步提高,推动了教育优先发展。

(一)中小学教师人事制度改革迈出新的步伐

研究制定了中小学教师编制标准,组织并基本完成了中小学校核编定岗任务;建立健全了中小学教职工聘任制度和新任教师公开招聘制度,完善了中小学校长选拔任用办法,进行了中小学教师职务评聘结合改革试点。此外,还建立和完善了城镇教师支援农村教育制度,定期选派城镇学校教师到农村学校交流任教,积极推动区域内城镇学校教师向农村学校流动,促进了义务教育均衡发展。

(二)教师培养补充机制不断创新

通过实施教师特设岗位计划,在中央财政支持下,公开招募了数以万计的高校毕业生到中西部农村义务教育阶段学校任教;通过实施农村学校教育硕士师资培养计划,采取推荐免试攻读、教育硕士和农村支教相结合的办法,为农村贫困地区中学培养和补充了数以千计的骨干教师。

(三)教师培训工作得到进一步加强

贯彻实施中青年学科带头人和骨干教师培养工程,鼓励教师继续接受教育,培养了一支理论水平高、教育教学业务精、创新能力强的中小学教师队伍。组织实施了新一轮中小学教师培训,有800多万义务教育阶段教师和80多万高中教师普遍接受了新课程培训,还有100多万中小学教师通过各种途径接受学历提高培训。启动实施了"全国中小学班主任培训计划",进一步提高了中小学班主任队伍整体素质和班主任履行工作职责的能力。

(四)教师队伍整体素质得到提高

2009年,全国普通小学、初中、高中专任教师学历合格率分别为98.9%、96.3%、86.5%,其中农村具有合格学历教师的比例分别达到98.4%、94.8%、75.9%。中小学具有高学历教师的比例逐年增加,全国有专科以上学历的小学教师比例达到62.1%;有本科以上学历的初中教师比例达到41%;有研究生以上学历的高中教师比例达到1.4%。

(五)职业教育"双师型"教师建设取得新的进展

建立了职业院校教师到企业实践制度,实行专业教师每两年必须有两个月到企业或生产服务一线实践的政策,并支持实践性较强的专业教师申请和评聘第二个专业技术职务资格或相应的职业资格证书;同时采取更加灵活的用人机制和办法,支持职业院校面向社会聘请工程技术人员、高技能人才担任专业课教师或实习指导教师。2006年,还启动了"职业院校教师素质提高计划",进一步加大了对职业教育师资培养培训工作的支持力度。

四、教育管理实现规范

当前,我国不断建立健全县级政府教育政绩评价体系,通过加强对教育政绩评价指标体系中教育管理指标的考核,促使了县级政府对教育管理的高度重视,认真贯彻落实规范教育管理的各项政策法规,逐步实现了教育管理规范化,不断推动教育实现向标准化、科学化、制度化方向发展。

(一)贯彻农村义务教育管理体制

2001年国务院发出《国务院关于基础教育改革与发展的决定》明确

提出:加强农村义务教育是涉及农村社会发展全局的一项战略任务。……各级人民政府要牢固树立实施科教兴国战略必须首先落实义务教育上来的思想;……完善管理体制,保障经费投入,推进农村义务教育持续健康发展。通过县级政府教育政绩评价,进一步完善农村义务教育实行"在国务院领导下,由地方政府负责、分级管理、以县为主"的体制,明确了县级人民政府对农村义务教育负有主要责任。不断加强农村中小学人事管理机制,建立健全监督检查制度,完善了责任追究制度。进一步规范了义务教育学制,加强监管和检查,完善了举报制度。建立健全监督机制,农村义务教育得到快速健康发展。国家要求地方各级人民政府每年向上一级人民政府专题报告一次农村义务教育工作情况。省级人民政府定期向社会公布各省、自治区、直辖市农村中小学教职工工资发放情况。各级人民政府教育督导机构把督导农村义务教育作为工作的重点。

省级人民政府负责统筹制定本省、自治区、直辖市农村义务教育发展规划;根据国家中小学教职工编制标准,制定具体实施办法,核批各县(市、区、旗,以下统称县)农村中小学教职工编制;逐县核实财力水平,统筹安排财力,对财力不足、发放财政供养人员工资确已达到合理比例仍有困难的县,通过调整财政体制和财政支出结构、增加省级财政转移支付资金、合理安排中央财政转移支付资金等办法,帮助并督促县级人民政府确保农村中小学教职工工资按时足额发放;核定本地区农村中小学公用经费的标准和定额,确定农村中小学收费项目和标准;增加了危房改造专项资金投入,建立健全了消除农村中小学危房的工作机制;组织实施了教育对口支援工作,推动建立助学制度;加强对下级政府义务教育工作的督导检查,组织开展督导评估工作,实现教育管理的规范化。

(二)完善改革县级基础教育管理体制

通过县级政府教育政绩评价进一步规范了县级政府对教育的统筹权,基础教育实行县乡两级办学、以县管理为主的体制。县级人民政府负责制定本地区基础教育发展规划及学校的设置和调整,负责教师队伍的建设管理和教师工资发放,负责中小学教育经费的筹措和日常经费的管理,负责承办县、镇各类教育和全县(市)高中阶段教育。乡镇人民政府负责本地初中、小学校舍建设和维修,组织社会力量办好学前教育、成人教育,保障适龄儿童和少年按时接受九年义务教育。规范基础教育办学体制,学前教育坚持国家、集体、个人多渠道举办,形成了以社区为依托、社会办园为主体、公办和民办共同发展的格局。地方政府办好骨干示范性高中,同时要积极鼓励社会力量办学,支持办学条件较好的公办高中与社会力量联合办学。

通过教育政绩评价,促使各县级政府积极履行教育职责,承担起统筹本地教育发展规划、经费安排使用、校长和教师人事管理以及县域内各类教育协调发展的责任,贯彻落实"以县为主"义务教育管理体制,使一些长期困扰县域教育健康发展的问题逐步得到解决。通过县级政府教育政绩评价还促进了各地对农村学校管理新模式和运行新机制进行有益探索,在教师管理调配和中小学校长任命等方面,多数地方实现了由县级教育行政部门统一负责。教育人事制度改革不断取得进展,教师逢进必考,校长竞争上岗,教师超、缺编现象大大缓解,城乡教师待遇差距逐渐缩小。严格落实教育收费、招生和师德规范等要求,及时纠正、处理各种违法、违规行为。义务教育阶段不设重点校、重点班,不得改变或变相改变公办学校性质。

通过教育政绩评价,还进一步健全了加强师德建设的体制机制,制定培养选拔和考核管理制度,重视对青年干部和后备干部的培养,重视青年教师和骨干教师的培养,促进干部、教师队伍专业素质的提高。科学编制教育经费预算,保证转移支付资金专款专用,严格执行各项财经纪律,努力提高教育经费的使用效益。合理配置区域内教育资源,推进和落实学校达标工程,加强德育、综合实践、劳动技术、国防教育、职业教育实训实习、校外教育等各类基地建设。坚持育人为本、德育为先,全面加强和改进学生德育工作。坚持健康第一的指导思想,切实加强青少年体育工作,确保学生每天体育活动一小时,增强学生体质。开展资源和能源节约教育。深化课程教材和教学改革,严格执行课程计划,开齐课程,开足课时,不随意增减课时,减轻学生课业负担。

(三)促进学校管理规范化

通过县级政府教育政绩评价在教学改革与发展过程中的影响,各地都十分重视加强学校管理工作。各县级政府普遍建立健全了各项规章制度,并能得到较好落实。从校园环境、内部设施到档案资料,基本实现了制度化、规范化、精细化,并在向科学化、人文化、特色化的方向迈进。所查学校能够认真执行国家的课程计划,教室内布置得体,专用教室的仪器和图书分类规范、摆放有序,普遍推行了盘架化管理。同时,以科研为先导,积极深化教学改革,努力推进素质教育的实施。各地、各学校广泛开展了多种形式的教学改革实践,取得了初步成果,并在此基础上形成了一批管理规范、质量较高的特色化学校,在当地起到了很好的示范带头作用。依法完善中小学教师和校长的管理体制,贯彻落实《中华人民共和国教师法》规定的中小学教师的权限,贯彻落实县级以上教育行政部门依法履行中小学校教师的资格认定、招聘录用、培养培训和考核等管理职能。加强规范义务教育阶段办学,遵循国家有关法律和政策,遵守规章和纪律,加强管理,健全制度,建立审批程序和评估机制,保证了改革和办学的正确方向。通过对学校教学质量的监控,不断加强教育教学管理,优化学校教书育人环境,树立良好的校风学风。近年来,国家和各省相继出台了一系列规范学校办学行为的措施,督导评估充分发挥了保障教育法律法规政策贯彻落实的重要功能,促使有关问题得到解决,保障教育健康发展。通过督导评估,有力地促进了各县级政府制定和落实有关政策,加强投入和管理,从源头上减少教育违法违规现象的发生,对中等以下各级各类学校进一步端正办学方向、规范办学行为起到了积极的推动作用。在教育政绩评价工作的推动下,市、县两级教育行政部门和中小学校不断加强教育教学管理,深化教育教学改革。中小学教学秩序稳定,管理水平和教育质量得到逐步提高。各督导检查组普遍反映所抽查的大多数中小学校园整洁,文化氛围较浓,内部管理到位,教育教学秩序良好。

(四)建立健全了教育公共服务保障机制

当前,县级政府教育政绩评价还有效地促进了教育公共服务事业保障机制的建立健全。通过县级教育政绩评价制度,把教育公共服务保障事业作为一项重要指标来考核。根据国家教育发展要求,各省市出台一系列法规、政策,不断健全教育公共服务保障机制。县级政府教育切实将教育事业的发展纳入国民经济和社会发展规划之中。随着政府财力的不断增强,通过建立健全体制机制,保证在经济发展的同时逐年增加教育投入的比例,切实保障学校正常运转,把学校的持续稳定发展作为教育公共服务保障的重要内容。通过县级政府教育政绩评价,有力地保障了教师工资的按时足额发放。例如,《广东省县级党政主要领导干部基础教育工作实绩考核指标体系》明确规定:"教职工工资发放实行县长负责制,并按照国家和省统一规定的工资项目和标准列入县级财政预算,由财政部门通过银行按月足额将工资拨入银行开设的教职工个人工资账户。教职工住房、医疗、养老、工伤、失业等社会保障工作得到较好的解决。"通过健全教育公共服务保障机制,切实组织督促义务段学生按时入学,制止辍学。各县级政府还出台一系列政策法规,积极调动社会力量,充分发挥社会教育资源的作用,为推进教育事业的发展创造良好的社会环境。建立健全校园周边环境综合治理长效机制,严厉打击扰乱学校治安的违法犯罪活动,加强学校安全工作和周边治安环境的治理。例如,《云南省县级人民政府教育工作督导评估标准》明确规定:"坚持依法行政,依法治教。县(市、区)人民政府及有关职能部门认真执行有关教育的法律法规,履行教育法定职责,为教育事业的发展创造良好的环境。"通过县级政府教育政绩评价,建立职责明确、分工合理、制度健全、举措有力的保障机制,不断推动教育公共服务事业的蓬勃发展,实现了教育管理的规范化。

第三节　当前县级政府教育政绩评价存在的问题

我国县级政府教育政绩评价已经取得了很大进步,有效地推动了基础教育的快速发展。伴随教育事业的蓬勃发展,现有的县级政府教育政绩评价指标体系也存在明显不足,日益暴露出的问题也越来越多。主要表现在以下几个方面。

一、定位不准

如前所述,多数省份仍然用教育督导评估和教育发展水平评估代替政府的教育政绩评估。教育督导评估过多地关注过程,较少地关注实绩,着眼点在于指导县级政府"如何去做",而不是评价政府教育工作"做得如何",因而不能算是一种规范的政绩评价指标体系,也不易与政府整体政绩评价系统对接。有些省份有教育发展水平评估,以先进县、示范县的创优达标评估来评价政绩。经济条件、教育基础好的县区比较容易创优争先,经济薄弱、教育基础较差的县区则较难达标。以此度量政府教育政绩对基础薄弱的县区明显是不公平的。

二、逻辑不清

多数考核指标为自上而下的任务布置,即把全省教育发展的目标任务进行指标分解,重在考察县区政府的达标度。各项任务多以"工程"或"项目"的形式下达,指标之间缺乏内在的逻辑联系。一系列零散的要求往往会让县级政府"头痛医头,脚痛医脚","拆了东墙去补西墙",缺乏对教育整体、长远的思考。例如,有些省份把教育信息化作为考核政府政绩的重要指标,县级政府千方百计筹措资金添置电脑,由于经费不足,往往采用挪用公用经费、购置低端设备的方式以求达成省定指标要求,可由于公用经费和师资力量不到位,造成大量电脑和网络设备闲置。等几年后这些条件到位,电脑等设备却已经落伍,不适应教育教学工作要求了,造成大量的资金浪费。教育工作是一个整体推进、协调发展的过程,只有从整体出发,才能形成逻辑清楚的指标体系,才有利于各项工作的和谐共进。

三、贪大求全

各省的考核指标都在 30 条左右,每条又细分为四五个具体的得分点,考核点平均在 100 个左右。有些省份苛求面面俱到,希望把对教育的各项要求都列入评价范围。有些没有详细地区分政府、教育行政部门和学校之间的责任,指标设计过于微观、繁杂,不易操作。对政府工作规定得过多过细,反而束缚手脚,影响了县级政府教育工作主动性、创造性的发挥。同时,过多的考核点也让评估者无所适从,往往是走马观花,凭着主观印象作出评判,从而影响了评价的客观性和公信力。还有的省份为了追求省域教育发展政绩,往往忽略基层实际,把一些指标定得高不可攀。例如,有些省份要求义务教育巩固率要高于 99.8% ,达不到则一票否决,现实是大量农村地区义务教育辍学现象还比较普遍,如此设定指标,不能促进县级政府和教育行政部门改进工作,提高巩固率,而是逼着大家用造假的方式应付检查。

四、内容空泛

一些省份的评价指标虽然也包括领导职责、促进教育改革和发展、教育经费投入与管理、办学条件、教师队伍建设以及教育管理等方面的内容,但比较原则和笼统,只是依据有关法律法规提出了原则性的要求,缺乏细化。指标和评价要素过于概念化和抽象化,缺乏明确的量化标准,往往导致无法进行实际的评价。例如,有些省份在制定县级政府领导教育政绩考核指标中规定:"落实教育优先发展的战略地位,确立农村义务教育在教育事业发展中的重中之重的地位。""树立科学发展观,实施科教兴县战略,巩固和完善以县为主的农村义务教育管理体制","按照积极进取、实事求是、分区规划、分类指导的原则,制定教育改革与发展规划,确保辖区内各级各类教育协调发展"。很明显,这里的规定具有很大的模糊性和笼统性,至于如何落实教育优先发展、如何树立科学发展观、如何实施科教兴县,达到什么标准算落实或实现,这里并没有给予明确具体的规定。又例如,有的县级政府教育政绩评价指标中规定:"建立定期研究教育工作和政府领导联系学校制度,及时研究和解决教育改革与发展中的问题。每年为教育办几件实事。"在这个教育政绩指标中,"每年为教育办几件实事"具有很大模糊性,至于办教育实事的标准是什么并没有给予明确说明。还有在教育政绩评价指标体系中规定:"每个乡镇建有一所中心幼儿园,并起到示范和辐射作用。"这里"起到示范和辐射作用"概念抽象化,在实际操作过程中无法进行量化,很难对这一指标进行有效评价。教育政绩评价指标内容的笼统性很大程度上决定了教育政绩评价的不完善性,结果导致对县级党政干部教育实绩的综合性评价不够,致使评价结果存在一定程度的虚假成分,影响了评价结果的真实性,不能正确客观的评价政府的教育政绩。

五、重面轻点

多数地区往往把教育的平均发展水平作为考量政府政绩的基本依据。例如，用生均公用经费衡量教育经费保障水平，用生均拥有计算机台数衡量教育信息化水平，用生师比衡量教师队伍数量，用生均占地面积、生均建筑面积衡量教育资源的丰歉程度。平均数可以从面上反映一个地区的教育发展水平，但如果仅仅依据平均占有教育资源情况考量县域教育发展水平，往往会陷入"平均数"的陷阱，不能反映每一个具体的学生享受到的教育服务质量。有些地区教育发展失衡，窗口学校建设贪大求"洋"，学生人均占有教育资源较多，而农村薄弱学校则设备简陋，教育教学质量不能得到保证。如果仅用平均值考量，就会掩盖这些问题。当前，国家把推进教育公平作为基础教育发展的重中之重，要引导各级政府关注弱势群体、加强薄弱学校建设、促进教育均衡发展、保障教育公平正义，就不能仅从平均值考量面上的政绩，还要从标准差考量内部的差异，保障每一个学生接受优质教育服务的权利。

六、忽视差异

多数省份县级政府教育政绩评价指标体系基本上都是按照国家颁布的《关于建立对县级人民政府教育工作督导评估制度的意见》而制定，许多地方能够做到因地制宜，结合本地区的基本情况，从客观实际出发，制定并且实施教育政绩评价指标体系。也有些地区仅按《意见》要求简单地罗列指标，东部沿海地区与中部、西部地区的评价标准大体一致，没有体现地方教育发展的阶段性和特色。在同一个省内部，不同县域教育发展的差异性也很大，发达地区教育基础好，具备一定的积累优势，往往容易得到较高的评价，而欠发达地区财政保障能力不足，教育发展基础薄弱，即使政府做出很大的努力，也不容易获得高分。

第二章 县级政府教育政绩评价的核心
——县级政府的教育责任

对县级政府的教育政绩进行评价,其核心是要明确县级政府的教育责任。县级政府的教育责任是由其在国家教育管理体制中的地位所决定的。我国确立的"地方负责、分级管理"的教育管理体制共经过了四个发展阶段,最终形成"以县为主"的教育管理体制。在这种管理体制下,县级政府的教育责任要在政府职责中进行准确定位,明晰其基本原则和责任。县级政府教育责任的主要内容包括教育保障、教育管理和教育发展三个方面。在教育保障上,县级政府应该从教育投入、人力资源和发展环境三个方面进行操作。教育管理方面,要坚持政府依法管理和学校自主办学的基本原则。在教育发展上,县级政府应该从幼儿教育、义务教育、普通高中教育、中等职业教育和成人与社会教育五种教育类型来协调发展。

第一节 县级政府教育责任在国家
教育管理体制中的地位

县级政府的教育责任离不开国家教育体制的大环境。中国的教育管理体制是在借鉴西方的经验和联系我国实际情况的基础上形成的,最终确立为"地方负责、分级管理"的教育管理体制,并明确了"以县为主"的基本管理模式,强调地方政府的教育责任。

一、中西教育管理体制比较

教育管理体制指国家组织和管理教育的形式、方法和制度的总称,是一个国家在一定政治、经济和文化水平基础上建立起来的教育事业的办学体制、财政体制、管理体制等相对稳定的教育模式,主要有教育内部的领导制度、组织机构及其相互关系,涉及教育事业管理权限的划分、人员的任用和对教育事业发展的规划和实施,也涉及教育结构各个部分的比例关系和组合方式。① 因此,它受一国的经济、政治体制的制约,随着一国的社会生产力的发展和社会、经济、政治、文化的变化而有所调整和改革。它是各级政府和其他权力主体在参与管理教育过程中形成的相互之间的职责权利关系和资源配置方式。在此过程中,主要要处理好三个方面的关系:一个是中央与地方的关系;一个是地方政府与学校的关系;再一个就是学校内部的关系。

(一)英、法、美、日的教育管理体制

依据中央教育行政与地方教育行政各自分享教育权力的多寡,教育管理模式可分为三种,即集权型、分权型、结合型。② 集权型教育管理模式以欧洲大陆的法国最为典型,教育部部长掌握教育行政大权,直接批准或规定详细的课程、教学方法以及教科书。地方教育行政分为大区、省和市镇三级管理,大区负责高中和一些专科学校;省负责初中;市镇负责小学和幼儿学校。地方教育行政部门的主要职责是制定中小学的教育规划,分级负责中小学的基建和日常教育经费投入及其日常教学管理。教育部垂直管理基础教育。基础教育结构全国统一,小学为五年制,初中为四年制,高中为三年制。中小学实行学校、家长、学生合同制;设立"国家教学大纲委员会",负责教育内容、学制、考试的制定。在人事管理上实行减政放权,将中小学教师由国家管理改为由学区管理。法国中小学实施校长负责制。法国校长由国家聘任,工资由国家教育部发放,属于国家公务员。

美国是分权型教育管理模式的典型例子。美国的教育管理分为联邦、州、学区三个层次,形成了"州承担主要责任,地方负责经营管理,联邦政府施加影响"的格局,教育的主权在州政府。联邦教育部地位不高,

---

① 顾明远:《教育大辞典》,海南出版社 1997 年版,第 12 页。

② 马焕灵:《教育管理体制与民族文化变迁》,《锦州师范学院学报》2000 年第 2 期。

职权甚小,除立法和拨款外,不干涉地方的教育行政事务。联邦教育部主要职权有三项:一是负责分配和管理联邦政府补助地方的拨款;二是通过多种形式从事教育研究,并将成果加以推广;三是整理全国教育状况的统计资料,供地方教育决策时参考,起到宏观指导和调控协调的角色。地方教育行政机关与学校的关系中,强调学校办学的自主性。地方教育行政部门的主要职责在于:制定课程的质量标准,进行检查与评估,提出改革建议;根据学校办学的实际情况,确定拨款标准;校长的选拔、任用、考核和培训。美国的学校实行学区教委领导下的校长负责制,由学区有关各方代表组成的学区教委,是学校事务的决策机构。学区教委的执行机构为学区教育局,设教育局长,直接对学校实施行政领导。美国学校校长是学校的行政首长,向教育局长负责,执行学区教委的有关决议及管理学校日常行政事务。美国学校还要接受由各界人士和学生家长代表组成的教育委员会委员的社会监督。

结合型教育管理体制的特点是介于集权与分权之间,教育行政既不是严格的中央集权,又非绝对的地方分权。英国和日本都是采取结合型教育管理体制的典型国家,但两国各有偏重,前者侧重分权,后者侧重集权。教育科学部为英国的中央教育行政机构,有权制定政策,颁布法令、规划等并监督地方贯彻执行。地方教育当局则直接设置学校,制定调和标准、选用教科书、聘用教师等。可见,在教育行政宏观管理上,中央与地方是各负其责,中央重在宏观调控,而经营管理实权在地方。①

从各级教育行政机构与政府的关系来看,教育管理体制可以分为从属制和独立制。各级教育行政管理机构是政府的一个职能部门,接受政府首长的领导,不能成为脱离政府的独立组织,这是一种从属制的教育管理体制。如我国的各级教育委员会或教育厅(局)都是各级政府的一个职能部门,在各级政府首长的领导下,专司教育行政管理。从属制的教育管理体制有利于统筹规划,协调各级政府职能部门,调动一切积极力量推动教育事业的发展。教育管理部门在政府的领导下行使管理职权,也有利于加强教育行政管理的权威性。由于教育是一种远期效果行为,在追

---

① 刘著:《西方发达国家教育管理体制比较》,《中国教育报》2003 年 8 月 21 日。

求局部短期效益的情况下,容易使政府在工作安排中出现重经济、轻教育的情况。

地方教育管理一般应用独立制,主要指地方教育管理机关不属于地方政府的一个职能部门,不接受地方政府首长的领导,脱离一般行政而独立存在,直属于上一级的教育行政部门。独立制的教育管理体制有利于避免外行领导内行,实现按教育规律办教育。但不利于发挥政府办教育的积极性,也不利于教育事业与社会其他事业的协调发展。

(二)中国的教育管理体制

我国的教育管理体制,就隶属关系而言,中央教育行政管理机构与地方教育行政管理机构之间存在着上下级的关系,同时作为教育行政管理机构的教育部、地方的教育厅、教育局等,隶属于同级政府部门的领导,体现了一种从属制。这种教育管理体制有其历史渊源和产生基础,基本适应了我国社会经济发展水平。但在新的经济形势和时代背景下,又对其提出了更高的要求。要求通过调整原有的教育管理体制,扩大社会公平,满足群众对公共性服务的需求,平衡各方面利益关系,调动各方面的积极因素,推动教育的发展,以适应我国社会主义现代化建设的需要。

《中华人民共和国教育法》规定,我国的学校教育制度分为学前教育、初等教育、中等教育、高等教育四个阶段。国务院和地方各级人民政府根据"分级管理、分工负责"的原则,领导和管理教育工作。中等及中等以下教育在国务院领导下,由地方人民政府管理。高等教育由国务院和省、自治区、直辖市人民政府相关教育部门管理。

国务院教育行政部门主管全国教育工作,统筹规划、协调管理全国的教育事业。国务院和县级以上地方各级人民政府应当向本级人民代表大会或者其常务委员会报告教育工作和教育经费预算、决算情况,接受监督。县级以上地方各级人民政府教育行政部门主管本行政区域内的教育工作。县级以上各级人民政府其他有关部门在各自的职责范围内,负责有关的教育工作。就省、自治区、直辖市政府而言,其教育主要职责是强调统筹协调作用,统筹配置教育资源,制定义务教育政策规划、各项标准、教师编制、教材编审、安排财力和资金转移支付、校舍改造、教育督导检查工作等。县级政府对本地区义务教育发展负有主要责任,强调管理"以县为主",负责具体管理和实施。设立人民政府教育督导机构,设立专职和兼职督学人员,对义务教育工作的法律法规的执行、教学和均衡发展等状况进行督导和评估,督导报告向社会公布。

在学校方面,实行校长负责制。公办学校确立的是党委领导下的校长负责制。学校的教学及其他行政管理,由校长负责。校长是学校的法人代表,对外代表学校,对政府主管部门承担学校的管理责任;对内是学校行政工作的最高负责人,处于学校管理的中心地位。在责任和权力方面,校长按政府有关规定行使职权,履行全面主持学校工作的职责。

有条件的学校,实行在校长领导下的校务委员会和定期会议制度,其成员由政府代表或职能部门代表、社区代表、学校代表等社会多方位代表组成,作为审议机构。讨论涉及教育的方针政策、规划、立法及管理等重大问题,为校长决策执行提供依据。它体现了现代学校管理的制度化、科学化。确立了学校党组织的保证、监督作用,实行民主管理,监督校长正确地行使权力,保证党的教育方针、政策法规在学校的贯彻执行。建立了以教师为主体的教职工(代表)大会制度,作为民主管理的重要形式,充分发挥教代会的咨询、审议职能,保障教职工参与民主管理和监督。

二、"地方负责,分级管理"教育管理体制的形成

在《国际教育标准分类》[①]中,将教育层次分为学龄前教育、小学教育、初中教育、高中教育、转型教育、专本硕教育、博士层次教育七个层次。《中华人民共和国教育法》第 17 条规定,我国的学校教育实行学前教育、初等教育、中等教育、高等教育四个阶段。从教育的性质和内容来看,又可分为普通教育、职业教育、高等教育、特殊教育等。根据终身教育理念,现代教育不只是针对个人某一阶段的教育,而是面向个人终生的教育。现代国民教育可以分为成长教育和继续教育两个层次,前者为培养新人、塑造成熟社会成员的重心,是一种全日制学校教育,后者为社会成员在全日制学校教育结束后的继续教育时期。

学前教育、小学教育、普通中学教育(初中、高中)都属于我国基础教

---

① 联合国教科文组织教育统计局 1997 年版。

育的范畴。现阶段我国基础教育工作以九年义务教育为重心,以"六三"学制为主。所谓的义务教育,即依法律规定适龄儿童和青少年都必须接受,国家、社会、家庭必须予以保证的国民教育,为现代生产发展和现代社会生活所必需,是现代文明的一个标志。我国的基础教育管理体制大致可以划分为以下几个阶段:

(一)第一阶段

我国的基础教育是一个不断发展和完善的过程,早在新中国成立之初,中央和地方各级政府就非常重视发展基础教育,投入大量人力和财力发展基础教育,与之相关的管理制度、法律法规逐步完善起来,形成了中央集权式的教育管理体制。教材的编审、教学的制定、教师的任用,事无巨细,皆由中央教育行政部门管理,地方政府仅仅充当执行者的角色。这种体制一方面有利于加强中央对地方教育的管理,在中央统一规划和协调下,充分利用资源发展基础教育,提高国民素质,适应了计划经济体制。另一方面,由于中央对地方统得过死、管得过多,不利于调动地方发展教育的积极性和创造性,教育活动缺乏活力,而且容易出现"一刀切",没有充分考虑到地方的特殊性。

(二)第二阶段

改革开放以来,我国的基础教育处于一个新的历史环境下,随着各方面改革的不断深入,原有的教育管理体制已经成为制约我国基础教育改革和发展的瓶颈。1985 年,国家发布《中共中央关于教育体制改革的决定》,明确把基础教育的责任交给地方,有步骤地实行九年制义务教育,实行基础教育由"地方负责、分级管理"的原则。

基础教育管理权属于地方。除大政方针和宏观规划由中央决定外,具体政策、制度、计划的制订和实施,以及对学校的领导、管理和检查,责任和权力都交给地方。"地方"包括省(自治区、直辖市)、市、县(区)、乡(镇)等。中央制定基本学制、课程设置、课程标准(教学大纲)、学校人员编制标准、教师资格、教职工的基本工资标准,省、自治区、直辖市政府则有权确定本地区的学制、年度招生规模、编制本地区的教学计划,选定和编审教材,确定教师职务、限额和工资水平,市、县(区)或乡政府分别对基础教育的不同方面负有责任。

基础教育各级学校主要由市、县(区)、乡政府的教育行政部门管理,在城市(不包括直辖市),一般是市或区(根据其规模大小而定)负责本地区基础教育发展规划、筹措经费,并对师资和中小学进行直接管理;在农村,则由县或乡镇对实施基础教育的中小学实施管理权限,包括学校的布局、经费筹措、学校基本建设等。

学校实行校长负责制,有条件的学校设立由校长主持的校务委员会,作为审议机构。并建立和健全以教师为主体的教职工代表大会制度,加强民主管理和民主监督。① 同时,在原有教育视导制度的基础上,在 1986年正式成立了国家教委督导司,逐步建立基础教育的督学(视导)制度。机构设置上,分国家、省(自治区、直辖市)、地(市)、县四级教育督导机构,负责基础教育的评价和监督,不仅"督学",而且"督政"。

可以看出,对于教育的管理,中央适度放权,充分调动了地方发展教育事业的积极性,使之从当地经济和社会发展的实际需要出发,统筹规划基础教育、职业技术教育和成人教育,把文化教育与职业技术教育、职前教育与职后教育有机地结合起来,使教育为当地的两个文明建设服务为主,促进教育与经济的良性循环。然而随着社会经济的发展,其弊端也日益显现,表现在:地方政府部门职责不清、权限不明,相应的政策没有落实到位,乡镇财力不足,地区差异拉大,缺少统一规划。

(三)第三阶段

1992 年发布的《中华人民共和国义务教育法实施细则》,其指导精神为:义务教育的实施要在国务院的领导下,由"地方负责,分级管理"。地方各级政府在其区域职责范围内负责相应的义务教育的实施,省、县、乡分级管理。各级教育主管部门要在本级人民政府领导下,具体负责组织、管理本行政区域内实施义务教育的工作。

1993 年,中共中央、国务院印发《中国教育改革和发展纲要》,进一步明确到 2000 年全国基本普及九年义务教育、基本扫除青壮年文盲的目标;强调继续完善"分级办学、分级管理"的体制。改变政府包揽办学的格局,逐步建立以政府办学为主体,社会各界共同办学的体制,鼓励企事

---

① 《中共中央关于教育体制改革的决定》(中发[1985]12 号),1985 年 5 月 27 日。

业单位和其他社会力量按国家的法律和政策多渠道、多形式办学,调动社会力量推动基础教育的发展。其办学形式更为灵活开放,可以实行"民办公助"、"公办民助"等形式。在经费保障上,建立以国家财政拨款为主,辅之以征收用于教育的税费、收取非义务教育阶段学生学杂费、校办产业收入、社会捐资集资和设立教育基金等多种渠道筹措教育经费的投资体制。

农村教育实行县、乡、村三级办学,县、乡两级管理,统筹基础教育、职业教育和成人教育,统筹规划经济、科技、教育的发展。中等及中等以下学校实行校长负责制,扩大学校办学自主权。乡(镇)负责本行政区内义务教育规划的实施,包括中小学的设置、统筹统发民办教师报酬,调配公办和民办教师,以及教育设施、设备的购置和维护。县级教育行政部门,逐步建立了基础教育督学(视导)机构,在县级人民政府领导下,负责对本行政区内义务教育的实施进行督导和评估。

城市基础教育管理体制改革,强化政府行为,加强政府的统筹规划与领导。成立国家教委教育督导团,完善基础教育的督导制度,对学校和其他教育机构的教育工作进行评估。这一时期教育管理体制改革,可以说是取得了突破性进展,调动了各级政府、社会各界和人民群众兴办教育的积极性,改善了基础教育的办学条件。

在此基础上,我国的基础教育取得了巨大成就,基本普及九年义务教育和基本扫除青壮年文盲(简称"两基")的目标初步实现,素质教育全面推进。但教育管理规范性、科学性有待加强,效率相对较低。基础教育的总体水平还不高,地区发展不平衡。就管理体制来看,市、县教育行政部门责大权小,对乡镇教育的管理也有待加强,职责混乱。农村基础教育的管理下放到了乡(镇),甚至村,使得管理责任层层下放,对基础教育的经费保障、师资的安排以及教育质量方面也带来了不应有的影响。因此,基础教育体制的改革和完善,要求明确职责,理顺体制,精简机构,转变职能。

(四)第四阶段

根据"功能齐全、结构合理、运转协调、灵活高效"的机构改革的总体原则,在基层教育管理机构的改革中,要进一步完善教育管理机构及其职责,调整基础教育管理的权责结构。在机构设置、人员配制、运行机制和财力保障方面,逐步走向规范化、制度化、职业化。

伴随着我国税费改革的推进,2001年,中央政府在《国务院关于基础教育改革与发展的决定》(国发[2001]21号)中,明确了基础教育的进一步改革方向。针对基础教育总体水平不高、发展不平衡的问题,指出要把坚持基础教育的发展摆在优先地位,要求地方各级政府把普及九年义务教育和扫除青壮年文盲作为教育工作的重点,扩大九年义务教育的覆盖范围,进一步体现社会公平。并且要确保教育经费的"三个增长",即各级政府教育财政拨款的增长应高于财政经常性收入的增长,并使按在校学生人数平均的教育费用逐步增长,保证教师工资和学生平均公用经费逐步增长。按照"积极进取、实事求是、分区规划、分类指导"的原则,确定了不同地区基础教育事业发展的基本任务。完善管理体制、人事制度、教师教育体系,保障经费的投入,推进农村义务教育的持续健康发展。

在"地方负责,分级管理"原有教育体制的基础上,实行在国务院领导下,由"地方政府负责、分级管理、以县为主"的体制,进一步强化基础教育的政府行为,明晰各地政府部门的责权,加强基础教育工作的落实工作。

就国家教育权力责任来说,国家确定义务教育的教学制度、课程设置、课程标准,审定教科书以及通过转移支付对贫困地区和少数民族地区支持。就地方来说,省级和地(市)级人民政府主要进行教育统筹规划,搞好组织协调,安排对下级转移支付资金,平衡地区差异。县级人民政府对本地农村义务教育负有主要责任,负责基础教育的规划、布局、管理和建设,涉及中小学校长、教师的管理,工资的发放,并指导学校教育教学工作。乡(镇)人民政府要承担相应的农村义务教育的办学责任,根据国家规定筹措教育经费,改善办学条件,提高教师待遇。乡(镇)人民政府不设专门的教育管理机构,撤销乡(镇)教办,乡(镇)有关教育工作由乡(镇)长直接负责。

与此同时,国家还完善了相关配套设施的建设,进一步加强教育督导制度。早在2000年就成立了教育督导团各级机构,对地方各级人民政府贯彻执行国家有关教育方针政策的情况进行指导、监督、评估、检查,向本级或者下一级人民政府提出意见和建议,强化教育工作的落实。2001 年《国务院关于基础教育改革与发展的决定》,明确要坚持督政与督学相结合,完善基础教育工作实施的督导机制。在 2006 年修订的《中华人民共和国义务教育法》中,确定建立人民政府教育督导机构。2009 年 1 月新华社公布的《教育督导条例》(征求意见稿),把教育督导分为综合督导、专项督导和随访督导。教育督导的范围主要是义务教育、普通高级中等教育和中等职业教育。教育教学方面,在新的社会发展形势下,进一步探索新的符合教育规律的教学方式,推进基础教育课程改革,以适应素质教育的要求。在教职工的人事制度上,逐步推行教职工聘用合同制,引入竞争机制,完善单位与个人的聘用关系。

针对过去基础教育管理存在的职责不清、管理相对混乱、教育工作落实不到位的情况,这一时期的基础教育管理体制,其特点是在"地方管理、分级管理"的原则基础上,进一步完善原有的管理体制,并有所突破,强调的是"以县为主"。加强基础教育工作的政府行为,强化各级政府的统筹规划。

三、"以县为主"的义务教育管理体制

根据国家各级政府教育管理权限和资源配置职责的划分,县级人民政府与行政部门主管本行政区域内的教育工作,县级人民政府其他有关部门在各自的职责范围内,负责有关的教育工作。就其管理内容来说,主要负责中等及中等以下的教育工作,包括幼儿教育、义务教育、普通高中教育,当然也包括职业教育中的中等和初等教育,成人与社会教育(农民工教育),体现了分级管理的原则。

现阶段,九年义务教育是县级政府的教育工作重心,特别是农村的九年义务教育,这关系到科教兴国战略的落实,农村经济和社会的长远发展。普及和巩固九年义务教育,对推进社会主义新农村建设、促进教育公平和社会公平、构建社会主义和谐社会具有基础性、先导性和全局性的重要作用。我国农村义务教育管理体制,是"在国务院领导下,由地方政府负责,分级管理,以县为主"。县级人民政府对农村义务教育负有主要责任,省、地(市)、乡等地方各级人民政府承担相应责任,中央政府给予必

要的支持。

（一）中央政府的统揽全局

本着"地方负责,分级管理"的原则,作为中央政府,在义务教育工作中起着统揽全局的作用,抓大放小,确立义务教育的发展精神、大政方针、指导思想和标准建设,并加强义务教育法律法规的制定和完善,具体的统筹工作则由下级政府详细规划。对于中西部地区、少数民族地区和贫困地区的义务教育,国家实行政策上的支持和倾斜,加强财政上的转移支付力度。在人事制度方面,中央编制部门会同教育、财政部门制定科学合理的中小学教职工编制标准、教师资格和教职工基本工资标准,规范中小学教职工的用人制度。

国务院教育行政部门还拥有确定义务教育的教学制度、课程设置、课程标准的权力,并负责核准国家课程的教材编写,审定国家课程的教材及跨省(自治区、直辖市)使用的地方课程的教材。这样,中央适度放权,起到总体规划指导作用,避免出现"一统就死,一放就乱"的局面。

（二）省级、地(市)政府的统筹规划

省级人民政府在义务教育中承担统筹规划的职责,扮演规划者的角色,起着导向作用。辖区内各地发展步调的统一,地区差异的协调平衡,皆由省、自治区、直辖市人民政府负责,以推动义务教育整体水平的提高。

在人事编制方面,省级人民政府按照国家有关规定和编制标准,根据本地实际情况,制定本地区的实施办法,核批各县(市、区、旗,以下统称县)农村中小学教职工编制。省级教育行政部门负责地方课程教材编写的核准和教材的审定。

在经费投入上,省级人民政府负责统筹落实省以下各级人民政府应承担的经费,制订本省(区、市)各级政府的具体分担比例和办法。为平衡地区差异,协调发展,通过调整财政体制和财政支出结构、增加省级财政转移支付资金、合理安排中央财政转移支付资金等办法,对口支援地方的基础教育,充分发挥省级人民政府对教育资源的配置调节作用。

国家日益加强对教育的保障力度,在2005年《国务院关于深化农村义务教育经费保障机制改革的通知》(国发〔2005〕43号)中,要求以"明确各级责任、中央地方共担、加大财政投入、提高保障水平、分步组织实施"的基本原则,逐步将农村义务教育全面纳入公共财政保障范围,建立中央和地方分项目、按比例分担的农村义务教育经费保障机制,强化了地方各级政府对教育投入和保障的责任要求。同时还加强教育督导制度的建设和完善,教育督导机构要协调地方各级政府和教育主管部门,对下级政府教育工作的督导检查,组织开展督导评估工作,健全基础教育督导的激励机制。

地(市)级人民政府就职责来说,主要负责制定本地区农村义务教育发展规划,组织协调农村义务教育发展,根据国家中小学教职工编制标准和省级政府实施办法,审核上报本地区各县中小学教职工编制。同时,对一些财政困难的县区,加强转移支付的支援力度。

总体来说,省、地(市)各级政府的职责是分级管理,搞好各部门统筹规划工作,把握中央政府的教育导向和教育政策,适度放权,建设"宜统则统,宜分则分,统分结合"的高效管理。

(三)县级政府的具体负责

我国教育管理体制是"分级管理,地方负责,以县为主",县级人民政府要在国务院的领导下,在省、地(市)各级人民政府的统筹管理下,具体负责本地教育的发展和政策实施。教育管理的内容为幼儿教育、义务教育、普通高中教育,中等初等、职业教育和成人与社会教育,特别对本地农村义务教育负有主要责任。

中小学的规划、布局调整、建设和管理,中小学教职工工资的发放,中小学校长、教师的管理,学校教育教学工作的指导,其权力统统收归到县级人民政府。县级教育行政部门要在县级人民政府的领导下,负责具体实施。县级政府要把教育纳入当地经济、社会发展的整体规划,分级统筹管理基础教育、职业技术教育、成人教育,统筹规划经济、科技、教育的发展。

为促进义务教育的发展,县级人民政府强化了对教师工资的管理,从2001年起,将农村中小学教师工资的管理上收到县。为此,原乡(镇)财政收入中用于农村中小学教职工工资发放的部分要相应划拨上交到县级财政,并按规定设立"工资资金专户"。明确资金保障,做到统支统收,防止义务教育经费的挪用、占用和管理混乱现象。要按照中央统一规定的工资项目及标准足额发放。有关地方人民政府应在改革后的财政预算和上级转移支付资金中优先安排,确保当地农村义务教育投入不低于农村税费改革前的水平。

县级以上教育行政部门依法履行中小学教师的资格认定、招聘录用、职务评聘、培养培训和考核等管理职能。改革中小学校长的选拔任用和管理制度。高级中学和完全中学校长一般由县级以上教育行政部门提名、考察或参与考察,按干部管理权限任用和聘任;其他中小学校长由县级教育行政部门选拔任用并归口管理。推行中小学校长聘任制,明确校长的任职资格,逐步建立校长公开招聘、竞争上岗的机制。实行校长任期制,可以连聘连任。积极推进校长职级制。乡(镇)人民政府承担相应的农村义务教育的办学责任,改善办学条件,提高教师待遇,有维护学校的治安和安全、动员适龄儿童入学等责任。

无论是基础教育,还是义务教育,都属于公共教育资源,其教育的特质决定了教育管理体制的社会公共属性和国家政府行为。"'以县为主'管理体制的提出和实行,促使'农村教育农民办'向'农村教育政府办'过渡,消解了'谁为义务教育买单'的疑问。"①

"以县为主"的教育管理体制,强化了政府对基础教育,特别是义务教育的管理和投入,是对公共教育资源的统筹和合理配置,也是进一步减轻农民负担,巩固和发展农村税费改革成果,推进农村综合改革的重要内容。一方面可以加强政府的支持力度,政府要转变职能,由对学校的直接行政管理,转变为运用立法、拨款、规划、信息服务、政策指导和必要的行政手段,进行宏观管理,这是完善现代政府管理体制的客观要求。另一方面,加强对基础教育的管理,明晰各级政府职责,有利于基础教育责任的落实,完善管理体制,保障经费的投入,推进农村义务教育持续健康发展。

目前,"分级管理,地方负责,以县为主"的教育管理体制,强调了地方政府的教育职责,明确了"以县为主",抓住了基础教育的发展主体,理顺了各级政府的教育权限,有助于调动地方发展教育的积极性和创造性。

---

① 张志强:《我国"以县为主"农村义务教育管理体制研究——以河南省南乐县为例》,西南大学 2006 年硕士学位论文。

由于我国基础教育的地区差异,各种管理水平不一,各地区的分级层次和各级的分工范围应允许有差别。同时,分级和分工管理模式又是动态的,要根据主客观条件的变化而临时做出相应的调整。①

要改善各级政府或部门的关系,使地方在国家的法规指导下享有更多的办学责任、办学权力。发挥各方的积极性,不仅要发挥中央和地方各级政府的积极性,而且要发社会各界、学生家长协助办学的积极性,鼓励社会各界参与教育事业的管理。"分级管理、地方负责、以县为主"的管理体制的改革,使得基础教育状况得到很大的改观,教师工资得到落实,教育乱收费现象进一步改善。

但是,这一体制在实施过程中还存在一些问题和有待完善的地方。"以县为主"的教育管理体制,并不意味着乡(镇)政府义务教育责任的弱化,要在保证乡(镇)办学积极性的前提下,加强县级政府的教育责任。然而,在义务教育具体的实践过程中,缺乏对县级以下政府的责任规范机制和奖励机制,乡(镇)政府往往把自身责任一推了之。另外,师资结构性矛盾相对凸显出来,这需要国家和政府加强基础教育人事制度改革,"能者上,贤者上",加大对县级基础教育的政策倾斜,吸引更多的优秀师资力量。"创新体制机制,实施县域内义务教育学校教师校际交流制度,实行优质高中招生名额分配到区域内初中学校的办法,多种途径推进义务教育均衡发展。"②

再者,"以县为主"在执行过程中,强调的是农村基础教育,目的是为了缩小城乡教育差距,改变原有城乡教育的"二元体制",优化教育资源配置,体现社会公平。然而相关配套设施的改革又比较滞后,因此,要推动城乡教育的一体化,探索适应我国社会发展和国情的一体化教育的有效途径,摸索非本地户籍常住人口随迁子女非义务教育阶段教育的有效保障机制,保障更多的人平等地享有教育公共资源。"以县为主"并不意味着完全忽略市场对于发展基础教育的积极作用,要充分利用市场调节的有利因素。

---

① 吴志宏、冯大明:《新编教育管理学》,华东师范大学出版社2004年版,第82页。
② 《国务院办公厅关于开展国家教育体制改革试点的通知》,2010年10月24日。

值得注意的是,在加拿大 90 年代的基础教育改革中,"大部分公立中学的教育计划和课程安排集中在 30% 的准备上大学的学生身上,而忽视对 70% 的中学毕业后即就业的学生的培养。大多数学校缺少为他们就业做准备的职业技术教育计划。"[1]我们要从中吸取经验和教训。基础教育的改革要有层次性,不要有失偏颇,忽略另一部分学生的教育需求。在"以县为主"教育体制改革推进的过程中,要"改革现有投入体制,实行义务教育经费按比例分担的机制","进一步规范师资交流机制,均衡配置教师资源"[2],加强各级政府的责任意识。为进一步完善基础教育的落实工作,理清县级政府的职责,理顺与各级政府的关系,建立健全县级政府教育政绩评价体系就迫切地提到党和政府的面前。

第二节　县级政府教育责任在县级政府职责中的定位

作为国家行政管理机关的县级政府有着多方面的职责,其中教育责任占有重要的地位。明晰县级政府的教育责任,就是要解决政府在教育改革发展过程中的定位问题。

一、县级政府的职责

县级政府(包括县级市政府),是设在县级地方行政区域内负责行政工作的国家机关。它在行政管理层次中处于基础地位,具有承上启下、连接城乡的重要作用。根据《中华人民共和国地方各级人民代表大会和地方各级人民政府组织法》规定,县级人民政府具有讨论、决定本行政区域内的政治、经济、教育、科学、文化、卫生、环境和资源保护、民政、民族等工作的重大事项的职责,具有审查和批准本行政区域内的国民经济和社会发展计划、预算以及它们执行情况的报告的职责。

---

① 蒋园园:《加拿大基础教育管理体制改革遭遇的新一轮问题与挑战》,《基础教育参考》2009 年第 2 期。

② 包金玲:《"以县为主"教育管理体制与教育均衡发展——对全国地县教育局长的专题调查分析》,《河北师范大学学报(教育科学版)》2007 年第 3 期。

　　县级政府的政治职能,一方面是维护当地公共秩序的安全与社会正常运转,进行社会治安综合治理,依法打击各种犯罪活动,为社会经济发展和人民生活营造一个良好环境。另一方面组织当地群众依法参与社会管理,保障人民当家做主的民主权利,建设社会主义政治文明。依据科学发展观,根据当地实际情况,发展和改善当地的社会经济,提高人民生活水平,是县级政府重要的经济职能。通过制定和实施本地区经济发展规划,改善当地的经济结构,完善社会主义市场经济体制。并利用间接手段、法律手段以及必要的行政手段,规范本地区经济主体的行为,打击非法行为,进行经济调节和市场监管。维护正常的经济秩序,创造公平的竞争环境,为本地区政治文明建设和改进民生奠定充实的物质基础。

　　再者,县政府还具有发展科教文化事业的职能。通过对公益性文化事业的建设和完善,推动良好人文环境和文化生态的形成,进而塑造和谐良好的文化氛围。加强教育事业的投入和保障,满足人民受教育的基本需求和权利,是社会主义现代化建设的重要内核之一。县级政府不仅要完善和改进政治文明建设,还要加强精神文明建设。发展科教文化事业,是县级政府践行"以人为本"发展理念的具体体现,也是重视民生的重要体现。通过发展科教文化事业,县级政府可以利用公共事业的公益性质,进行资源配置的倾斜,缩小地区、阶层差异,体现社会公平、公正。从长远发展来看,科教文化事业的发展,良好文化氛围的营造,有助于为社会经济发展提供一个良好的环境,才能使经济发展具有活力。

　　县级政府的社会管理和公共服务职能,主要是在社会治安、城市公共交通、市政设施建设等方面,为社会提供公共服务,并维护正常的社会生产和生活秩序。这对于建立完善的社会保障体制,充分发挥教育等公用事业的服务优势,提高居民生活的质量,有不可替代的作用。

　　由于县级政府在我国行政体系中处于基础地位,是国家大政方针和省级政府规划的具体执行者,是比较基层的行政系统,具有连接城乡的优势,可以发挥承上启下的作用。因此,县级政府在推动我国国民社会经济发展中占据重要地位,发挥着重要作用。

二、县级政府教育责任定位

"百年大计,教育为本。"教育关系着一个国家的长远发展,关系着一个民族的兴旺发达,更是衡量一个社会文明度与现代性的标准。我国始终把教育摆放在优先发展的战略地位,制定了各种中长期教育发展规划与措施,实施"科教兴国战略"。这是落实科学发展观、以人为本的具体体现。

对于县级政府来说,其教育责任在政府职责中占有重要地位,是其基本职责之一。基础教育是县级政府教育责任的重要内容,就现阶段发展情况来说,主要是指义务教育。《中华人民共和国义务教育法》规定,"义务教育实行国务院领导,省、自治区、直辖市人民政府统筹规划实施,县级人民政府为主管理的体制","县级以上人民政府教育行政部门具体负责义务教育实施工作;县级以上人民政府其他有关部门在各自的职责范围内负责义务教育实施工作"。在《中华人民共和国义务教育法实施细则》中,更详细规定了县级政府的教育责任。地县级政府及其教育主管部门应当建立实施义务教育的目标责任制,把实施义务教育的情况作为对有关负责人员政绩考核的重要内容。县级政府还要建立和完善对义务教育工作进行监督、指导、检查制度。有人撰文指出,要从"教育立法、保障经费、制订规划、督导评估、咨询服务、舆论导向"六个方面的内容入手,进行政府教育管理方式的转变。[①]

（一）定位:政府、社会与市场

县级政府教育责任的明晰,首先要解决政府在教育改革发展过程中的定位问题。不仅要处理好政府与市场的关系,而且要处理好政府与市民社会的关系。新公共管理理论强调,现代社会的政府应依据社会发展状况和自身实际,不断转变自身职能。"转变政府职能的根本目标是实现'公共供给'提供者的多元化,即把原来由政府承担的一些公共管理职能交给公民社会和市场来承担,形成由政府、市场和社会组织共同提供包括教育在内的公共服务的格局,以克服政府垄断提供公共服务所造成的

---

① 李立国:《论我国当前政府教育管理方式的转变》,《普教杂志》1997 年第 2 期。

低效率和低质量。"①

在计划经济时代,政府的角色往往既是政策的制定者,又是政策的具体执行者,既是管理者,又是具体行为的参与者,没有充分调动社会力量,忽视了社会发展的客观规律,往往造成职权不清,出现"失位"、"越位"现象。对教育发展来说,往往又管得过严,统得过死。从现代的观点来看,政府的职能主要应体现在宏观调控,解决市场失灵,促进社会公平、公正,优化资源配置,让人们享受基本教育权。

转变政府职能,创建服务性政府,已是县级政府教育职能转变的题中之义。在公共教育权力结构方面,要改变过去命令式和服从式的权力关系,在政府各级部门之间要创建一种以命令、监督、指导相结合为特征的新型权力关系,理顺部门之间的职责,立足于体制内部权力的下放以及地方各级部门积极性的调动。在向体制外部权力转移方面,主要向社会领域转移,充分调动市民社会的创造性,并适当调动市场的有利因素,改变过去主要由政府垄断公共教育的状况。

基础教育,特别是义务教育,是提高全民素质、增加民族发展核心竞争力的关键,全社会应该共同对此项事业负起责任,各级政府、家长、社会都应当对教育的运行、发展承担一定的义务。将政府主导、社会调动和市场参与有机地结合在一起,既可满足人们对于基础教育的基本需求,又可适当照顾公共教育的竞争性和可选择性。

(二)原则:公平与效率的结合

基础教育作为一种国民教育,提供一种标准的公共教育服务,满足人们基本的教育需求,具有公共属性。因此,县级政府的教育职能主要体现在提供一种相对公平的教育环境,加大基础教育的投入,在农村推进九年义务教育的普及。公民贫富差距的加大,不仅体现在收入水平上,也体现在教育资源的拥有和享受上。公民基础教育的享受和资源配置,需要政府的主导行为。

县域内不同地区的社会经济发展状况是有差别的,为谋求县域内基础教育的共同发展,需要县级政府对本区域内经济比较困难的地区加大财政

---

① 赵德胜:《双重属性视角下的政府教育管理定位》,《行政与法》2005 年第 10 期。

的支援力度,进行政策上的适当倾斜,落实中央、省、地(市)各级政府的财政转移支付。对于县域内经济困难地区的支援,并不是"拆东补西",也不意味着经济发达地区的"原地踏步",而是从长远、全局观念来促进县级基础教育的共同发展。基础教育的效果具有很大的流动性、辐射性,强化相对薄弱地区的基础教育建设,也可以为县域内的其他教育提供优质生源。不同地区可以采用"结对子"的形式,基础教育发达地区带动基础教育相对薄弱地区,同时完善基础教育的激励机制,调动各方的积极性。

基础教育在体现社会公平的基础上,也要注意到效率问题。在加强政府行为的同时,也要调动市场的因素。从公共经济学角度看,政府倾向于提供的是一种平均标准化的教育服务,侧重于社会的公平和人们教育的基本需求。而民间教育机构提供的是一种差别性教育服务,两者似乎存在悖论。然而差别性并不否定公平性,公共性并不否认可选择性,两者是可以结合起来的。

适度提高教育市场化程度,加大市场化筹资助学的力度,为适应城乡高收入者对其子女上学的要求,在以公办为主的条件下,适当增加各类特色教育的比重,鼓励兴办民办基础教育,拓展义务教育的发展空间。但是,完全按照自由市场机制来实现基础教育服务的供给,则有违它的教育本质。

20世纪90年代加拿大的基础教育改革,强调了市场机制的引入和推动作用,在取得巨大成就的同时,也凸显了基础教育市场化带来的弊端。比如,地区性差距继续拉大,教育出现结构性失衡,一些地区的教育质量不升反降。基础教育的公共属性,决定了基础教育资源配置的政府主导行为。由于市场本身的竞争机制,又促使资源向优势地区自我倾斜,强化了原本的地区差异,这与基础教育的公共属性相背离,不利于公平、公正社会秩序的营建,违背了基础教育国民性的初衷。

"教育效率与教育公平的统一还需要作为中介者的政府进行转化。然而,县级政府在实施义务教育管理的过程中却存在着价值目标的错位,较多地强调义务教育管理的效率,但忽视对社会公平和公共利益的维护。"[①]县级政府为追求义务教育管理效率,忽视了对社会公平和公共利益的维

---

① 马青:《县域内义务教育管理公共性问题研究》,东北师范大学2010年博士论文。

护,需要建立一种适应县级教育发展特点的政绩评价体系,来强化对社会公平的利益诉求。满足于国民基本教育需求的基础教育,决定了县级政府教育职能的方向定位,要体现公民公共利益的诉求,要以政府的主导、社会因素的充分调动和市场的适当参与和有机结合为建设原则。

（三）管理、发展和经费责任

"分级管理,地方负责,以县为主"的教育管理体制,决定了县级政府在教育发展中所扮演的主导角色。具体来说,县级政府的教育职责可以分为教育管理、教育发展和经费保障责任。

教育管理是县级政府职责的重要内容之一,教育是社会发展的基础,基础教育的进步有助于国民素质的提高,有助于增强社会经济发展后劲。县级政府要从科教兴国战略出发,确立科教兴县战略。其教育管理责任是优化人力资源管理,理顺各级部门上下级关系,做好各部门的协调工作。县级政府要完善县级的人权、事权和财权的统筹工作,全面统筹本地教育发展规划。完善教育经费的安排使用,建立健全中小学校长责任制,加强教职工的人事管理。在教学工作中,要强化县级政府的督导和评估工作,具体教学与管理则由学校自主办学。县级政府在确保基础教育实施的发展环境上,要为义务教育的顺利实施提供一个良好环境,包括校园安全的督导、周边环境的治理、尊师重教舆论氛围的营造。

在推动义务教育的发展上,县级政府要"把教育工作列入县级人民政府各项工作的重要议事日程,在研究和制订经济社会发展规划和年度计划时,把教育摆在优先发展的战略地位,并作为基础设施建设的重点领域。"[①]对于本县的义务教育,县级政府负有主要责任。县级政府一方面要做好规划,把教育放在优先发展的地位;另一方面要落实责任,实行工作目标责任制考核,强化各级政府部门的责任意识。

经费的保障是义务教育赖以生存和发展的物质基础。县级政府要完善现行财政体系的建设,做到统支统收,实行教育财政的专户管理,科学核定收支基数。按照确保县级政府基本运转的标准,对各县市的财政收

---

① 杨娟、刘亚荣、王善迈:《"以县为主"政策中县级政府责任探析》,《教育发展研究》2009 年第 12 期。

支情况进行核定,对必要的工资性支出、基本运转经费、社会保障支出参照部门预算的做法予以界定,同时对县级财政负债进行清理。在经费保证上,县级政府还要调动社会上的力量捐资助学,完善对贫困学生的助学制度建设。"以县为主",政府主导的基础教育财政保障和投入,并不排斥社会力量的参与。

(四)责任困境与"权力寻租"

在"以县为主"教育管理体制的改革过程中,也暴露了一些问题,这是我们在今后的改革中需要注意和解决的。

"以县为主"的教育管理体制变原来的"人民办教育"为"政府办教育",在具体实施过程中,往往过分强调县级政府的教育责任,忽略了乡(镇)政府对义务教育的责任。乡(镇)政府的责任角色有被边缘化的危险,其办学积极性遭到挫伤。"以县为主"要在落实税费改革成果的前提下,在肯定乡(镇)政府办学成绩和保证乡(镇)政府原有积极性的同时,强化县级政府的权力和责任。

各级政府的责任配置上也有欠合理。虽然国家在新《义务教育法》中规定,中央、省和县(市)实行财政责任分担,但缺乏资金保障和管理的长效机制,没有确定刚性的省级政府教育财政投入比例。省级政府在教育投入上往往也采取"以县为主",对不同县区经济发展不平衡性和财政保障能力的差异性考虑,需要进一步加强。"以县为主",侧重强调县级政府的责任,对其权力的下放不足,以致义务教育的发展受到原有权力结构的掣肘,出现责权不清的局面。要赋予教育行政部门更多的权力,"县级政府应该给教育行政部门更多的财政预算权力和二次分配权力,只有这样才能提高教育经费的使用效率。"[①]

县级政府的教育责任在落实方面,出现流于形式的状况。虽然设立了相应的教育督导评估机构,把对地方政府,特别是县级政府履行教育职责情况作为督导的重要任务,这对推动义务教育的发展起到一定的作用。但是,由于督导评估机构主要扮演着协助县级政府发展教育的角色,对具

---

① 杨娟、王善迈:《县级政府难以落实其义务教育职责》,《中国社会科学报》2009 年 8 月 4 日。

级政府的教育责任的落实起不了真正的监督督导作用。它经常处于两难境地,既要完成上级督导机构下达的对县级政府履行教育职责情况的督导任务,又要受同级人民政府的领导,协助教育工作,在上级督导机构和县级政府之间,往往充当调停者。"县级政府不能有效落实教育责任还可归因为我国法律和督导制度的不完善。教育法律制度被称为'软法',如果执行不到位没有相应的处罚规定。"①因此,要加强法律手段,完善督导制度建设,规范基础教育的落实和发展。而且,现有的对县级政府政绩评价的系统,侧重于社会经济发展方面,而对教育政绩的评价往往被弱化。在教育政绩的评价中,又注重短期的教育效益,片面追求高的升学率,背离了基础教育的发展轨道。

教育投资的长期性,教育功效的累积性和长效性,尤其是基础教育,其功效不是短时期内就能凸显出来的,建立健全新式的县级政府教育政绩评价体系势在必行。在教育政绩的评价上,要注重教育发展成效的纵向比较,充分考虑教育政绩的累积性。既可调动县级政府发展教育的积极性和创造性,又可以强化县级政府的责任感,使基础教育发展得到切实的落实。

此外,截留、挤占和挪用各种教育经费现象仍很普遍,教育经费得不到优先保证。要建立和完善教育专用资金账户,保障教育经费的足额及时发放,杜绝"权力寻租"现象。基础教育权责的政府公共性的回归,确立了政府在基础教育上的主导地位。"地方负责,以县为主"是为了加强基础教育的社会公益性质,体现社会公平、公正。而正因为这种政府主导的行为,在监督机制不健全的情况下,一些握有公权力的人,往往采取"权力寻租"的形式,为自身谋求非法的经济利益,这就违背了基础教育改革的初衷。

在政府主导的学校基础设施建设、办公经费保障以及教学设备采购上,一方面要完善监督机制,形成政府、社会和媒体共同监督,做到信息公开透明,做好政府在教育方面的招标和采购工作,规范政府的投资行为,

---

① 杨娟、刘亚荣、王善迈:《"以县为主"政策中县级政府责任探析》,《教育发展研究》2009 年第 12 期。

铲除少部分人"权力寻租"生长的土壤。另一方面,要解决教育服务供给者与需求者之间的信息不对称问题,使学校的环境与设施、教学制度等符合学生身心健康发展的需求,保证教育服务质量,事先杜绝教育服务过程中可能产生的缺陷。

第三节　县级政府教育责任的主要内容

在对县级政府的教育责任进行准确定位后,还必须明确其基本内容。具体来讲,县级政府的教育责任主要包括教育保障、教育管理和教育发展三个方面的内容。

一、教育保障

（一）教育投入保障

教育投入是支撑国家长远发展的基础性、战略性投资,是教育事业的物质基础,是公共财政的重要职能。要健全以政府投入为主、多渠道筹集教育经费的体制,大幅度增加教育投入。增加教育投入,是落实教育战略地位的根本措施。教育经费投入的保障,主要包括"三增长"、教育附加税、专项经费和土地转让金。

在 1993 年的《中国教育改革和发展纲要》中,中央政府要求各级政府必须认真贯彻《中共中央关于教育体制改革的决定》所规定的"中央和地方政府教育拨款的增长要高于财政经常性收入的增长,并使按在校学生人数平均的教育费用逐步增长"的原则,切实保证教师工资和生均公用经费逐年有增长。1995 年的《中华人民共和国教育法》又以法律的形式加以确认,规定"各级人民政府教育财政拨款的增长应当高于财政经常性收入的增长,并使按在校学生人数平均的教育费用逐步增长,保证教师工资和学生人均公用经费逐步增长",即我们经常提到的教育经费的"三增长"。"三增长"是教育经费保障的主要目标。

从 2005 年起,本着农村义务教育管理体制改革精神,我国开始实施"义务教育经费保障机制改革"。将农村义务教育纳入公共财政保障范围,建立公共财政支出体系,强化政府对农村的公共服务,推进基本公共服务均等化。实行国务院和地方各级人民政府根据职责共同负担,省、自治区、直辖市人民政府负责统筹落实的投入体制。进一步完善中央财政和地方财政分项目、按比例分担的农村义务教育经费保障机制,提高保障水平。建立健全县级政府财政保障体系,将县(市、旗)的教育经费全额纳入财政预算,乡(镇)财政的主要责任由过去主要承担教师工资转变为按照教师工资额度上交到县,实现教育经费县级统筹,平衡教育经费的收支和管理。县级政府要提高财政支出中教育经费所占的比例,按照上级政府部门制定的各级学校学生人均经费基本标准和学生人均财政拨款基本标准,落实教育经费的"三增长"。

教育费附加,是专项用于发展教育事业的税收。教育费附加征收办法和比例,根据当地教育发展的实际需要、经济状况和群众承受能力开征。中央政府从1986年开始征收教育费附加,向单位和个人按增值税、营业税、消费税的3%的比例征收。地方教育费附加,由各省、自治区、直辖市根据实际情况自行决定是否征收和确定征收标准。2010年,财政部、国家税务总局联合下发《关于统一地方教育费附加政策有关问题的通知》,我国将统一地方教育费附加征收标准。地方教育费附加征收标准统一为单位和个人(包括外商投资企业、外国企业及外籍个人)实际缴纳的增值税、营业税和消费税税额的2%。在广东,已明确规定,该笔收入全额纳入财政,实行"收支两条线"管理,按照"以收定支、专款专用"的原则,安排教育的预算支出。

教育税附加的征收,扩大了义务教育投入的来源,有利于建立完善的义务教育经费保障体系。农村税费改革后,取消了农村教育费附加和教育集资,通过中央、省级政府的财政转移支付进行补偿,减轻了农民负担,巩固了税改成果,也有助于农村义务教育的推进。

教育专项资金实行专户管理,由县财政部门划拨到县教育部门,再由县教育部门根据各个学校的不同情况,按比例分配下划到各个学校。在办公费用、危房改造、校舍建设和维修,办学实施、师资培训上,由地(市)、县两级财政按一定比例承担,以县为主。教育专项资金的设立,有助于偿还农村义务教育积欠的债务,统筹解决历史遗留问题。

在教育专项资金中,要建立和完善农村义务教育助学体系,切实做好

"两免一补"政策的落实,对农村义务教育阶段贫困家庭学生,实施"免杂费、免课本费",逐步"补助寄宿生生活费"。由中央划出专项资金,负责提供免费教科书,地方财政负责免杂费和补助寄宿生生活费,县级政府财政也应安排一定比例的财政用于免杂费和补助寄宿生生活费。

社会投入也是教育投入保障的重要组成部分,要充分调动全社会办教育的积极性,扩大社会资源进入教育途径,多渠道增加教育投入。一方面可以完善财政、税收、金融和土地等优惠政策;另一方面设立一些农村教育专项奖励基金,鼓励和引导社会力量捐资、出资办学。

近年来,随着城市化进程的加快和房地产事业的发展,土地转让金在各级地方政府的财政收入中的比重不断攀升。据 2010 年 12 月 27 日《人民日报》报道,"资料显示,2001—2003 年,全国土地出让金达 9100 多亿元,约相当于同期全国地方财政收入的 35%;2004 年,收入近 6000 亿元。2009 年达到 1.5 万亿元,相当于同期全国地方财政总收入的 46% 左右。在有些县市,土地出让金占预算外财政收入比重已超过 50%,有些甚至占 80% 以上"。2011 年 1 月 7 日的全国国土资源工作会议上,国土资源部部长徐绍史透露,2010 年全国土地出让成交总价款 2.7 万亿元,同比增加 70%。

针对教育经费薄弱的状况,各级地方政府在城市土地出让金中,应按一定比例用于教育投入,尤其用于农村教育的保障,建立多元化的农村教育投融资机制,扩大教育投入的稳定来源。调节社会资源的配置,体现社会公平,让人们共享社会经济发展带来的成果。

"实施'以县为主'管理体制后面临的最大困难是县级财政薄弱,无力承担对义务教育的投入责任。"[①]"以县为主"的管理体制,形成了县级政府负责主要经费的局面,同时中央、省级政府免除了大部分责任,事权责任比例不明确。同英、法、美等发达国家中央或州(郡)政府承担义务教育的经费相比,我国义务教育的经费主要由县级政府负担。"中央政府在基础教育中大致只负担 10% 左右的财政责任,省级政府除了在业务

---

① 包金玲:《"以县为主"教育管理体制与教育均衡发展—— 对全国地县教育局长的专题调查分析》,《河北师范大学学报(教育科学版)》2007 年第 3 期。

上对基础教育的实施进行统一的指导和管理外,同样只对基础教育提供很有限的专项补助。"①义务教育经费负担结构有待进一步合理化,要改革投入体制,实行义务教育经费按照事权和财权对等的原则,由中央、省级、县级政府分别按照一定比例投入经费,实行分类指导机制。量化中央、省级和县级政府的投入责任,形成合理的财政分担比例,减轻县级政府的财政负担。

依据各地实际情况,在教育经费投入上应有所区别,有所变通。对经济发达地区的投入可以侧重"以县为主",对经济发达省区的贫困县投入则侧重以省为主。中央和省为主的投入体制,可以应用于中等财政收入的省(区);中央为主的投入形式,则可主要应用于人均财政收入低于全国平均水平的省区和贫困地区。"以县为主"的教育管理体制,在教育经费投入上,遇到另一个困境就是历年教育经费的"欠账"。解决历史遗留问题,需要中央、省级政府加大投入力度,单单主要依靠县级政府的投入,是难以实现的。

改革开放以来,逐步形成的以经济发展为核心的政绩考核制度,片面以 GDP 论"英雄",造成了我国地方政府财政支出结构的严重扭曲。"中央政府既要求县级政府保障义务教育经费,又不在政绩评价中着重强调发展义务教育的责任,从而形成了中央政府为发展义务教育而要求县级政府保障投入与县级政府官员为获得升迁而发展经济的矛盾。"②为了拉动经济的增长,体现政绩,地方政府财政支出过多地集中于经济领域,而对本应履行的公共职能加以"边缘化"。教育投入水平过低,使其处于尴尬境地,直接导致了我国公共产品供给水平的落后。这就需要建立一种新式政绩考核评价制度,将地方教育的发展作为县级政府主要领导的政绩考核评价的主要内容,用制度的激励因素促使政府公共性管理服务的提升,规范政府教育责任的履行。

(二)人力资源保障

教育的发展,依靠三个要素的保障。一要拥有必备的基础教学设施,

---

① 范先佐:《教育资源配置政府应起基础性作用》,《河北师范大学学报(教育科学版)》2006 年第 2 期。

② 马青:《县域内义务教育管理公共性问题研究》,东北师范大学 2010 年博士论文。

即硬件;二要拥有大批具备专业素养的教师,即师资力量,这属于教育发展的软件;三要拥有一定数量的教育对象——学生。三者缺一,教育就无从发展。而建设一支师德高尚、业务精湛、结构合理、充满活力、相对稳定、高素质的专业化教师队伍,是教育改革和发展的根本大计。师资力量的完善和壮大,居于教育要素的中心地位。教育的硬件设施很容易筹备,而优质师资队伍的建立与培养,则不是一时之功,也不是单单依靠经济的投入可以具备的,它需要建设一个长效的培养维护机制。

教育归根结底是人的活动,教育的发展和推进,需要人力资源的保障。就县级政府的教育职责来说,县级政府应从编制、待遇和培训等方面来完善教育的人力资源保障,加强师资队伍建设。

我国中小学的人事制度,体现于编制制度和教师资格制度。中小学教职工编制制度实施办法是:中小学教职工编制标准由中央编制部门会同教育部、财政部共同制定,具体实施办法则由省级人民政府按照国家有关规定和编制标准,根据本地实际情况,会同同级教育、财政部门共同制定本地区的实施办法。地(市)级人民政府负责制定本地区农村义务教育发展规划,根据国家中小学教职工编制标准和省级人民政府的实施办法,审核上报本地区各县农村中小学教职工编制。县级人民政府则根据实施办法提出农村中小学教职工编制方案,报上级人民政府核批,并根据上级人民政府核批的农村中小学教职工编制,核定学校的教职工编制,负责农村中小学校长、教职工的管理。

具体编制方案由县级机构编制部门会同同级教育、财政部门共同制定,按规定比例确定职员、教学辅助人员、工勤人员的数量,内容涉及中小学机构设置、领导职数和教职工编制总量。县级教育行政部门要在核定的编制总额内,按照班额、生源等情况具体分配农村中小学教职工编制,并报同级机构编制部门备案。省级政府部门根据县级政府上报的编制方案,行使审核批复权力。农村中小学编制总量根据教育事业发展规划、生源变化和学校布局调整等情况定期调整,实行动态管理的形式。

这样,就形成了出中央制定编制标准、省级政府制定具体实施办法和县级政府制定上报编制方案的全方位有层次的编制制度,各级政府权责清晰,有助于规范中小学教职工的管理。中小学教职工编制要严格按照国家有关标准和各级政府的实施方案,足额合理安排。

县级教育行政部门依法履行对农村中小学教师的资格认定、招聘录用、职务评聘、培养培训、调配交流和考核等管理职能,乡(镇)、村无权聘任农村中小学教职工。农村中小学校长的选拔、任用、培训、考核、交流由县级教育行政部门归口管理。为调整优化教师队伍,实施教师资格准入制度,严格教师资格条件,坚决辞退不具备教师资格的人员,推动建立教师资格证书定期登记制度,完善教师的退出机制。建立统一的中小学教师职务(职称)系列是今后改革的任务,在中小学设置正高级教师职务(职称),在职业学校逐步探索设置正高级教师职务(职称)的有效途径。

对于各类"在编不在岗"、超编和顶编人员,要坚决予以清理,并精简、压缩中小学非教学人员,对于政府部门和事业单位占用、变相占用中小学教职工编制情况,要坚决杜绝,加强编制管理工作。为平衡不同地区享受教育资源的差异,缩小城乡差距,改善师资的结构性和地区性差异,县级政府可以通过对教育的政策倾斜,以改善待遇、提高福利的形式,引导教育资源的流向。国家要逐步实行城乡统一的中小学编制标准,对农村边远地区实行倾斜政策。

实行中小学教职工编制制度,教职工工资由各级政府按编发放,并纳入了公共财政保障范围,解决了教职工的后顾之忧,有助于稳定教师队伍,提高教育教学人员的工作积极性,也体现了义务教育的公共性质。这一制度却带来了一个困境,就是如何将效率与公平稳定有效地兼顾起来,促使义务教育科学合理的发展。因此,应适当引入竞争机制,逐步实行教师聘任制,由学校和教师签订聘任合同,明确规定双方的权利、义务和责任,促进师资的管理和流动机制的建设,增强教育教学活力。

在保障教师工资上,根据具体情况确立各级政府的具体责任。省、地(市)级人民政府主要负责人对农村义务教育工作、保证发放农村中小学教职工工资负有领导责任。省级人民政府统筹安排解决财力困难县农村中小学教职工工资的发放问题,并实行省长(主席、市长)负责制。县级人民政府主要负责人是农村义务教育工作的第一责任人,县级政府要"保证教师工资的逐年增长",确保实现教育经费的"三增长"。

由于历史累积的教育投入亏欠和教育经费不足,造成教育经费得不到保障,受害首当其冲的就是教师,拖欠教职工工资现象早已习以为常。教职工的工作积极性因此受到严重挫伤,不利于师资队伍的稳定,影响了教育的健康发展。

在完善"地方负责,以县为主"的教育管理体制的形势下,要加快进行与之配套的县级财政制度的改革,将乡(镇)政府的教育资金管理归口县级财政,由县级政府部门统支统收,进行统筹规划。通过设立教育的专项资金,防止教育经费的挪用、占用现象,保障教师的工资待遇。实行教师工资县级财政统发,将农村中小学教师工资的管理上收到县,强化县级政府对教师工资的管理,原乡(镇)财政收入中用于农村中小学教职工工资发放的部分要相应划拨上交到县级财政,设立"工资资金专户"。成立工资统发中心,财政安排的教师工资性支出,由财政部门根据核定的编制和中央统一规定的工资项目及标准,通过银行划拨到教师在银行开设的个人账户中。切实做好教职工工资按编、按时、足额发放,解除教职工生活的后顾之忧。

在教师工资制度的管理上,改革过于集中统一的工资管理体制,要在中央的宏观管理下,使地方、部门和学校享有自主权。教育系统工资制度的基本原则和基本工资标准由国家制定,各省、自治区、直辖市政府和中央主管部门,在不低于基本工资标准的前提下确定具体工资标准。建立符合教育特点的工资制度和正常的工资增长机制,切实保证教师的工资水平随国民收入的增长逐步提高,依法保证教师平均工资水平不低于或者高于国家公务员的平均工资水平,并逐步提高,改善教师的工资待遇。工资制度既要体现公平,又要体现效率,以按劳分配为原则,落实绩效工资改革,提高贡献大、教学质量高的教师收入,克服平均主义、论资排辈倾向,增强教育教学动力。

《中华人民共和国教师法》第7条规定,教师有"参加进修或者其他方式的培训"的权利。并且还规定各级政府有责任"应当采取措施,加强教师的思想政治教育和业务培训"。教师的培训,既是各级政府的责任,也是教师依法应当享有的权利,更是义务教育得以发展的动力。

师资力量建设和教师的培训,居于义务教育的重要地位。教职工是教育教学的一线工作者,是教育教学工作的具体参与者和执行者,师资力量的高低优劣,直接决定着义务教育的成效,关系着公民素养的培养。教师的培训工作,是保障义务教育顺利实施和发展的重要手段。完善教师培训制度,对教师实行每五年一周期的全员培训。对民族地区双语教师的培养培训要加大力度。教师的培训工作,包括政治道德素质、业务素质和管理素质等方面的培训。

县级人民政府教育行政部门对教师的培训负有责任,"组织校长、教师的培训和流动,加强对薄弱学校的建设"(《中华人民共和国义务教育法》第 32 条),对本行政区域内学校师资力量行使均衡配置的权力。教师业务的培训,受到教育督导评估机构的督导。

县级财政部门与教育部门按照国家有关规定,协调设立教师培训经费的保障制度,将教师的培训经费纳入县级政府的财政预算,划拨教师的培训费用,做到专款专用。

教师的培训方式可以灵活多样,可以通过岗位培训、定期培训、继续教育、在职学历教育和远程教育等多种形式。由富有经验的老教师予以协助,采用岗位培训的形式,"以老带新",加快新生力量的培养。定期培训是一种比较集中的培训模式,可以由县级教育行政主管部门制订方案,学校负责实施。通过在职学历教育,大力提高中小学教师的学历水平,改善中小学教师的业务水平和知识素养。同时,要充分利用先进的教育教学设备,运用远程教育模式,参加网络开放课程,就地就近进行,以节省开支,提高教师培训的效益。构建区域协作的教师继续教育新体制,建设支撑教师专业化发展的教学资源平台,如网络建设、教学数据库建设。在中小学教师和校长培训模式上,可以探索新的形式,以校际交流、县际交流、省际交流乃至全国交流的形式,不断拓展教师培训的发展空间。以有条件的师范大学和综合性大学为依托,建立教师培训基地,形成对口支援。

为提高教师培训的水平和层次性,通过研修培训、学术交流、项目资助等方式,培养教育教学骨干、"双师型"教师、学术带头人和校长,造就教学名师和学科领军人才,培养研究型、学者型教师人才。在培养对象上,加强中青年教师的培训工作,培养一批立志长期从事教育教学工作的后备中坚力量。对民族地区的双语教师,要加大培养培训力度。

在职业教育教师的培训上,要以"双师型"教师为重点,加强县级职业院校教师队伍建设。"双师型"教师的培养,可以依托相关高等学校和企业,共建"双师型"教师培养培训基地,并完善教师定期到企业实践制度。

通过灵活多样的方式,从加强教师培训的资金保障、强化培训重点入手,创建一种适应时代发展形势的新式教师培训体系,优化师资结构,提高教职工的专业水平、教学能力和管理水平。

为落实责任,地(市)级人民政府根据国家督导评估制度,建立起相关的督导评估机构,设置督学、副督学,加强对县级政府人力资源保障工作的督导和评估。县级政府根据相关政策,也建立起同级督导评估机构,进行具体的督导和评估工作。县级政府首先自查,再向上级部门进行督导评估申请,地(市)级政府及同级督导评估机构进行审核并上报省级政府和督导评估机构,省级督导评估部门组团进行具体的督导评估。

督导评估制度侧重对学校的监督和督导,对政府相关部门教育职责的督导评估也进行了具体规定。但督导指标和标准体系构建方面,还不甚合理,其结构的完善性和科学性有待进一步的提升。因此,将县级政府的教育职责督导目标具体化,实行目标责任制,并纳入县级政府教育政绩评价体系中来,充分考虑地区差异,强化教育政绩的累积性考核,是我们今后督导评估制度和教育政绩考核制度建设需要加强的地方。

(三)发展环境保障

义务教育的顺利实施和健康发展,离不开良好发展环境的营造。而良好发展环境的营造,又离不开政府、学校和社会的共同努力。对于政府来说,发展环境的保障是政府教育职责的重要内容,这也是转变政府职能、创建服务型政府的客观要求和重要任务。县级政府是义务教育的具体实施者,也是义务教育发展环境保障的主要承担者。就其内容来说,教育的发展环境包括校园安全、周边环境治理以及尊师重教舆论氛围的营造等。

校园安全问题日益成为当今教育保障的重要问题,成为影响教育发展的重要制约因素。教育部部长袁贵仁说过:"生命不保,何谈教育,这是我们应当必须共同遵循的教育准则。"近年来,一系列校园安全事故频发,如湖南湘乡踩踏事故、福建南平事件、广西合浦事件、广东雷城事件、江苏泰兴事件、湖南衡南县校车坠河事故等,凸显了校园安全保障制度的滞后。如何从机制建设和责任落实入手,营造一个良好的校园环境,成为目前政府部门需要解决的重要问题。

校园安全就其内容来说,主要包括交通问题、食品卫生问题、学校设施问题、突发事件问题、校园暴力问题、学生心理健康问题等方面,就其类型可以概括为自然灾害型、社会问题型、学校管理型和学生心理型。在"地方负责、以县为主"的教育管理体制下,农村"上学难"的局面得到根本性改观。然而,解决了"学难","行危"却凸显出来。同欧美发达国家相比,我国校园交通问题相对突出。校车制度急需建立和完善,学校和学生的安全意识也需要加强。农村校车超载现象严重,学生候车处于自由散乱状态,校园附近交通隐患多。在制度不完善、监管不到位等因素的影响下,校园公共食品卫生事件时有发生。教学设施超期服役,教学危房问题,也成为影响校园安全的重要内容。在面临一些突发事件时,学生安全教育工作的流于形式,学校管理工作的不到位,政府的监管不力,是校园安全事故的重要诱因之一。县级政府要强化督导,加强师生安全教育和学校安全管理,提高预防灾害、应急避险和防范违法犯罪活动的能力。另外,学生自身的心理健康问题以及家庭因素、社会不良风气的影响,也会产生一些校园安全问题。如校园暴力、以大欺小现象时有发生,这都需要县级政府加强对学校相关方面教育的督导工作,注重学生法治理念、人文精神和道德伦理观念的培养,不要唯分是命,有失偏颇。

校园安全问题,既有制度的不健全,也有人为因素;既受外部因素的影响,也受内部因素的制约。维护校园安全仅靠学校的力量是不够的。要从根本上改变校园安全隐患,解决校园安全问题,应在政府的主导下,不断完善校园安全保障制度的建设,明确管理主体,强化管理责任,加强管理力量。此外,还要提高社区、学校以及家长的参与度,调动社会力量的积极性,形成政府、社区、学校和家长齐抓共管的局面。

学校周边环境的治理,也是县级政府履行教育职责的主要内容之一。周边环境治理,主要涉及两个方面的问题,一个是社会治安问题,一个是娱乐设施、餐饮服务和交通问题。社会治安是学校教育安全保障的大环境,如果任由其恶性发展,就有可能异化为社会"问题人"成长的温床,而

"问题人"的造就可以说是教育失败的结果,它又会对教育发生不良影响。因此,强化社会治安尤为重要。县级政府的公安局是社会治安的主要维护者,负有治理学校周边环境的责任,要严厉打击危害正常教育教学秩序的违法犯罪行为,开展基层走访活动,进行警民共建学校建设,共同创建和谐校园。作为地方基础组织,乡(镇)人民政府对一方的安全和治安更负有责任,要保一方平安,创一方净土。县级政府可以调动和发挥乡(镇)人民政府在治理校园周边环境的积极性和创造性,共同维护学校的治安、安全和正常教学秩序。由于义务教育阶段的学生血气方刚,品性待成,甄辨能力薄弱,自我防护能力不强,县级政府有必要加强对网吧、娱乐设施和交通问题的管理。网吧、娱乐设施位置的布局应远离校园,防范未成年人受不良风气的影响。对校园周边的餐饮摊位也要强化监管,定期检查,严禁无证经营,消除因外部因素产生的食品安全问题。可以发挥村社、家长的积极性,提高他们的参与度,加强校园和周边环境治安综合治理,实现教育环境的共建共谋,为师生创造安定有序、和谐融洽、充满活力的工作、学习、生活环境。

无论是校园安全的保障维护,还是周边环境的治理,都属于教育发展的刚性环境保障,经过综合规划和强化,短期内可以出现很好的效果。当然,创建一个教育发展的良好的刚性环境保障,也需要一个长效机制的维护。然而,刚性环境易创,软环境难为,需要从长计议。良好软环境的积极营造,如涓涓细流,可为教育的长远发展提供不竭动力,为教育的提升提供一个深厚的人文底蕴。我国古代历来对教育就很重视,讲究的是"耕读传家",特别是在"学而优则仕"的影响下,对教育更加看重,"珍惜字纸"更作为一种仪式崇拜,表达对文化的尊崇。古代传统社会形成了一个对教育重视的良好氛围,讲究尊师重教,一则程门立雪的故事,激起了多少文人骚客的赞赏,这都为教育的发展提供了一个很好的文化底蕴。应当发挥传统文化中的有利因子,推动尊师重教良好舆论氛围的塑造。步入现代社会以后,要在继承优良传统的基础上,营造尊师重教的舆论氛围,并赋以时代特色。被赋予社会公权力的县级政府,有责任发挥自己的优势,营造良好的尊师重教舆论氛围。首先,根据各县的经济发展水平,提高教师待遇和地位。其次,进行媒体引导,舆论宣传,举办各式尊师重教的社会活动,带动整个社会尊师行为的成长。还可以对教师的福利待遇实行适当倾斜,引导社会资源流向,让教师职业成为受人尊敬的职业。

随着义务教育的不断推进,学生的辍学问题也伴随着社会形势的发展而有了新的特点,由原来的被动辍学、经济因素为主,到现在呈现出主动辍学、非经济因素辍学上升的趋势,农村的义务教育阶段出现了许多"自愿性辍学"①的现象。"农村初中生的非经济原因辍学是各方面因素共同促成的,基本遵循这样一个原则:以学生个人学习成绩差为征兆,以'应试教育'的错位为推力,以外出打工的获利经济为拉力,最后以学生家长的同意促成了农村初中生的辍学。"②农村初中生辍学是学生及家长面对现实状况作出的一种现实的实用性选择。与其说读书无用,不如说读书无望。一是学生的无望,成绩差,压力大,挫败感强,厌恶学习;二是高等教育产业化带来的收费高,教育投资远大于一般农民家庭的可承受范围,加上大学毕业后就业难的困境,又助推了这种现象。解决辍学问题,一方面,乡(镇)人民政府应负责组织适龄儿童少年入学,具体落实控制义务教育阶段学生辍学率。同时,还要加强义务教育的法律宣传力度,转变家长的观念,使家长明白义务教育的义务和法律责任,一起共同探讨孩子将来的人生发展问题。关注留守儿童,给予学习生活上的扶助,帮助其培养良好的人生观、价值观,减少结构性辍学问题。有条件的县级政府,可以开设职业生涯发展课程和社区学习网络,组织一些"人生发展规划"之类的培训活动,为辍学学生提供一个再教育的成长平台。另一方面,学校要推进教学改革,提高教学质量和活力,减少因为教学问题而引起的学生厌学现象。总之,学生辍学问题需要政府、社会、学校和家长的共同关注,不断推进素质教育,体现教育的本质目的。

---

① 欧贤才、王凯:《自愿性辍学:新时期农村初中教育的一个新问题》,《中国青年研究》2007 年第 5 期。
② 仇小玲、徐敏:《农村初中生辍学后的发展问题探讨》,《基础教育研究》2008 年第 1 期。

二、教育管理

（一）政府依法管理

公共行政改革是时代发展的必然要求,改革要以政府管理理念的转变和创新为先导,以促进社会全面协调发展。20世纪70年代末80年代初,欧美主要国家掀起了公共行政改革,至今方兴未艾。我国政府树立了"立党为公,执政为民"的执政理念,并随着时代潮流的发展变化而不断创新,提出构建集约型政府、服务型政府和创新型政府的理念。

在计划经济体制下,政府是"全能型"政府,包揽一切。随着我国社会主义市场经济体制的建立和完善,法治社会建设的不断推进,政府的职能要根据经济体制与社会形势的变化而进行转变,重新进行角色定位。教育管理职能是政府职能的重要组成部分,教育管理职能的科学发挥,能够极大地推动教育的发展。因此,转变政府的教育职能尤为重要。根据创建集约型政府、服务型政府和创新型政府的要求,可以从以下两个方面入手:

1. 规制、解制与创制

我国教育管理体制改革常常陷入"一管就死,一放就乱"的困境,如何走出困境,促进我国教育管理的良性有效发展,可以从政府的规制、解制与创制着力。要继续完善"地方负责,分级管理,以县为主"的教育管理体制,充分发挥政府教育管理的统筹规划和对教育资源宏观调控的作用,从全局和长远入手,规范教育的发展。依据国家的教育法律法规,各级政府要完善地方相关法规的制定,进行规制建设。规制建设和教育政策的实行,要实现公平与效率的统一。

教育本身就是一项公益性活动。为确保教育的公益性,政府需要制定新的游戏规则,作出新的制度安排,以加强规制和监管。如对于民办学校、教育中介组织要加强监管,对于学校自主办学要加强监督,对家长选择教育的行为要进行引导和规范。同时,规制建设不仅要规范管理对象,也要规范政府自身。

另一方面,为调动社会各方面的积极力量,推动教育的健康发展,政府可以给市场主体、社会自治组织、学校、家长等一定的从事教育活动的自主活动空间。通过提高社会力量的参与度,进行政府管理职能的解制,增强办学活力和灵活性,促进教育健康、和谐、有序发展。政府在进行规制、解制建设的同时,也要进行制度和机制的创新,增强教育管理的活力和效率,提高政府教育管理的科学性。如教育的投入保障机制创新,实行按比例合理适当负担,既考虑了各级政府的承受能力,又强化了保障的具体落实。教职工的编制改革,教师竞争机制的引入,教育教学督导评估制度的完善,政府政绩评价机制建设,都可以运用创新精神进行突破,促进相关配套制度建设,协调教育管理体制改革。创制不仅要有制度的创新,而且要有理念的解放和创新。

2. 责任、服务与法治

"公共管理的根本目的是社会公共利益。政府没有自己单独的利益,以实现社会公共利益为出发点和归宿。公共权力及管理机构的产生源于人民的委托和授予,其基本目的是为公众服务,受公众监督。"[1]因此,政府的教育管理职能要有责任理念,从公共利益出发,充分考虑到社会公平、公正,缩小教育的地区差距,以及由于城乡二元结构造成的结构性差距。"地方负责,分级管理,以县为主"的教育管理体制,对各级政府的职责进行了明确,也更加强调了县级政府对发展教育的责任。为加强各级政府的教育责任落实,要继续完善教育督导评估制度,建立健全县级政府的政绩评价制度,以科学、合理的标准将教育政绩纳入县级政府的政绩评价体系上来。各级政府要处理好政事关系、政社关系、政府与市场的关系、中央与地方的关系,划分权限,明晰职责,理顺关系,落实责任。

既然教育具有公益性质,政府与公民之间形成一种权力授予的契约关系,就决定了政府教育管理的服务性质。然而,在现实的管理过程中,县级政府越位、缺位、失位、错位现象普遍存在。如过度干预学校的办学自主权,过多采用行政命令式的管理方法,甚至出现对学校具体的教学活动和教职工的管理进行直接干涉。对教育资源的合理配置要么做得不到位,要么政策滞后。一些地方还热衷于"政绩工程",片面强调一切要为

---

① 贾凌民:《21世纪的公共管理:政府管理理念转变与创新》,《中国行政管理》2004年第6期。

地区经济建设服务,教育强调"GDP",教育重视程度不够,投入不足,导致教育职责履行的缺失。一些地方集中财力打造所谓的重点中学,而对义务教育的"欠账"视而不见,导致公共服务职能的弱化与萎缩,教育职责履行错位。有的县级政府还挪用、占用教育经费,导致教育经费投入保障不力,严重制约着教育的发展。

面对县级政府在教育管理职能上出现的问题,首先,要明确责任意识,强化服务意识,树立"以人为本"的协调发展观,建立公共服务的政府观。其次,要理清上下级关系,明晰职责,做好各部门的协调工作。要加强政府机构的整合调整,减少中间环节,规范基层的职能关系,明确县级政府的职能重心。再者,要强化相关法律法规建设,确保法律法规能够得到切实的履行,根据依法治国原则,做到依法管理、依法治教和有法必依。同时,做到信息公开、透明,加强群众的监督。

政府的教育管理,要以责任、服务和法治为原则,以规制、解制和创制为手段,积极建设服务型政府、创新型政府,实现政府的再造。

(二)学校自主办学

随着我国办学体制改革的推进和政府管理体制的完善,逐步形成了政府办学为主和社会积极参与的办学新格局。政府教育行政管理部门要转变政府职能,重在对学校贯彻落实党的教育方针和教育政策上把关,对教育的管理应限于宏观指导和依法督导,教育行政部门的领导主要体现在监督、协调和服务上。在学校具体的教育教学问题上和人、财、物的管理上,不做过多的行政干预,还学校办学自主权。由对学校的直接行政管理,转变为运用立法、拨款、规划、信息服务、政策指导和必要的行政手段,进行宏观管理,这也是创建服务型政府和依法治教的具体体现。

在政府与学校的关系上,要理顺两者的关系和职能,在加强政府宏观管理的同时,适度扩大公办学校的办学自主权,使学校成为面向社会自主办学的法人实体,使学校形成相对独立的自我发展、自我约束、自我完善、自我激励的"自主经营机制"。

推动学校自主办学,要从两个方面着力。一方面要继续完善我国的校长负责制;另一方面要健全相关法律法规的建设,使发展教育做到有法必依、依法治教。

1. 校长负责制的完善

校长负责制是我国办学体制中重要的一环,在《中华人民共和国教育法》中规定,学校的教学及其他行政管理由校长负责。学校及其他教育机构应当按照国家有关规定,通过以教师为主体的教职工代表大会等组织形式,保障教职工参与民主管理和监督。校长负责制的确立,体现了一种管理权力的下放和责任的分担,有利于充分调动学校的办学积极性,发挥教职工的创造性。校长是学校的法人代表,对外代表学校,对政府主管部门承担学校的管理责任;对内是学校行政工作的最高负责人,处于学校管理的中心地位。

推动教育的发展,要扩大学校的办学自主权,实行在政府宏观指导和督导下的校长负责制度。就其内容来说,学校拥有教育、教学管理与学校设施使用与管理的自主权。在教师的使用、学校课程表和作息表的安排、具体工作计划和安排、学校设施的使用与管理等方面,政府不做直接管理,由学校自主办学。在公办校舍等国有资产的管理上,农村中小学实行校长负责制,由校长全面负责。学校还拥有相当部分的人事使用权,可以根据教师教学能力及办学需要决定教师的聘用与否,允许学校按聘任制,实现师资的双向流动。学校拥有进行教改实验的自主权,招生和收费的自主权。随着"以县为主"教育管理体制的建立和完善,农村乡镇教育教学业务管理则由乡(镇)中心学校校长负责。在履行教育教学和管理职责上,学校可以建立完善符合法律规定、体现自身特色的学校章程和制度,依法办学,从严治校。

2. 教育法律法规建设

在教育管理体制改革不断推进的过程中,要加快教育法制建设。根据经济社会发展和教育改革的需要,修订教育法、职业教育法、教师法、民办教育促进法,制定有关学校的法规,加强教育行政法规建设。各级地方政府根据当地实际,制定促进本地区教育发展的地方性法规和规章,形成一个点、线、面相结合,中央与地方相配套的具有中国特色的社会主义教育法律法规体系。政府要做好角色定位,转变教育管理职能,依法治教,主要要从政策上、法律上对教育的发展进行宏观指导和统筹规划,引导教育资源合理配置,扩大学校的办学自主权。教育法律法规的完善,可以充分保障学校的办学自主权,做到有法可依。在监督制度保障上,要健全教育督导评估制度,加强对学校教育教学的督查。

这样,通过完善校长负责制,建立健全各种教育法律法规,适度扩大学校的办学自主权,既讲究政府的宏观管理和统筹规划,又讲究办学的适度分权,既提高了办学活力,又将效率与公平有机统一起来,从而推动教育不断进步。

三、教育发展

(一)幼儿教育发展

学前教育在整个教育中有着重要的地位,从小培养儿童良好的品德、良好的习惯、积极的态度、广泛的兴趣,积极开发儿童发展的潜能,将为幼儿今后的发展奠定基础。对于幼儿教育,国家相当重视,早在 1989 年国家教育委员会就颁布了《幼儿园工作规程(试行)》(简称《规程(试行)》),推动了幼儿园的全面改革,提高了幼儿园管理水平和保教质量,使幼儿园管理逐步走上了依法治教的轨道。为适应我国幼儿教育事业发展的需要,国家教育委员会在 1996 年又颁布实施了《幼儿园工作规程》,进一步推动了幼儿教育的发展。

2001 年《国务院关于基础教育改革与发展的决定》制定了我国幼儿教育发展的目标,要使占全国人口 35% 左右的大中城市和经济发达地区,基本满足社会对高中阶段教育和学前三年教育的需求,重视发展儿童早期教育。到 2010 年,基础教育总体水平接近或达到世界中等发达国家水平。然而,由于目前我国将教育体制改革的重点和主要精力放在义务教育阶段,幼儿教育建设滞后,曾一度出现"入园难、入园贵"的困境,幼儿教育的发展需要进一步完善和加强。教育部部长袁贵仁在 2011 年曾指出"学前教育现在是基础教育最薄弱的环节",他认为目前学前教育资源匮乏,管理力量薄弱,"谁来管理、协调、监督、指导,根本就没有人手"。

幼儿教育资源相对比较匮乏,主要表现在师资力量的薄弱,校舍建设的滞后和不规范,政府管理体制建设的不健全。为大力发展幼儿教育,走出目前的困境,国家在《国家中长期教育改革和发展规划纲要(2010—2020 年)》作出了详尽的规划。

在办园体制上,实行政府主导、社会参与、公办民办并举的方针。大力发展公办幼儿园,积极扶持民办幼儿园,鼓励社会力量办园,充分调动各方面力量发展学前教育,以多种形式扩大幼儿教育资源。对公办园、民办园的共同发展进行合理规划,引入良性竞争机制、合理补贴机制。加大政府投入,完善成本合理分担机制,建立政府投入、社会举办者投入和家庭合理负担的投入机制,对贫困地区、少数民族地区和家庭经济困难幼儿入园给予补助支持。

在管理体制上,要加强幼儿教育的管理,审核办园条件,规范办园行为。制定学前教育办园标准,制定幼儿园教师配备标准,建立幼儿园准入制度,完善幼儿园收费管理办法。对于县级政府来说,要加强对学前教育的指导和管理,健全幼儿教育的管理机构,构建完善的学前教育公共服务体系。按照分级负责、分等评估、动态管理的原则,做好幼儿园等级评估工作,对各等级幼儿园办园行为和保教质量实行抽查、督导。加强幼儿园的安全卫生检查,建立督导检查结果公告制度和限期整改制度,为幼儿教育的发展创造一个良好的环境。幼儿教育不仅要有量的提高,更要有质的提升。广东省为改善幼儿教育的建设,根据各地区的不同情况,把学前三年的入园率和幼儿教师的学历达标率纳入广东省县级党政主要领导干部基础教育工作实绩考核指标体系之中,强化幼儿教育建设的落实工作。

县级政府要重点支持农村幼儿教育的建设,缩小城乡差距,体现社会成员对教育资源的公平享受。在办好现有的乡镇和村幼儿园的基础上,支持利用中小学富余校舍和社会资源,改扩建或新建乡镇和村幼儿园,发挥乡镇中心幼儿园对村幼儿园的示范指导作用。在对象上,要着力保证留守儿童入园,推动幼儿教育的健康和谐发展。幼儿园建设要按照国家规定的建园标准,配备完善的相关设施。同时,残疾儿童少年较多的县(市)要关注特殊教育学校建设,因地制宜发展残疾儿童学前教育。

建立幼师的准入机制,做好资质的评定工作,师资力量学历要达标。在改善幼儿教师的待遇问题上,县级政府可以在编制、职称评定、培训和工资福利待遇上给予政策倾斜,以吸引更多的优秀师资力量。幼儿园实行园长负责制,要做好幼儿园园长的资格认定和岗位培训工作,逐步做到幼儿园园长持证上岗。在民族地区的双语幼儿教育上,国家要对双语教学的师资培养培训、教学研究、教材开发和出版给予支持。地区各级政府要加强对民族地区幼儿园双语教师培养培训,探索和改进民族地区学前双语教育模式。

通过健全办园体制,完善幼儿园管理体制,规范办学,改进幼儿园舍建设和投入,加强师资力量培训与引导,提高教学质量与效益,不断推进我国的幼儿教育。

(二)义务教育发展

现阶段,九年义务教育是县级政府的教育工作重心,特别是农村的九年义务教育。这关系到科教兴国战略的落实,农村经济和社会的长远发展。我国义务教育管理体制,是"在国务院领导下,由地方政府负责,分级管理,以县为主"。县级人民政府对农村义务教育负有主要责任,省、地(市)、乡等地方各级人民政府承担相应责任,中央政府给予必要的支持。

目前,虽然我国基础教育取得了辉煌成就,基本普及九年义务教育和基本扫除青壮年文盲(简称"两基")的目标初步实现,素质教育全面推进。但我国基础教育总体水平还不高,发展不平衡。

在管理体制上,要继续完善"地方负责,分级管理,以县为主"的管理体制,加强投入保障机制的建设,并建立健全义务教育均衡发展督导、考核和评估制度。将教育政绩纳入县级人民政府政绩评价体系建设,强化落实,将目标评价设计得更合理、细致、科学。

在财政保障上,进一步完善中央财政和地方财政分项目、按比例分担的农村义务教育经费保障机制,提高保障水平。将中小学教师工资性支出纳入县级政府财政保障体系,实施财政预算,设立"工资资金专户",按编制通过银行直接拨入教师在银行开设的个人账户中,确保教师工资按编按时足额发放。把农村中小学教师工资的管理权限上收到县级人民政府,实行统筹统发,缩小城乡二元结构的差距,平衡地区差异。为巩固税费改革成果,县级政府应在税改后的财政预算和上级转移支付资金中优先安排,加大政府财政转移力度,确保当地农村义务教育投入不低于农村税费改革前的水平。同时,叼以在政府土地转让金中,按一定比例划出一部分资金,用于义务教育支出,建立义务教育多种投资融资渠道,确保教育经费的"三增长"。县级政府要统筹安排相应的校舍建设资金,用于中小学危房的改造和校舍的新建,要严把基础设施建设的质量关,实现城乡中小学校舍安全达标,确保义务教育用房安全。乡(镇)、村对新建、扩建校舍所必需的土地,应按有关规定进行划拨。县级政府要完善义务教育的助学体系建设,设立助学金,提高农村义务教育家庭经济困难寄宿生生活补助标准。要积极推进教育信息化建设,提高中小学每百名学生拥有计算机台数,为农村中小学班级配备多媒体远程教学设施,建立资源共享型的数字化教学资源库和公共服务平台,以信息化带动义务教育的现代化。

在中小学教师的编制上,要严把教师质量关,实行教师资格准入制度,坚决清退不合格和超编教职工,提高农村中小学师资水平。县级政府教育行政部门要强化义务教育师资的培训工作,构建区域协作的教师继续教育新体制,实行县(区)域内教师、校长交流制度,加强中青年教师和骨干教师的培养力度,建立一个师资培养的长效机制。建立中小学新任教师公开招聘制度和办法,探索建立教师退出机制,增强教育教学活力。在少数民族地区,自治县(旗)级政府要完善双语教师的培养培训模式,推进义务教育学校标准化建设和寄宿制学校建设。

教育公平的基本要求是在阶层或群体之间按比例平等分配教育资源份额。教育公平是社会公平的重要基础,教育公平的关键是机会公平。义务教育的基本要求是保障公民依法享有受最基本教育的权利,通过合理配置教育资源,扶持困难群体,促进教育均衡发展。均衡发展不是平均发展,也不是削高就低,更不是忽视学校特色发展,它是教育资源的合理配置,是受教育机会的均等。县级政府可以发挥政策吸引优势,引导高校毕业生到农村从教,吸引城市教师、大学毕业生到农村支教,逐步在县(区)域内实现城乡均衡发展,缩小城乡差距。

义务教育具有基础性、普及性的特征,要求培养学生基本的知识能力与素养。以往的教育培养过分强调知识,"'知识观'在教育价值观中的霸权地位,使知识成为学校教育的目的和学校教学的中心,人和人的生活被边缘化。"[1]县级政府要加强教育的督导评估,不断推进基础教育课程

---

① 覃章成:《我国农村基础教育发展究竟需要变革什么》,《教育理论与实践》2007 年第 3 期。

改革,完善素质教育。不仅培养学生的知识与技能,还要赋予学生基本的道德伦理观念、社会责任感和健康的生活观,帮助其树立起正确的世界观、人生观、价值观。将自我实现与社会责任和谐统一起来,实现人的全面发展。

(三)普通高中教育发展

高中阶段教育是学生个性形成、自主发展的关键时期,对提高国民素质和培养创新人才具有特殊意义。高中教育在我国教育中占据重要地位,是我国基础教育的重要组成部分。随着国家义务教育管理体制改革的不断推进,高中教育改革也在如火如荼地进行着。

目前,我国高中教育的管理权限主要在地(市)级政府的教育行政部门,在"地方负责,分级管理,以县为主"的教育管理体制下,县级地方政府对高中教育负有分级管理的责任。就管理上来说,高中教师的编制、招聘录用由县级教育行政部门制订具体方案,上报上级教育行政部门审查核准。高中的校长一般由县级以上教育行政部门提名、考察或参与考察。

县级政府对中小学的布局规划、校舍建设、校园安全负有相应责任,县级政府可以发挥地方优势,在土地划拨中加强支持力度。在经费保障上,普通高中实行以政府财政投入为主,其他渠道筹措经费为辅的机制,鼓励企事业单位及个人捐资助学,采用多种形式发展高中阶段教育。在助学体系的建设上,政府要建立健全普通高中家庭经济困难学生的资助制度,防止学生因经济困难而失学,保障学生的受教育机会。

现阶段我国普通高中教育改革的方向为:完善管理体制,加强课程改革,推进素质教育,实现高中教育的发展多样化。政府要转变管理职能,在政府的宏观管理和规划下,扩大学校办学自主权。发展高中阶段教育,要有均衡观、共享观、效率观和可持续发展观。均衡观不是搞"平均主义",而是保证教育资源享有的机会均等,体现社会公平,缩小城乡差距。鼓励和支持大学生基层支教,政府要给以政策倾斜,吸引优质教育资源向普通高中教育相对薄弱的地区流动。发展普通高中教育还要有效率观,不仅要有量的发展,而且要有质的提高。合理安排师生比,加大学校的信息化建设。在用人制度上,除了要做好教职工的工资保障工作外,还要适当引入竞争机制,建立教职工的退出机制,促进教学质量的提高。普通高中的课程改革是目前高中教育改革的重点。要全面落实课程改革方案，开设丰富多彩的选修课，为学生提供更多选择，促进学生全面而有个性的发展。逐步消除大班额现象，合理安排师生比。积极开展研究性学习、社区服务和社会实践。在学生的心理卫生建设上，要建立学生发展指导制度，加强对学生的理想、心理、学业等方面的指导。在学生的评价方式上，要建立科学的教育质量评价体系，改变过去的"知识论"单一评价形式，全面实施高中学业水平考试和综合素质评价。通过课程教学改革、学生能力培养、社会实践训练、生理卫生指导和综合素质培养，全面推进素质教育。

在普通高中教育的督导制度建设上，要完善督导评估体系，制定合理、科学、可信度较高的评价标准，并把普通高中教育的发展纳入到县级政府的教育政绩评价之中来，强化责任落实。

（四）中等职业教育发展

职业教育是现代化教育的重要组成部分，是工业化和生产社会化、现代化的重要支柱，发展中等职业教育是县级政府主要的教育职责之一。早在 1996 年，国家就颁布了《中华人民共和国职业教育法》，规范了职业教育的发展，推动了我国职业教育的进步。在《国家中长期教育改革和发展规划纲要（2010—2020 年）》中，国务院明确提出要大力发展职业教育，特别把中等职业教育作为当前和今后一个时期教育工作的重点。因此，县级政府在发展中等职业教育方面大有可为。

发展职业教育，一方面体现教育体系的多层次性，满足不同的社会群体需求；另一方面是实现农村剩余劳动力转移的重要出路。发展职业教育也是推动经济发展、促进就业、改善民生、解决"三农"问题的重要途径，是缓解劳动力供求结构矛盾的关键环节，必须摆在更加突出的位置。职业教育要面向人人、面向社会，着力培养学生的职业道德、职业技能和就业创业能力。

我国的农村职业教育还相对薄弱，中等职业教育资源相对匮乏，培养机制有待完善，师资力量有待提高。在办学体制上，要继续建立健全政府主导、行业指导、企业参与的办学体制，推进校企合作制度化，探索职业教育集团化办学模式。在教育经费的投入上，实行政府、行业、企业及其他社会力量依法筹集经费的机制,拓宽经费来源。县级政府要大力开展中等职业学校专业规范化建设,建立中职示范性骨干学校和职教中心,加强职业教育基础能力建设,兴建一批职业教育实训基地,提升职业教育实践教学水平。

针对中职教育与社会经济发展形势和产业结构调整不相适应的问题,要适时调整中职教育的专业设置,积极开展"订单教育",鼓励企业、行业组织参与举办中职教育。在人才培养上,推进中职教育教学改革,实行工学结合、校企合作、顶岗实习的人才培养模式。积极推进学历证书和职业资格证书"双证书"制度,推进职业学校专业课程内容和职业标准相衔接。要完善就业准入制度,执行"先培训、后就业"、"先培训、后上岗"的规定。在助学体系建设上,要加强对中等职业学校的农村和城镇家庭经济困难学生资助的政策,将政府财政资助与学校以奖、助学金和学费减免的资助形式结合起来,同时组织学生勤工俭学和半工半读。在农村中等职业教育上,要结合农村的经济特色,体现服务"三农"的精神,加强城乡、区域合作。

中等职业教育,要把德育培养与技能培养相结合,提高学生的思想道德水平,使学生既有良好的技能水准,又有较高的道德素养,实现智育与德育的有机结合。为改善中等职业教育的师资力量薄弱和原有教师知识技能滞后的问题,要加强"双师型"教师培训,可以聘任(聘用)一批有实践经验和技能的专、兼职教师。

完善中等职业学校的校长负责制和聘任制,推行教职工全员聘用制和岗位管理制度,深化中职学校教职工的收入分配改革,调动教职工的积极性。县级政府还可以制定优惠政策,鼓励企业接收学生实习、实训和教师实践,加强理论知识与实践的结合,提高中职教育的教学水平。要建立健全职业教育质量保障体系,将中等职业教育纳入教育督导评估的内容,吸收企业参加教育质量评估,建立职业教育工作定期巡视检查制度,加强对职业教育的评估检查。积极开展职业技能竞赛,加大对有贡献的中职人才的表彰宣传力度,在社会上形成良好的舆论氛围。为加强中等职业教育发展政策的落实工作,要把职业教育工作纳入目标管理,作为对县级政府主要领导干部进行政绩考核的重要指标,强化责任意识。

通过管理的改善,政策的落实,投入的加强,师资的培养,教学的改进,建立一个完善的现代职业教育体系,从而推动中等职业教育的发展。

(五)成人与社会教育发展

成人教育是面向学校教育之后所有社会成员的继续教育活动,体现了终生教育的理念,不同于传统形式的学校教育。为促进人的全面发展,挖掘人力资源优势,要大力发展成人教育,其形式可以多种多样,如学历教育、非学历教育、职业培训、技能培训、老年教育、社区教育等。成人教育和继续教育的发展,有助于全民学习、终生学习的学习型社会的形成,有助于推动我国社会经济文化的全面发展。为规范和推进成人教育的发展,国家陆续出台和颁布了《中国教育改革和发展纲要》、《中华人民共和国职业教育法》、《中华人民共和国民办教育促进法》、《2003—2010 年全国农民工培训规划》等法律法规。在《国家中长期教育改革和发展规划纲要(2010—2020 年)》中,明确要求要建立健全继续教育体制,加快发展继续教育。

与传统正规的学校教育相比,成人教育灵活多样。成人教育面向对象多样,不限年龄段,采用形式多样,学历型、非学历型、培训型、社区型都可以。在成人教育中,农民工教育是极为重要的一环,占有重要地位。"农民工"是我国社会经济转型期一个特殊的概念,是由农业型社会走向工业型社会的过渡性群体,是指户籍身份还是农民、有承包土地,但主要从事非农产业,基本脱离传统农业生产活动,而以工资为主要收入来源的人员。

我国人口比重中有很大一部分是农民工,农民工教育的发展在很大程度上决定了我国社会经济发展的效益和程度,农民工教育在我国社会教育中占有战略地位。根据《第二次全国农业普查主要数据公报(第 5 号)》,2006 年农村外出从业劳动力 13181 万人。外出从业劳动力中,文盲占 1.2%;小学文化程度占 18.7%;初中文化程度占 70.1%;高中文化程度占 8.7%。农民工以中小学历的青壮年为主,文化水平相对偏低。到 2010 年,我国进城务工农民有 1.5 亿左右,其中以 80 后、90 后为主,占 60% 多。他们比以往的农民工受教育程度要高,职业期望值高,物质和精神享受要求高,并且向往城市生活,被称为"新生代农民工"。

　　长期以来,我国社会经济的发展享受着人口红利,随着改革的深入发展,我们要转变思路,提高人口素质,要变依靠低阶段的人口红利为高阶段的依靠人力资源的提升为主。农民工教育既有内源性的需求,又有外生性的需求。一方面农民工希望通过实用性技能培训和教育培养,提高自己的从业水平,进而改善自己的收入,融入城市生活;另一方面,城镇化建设进程的加快催生了对农民工教育培训的现实紧迫性和外生性的需求。加快农民工教育,已经刻不容缓。目前,我国农民工教育还滞后于社会经济发展水平,这严重影响了我国社会经济的健康发展。政府公共机构针对农民工提供的培训还不足,尚未覆盖到进城民工,且国家职业培训政策滞后,培训机构多数以职业学校为主。企业方面,难以独担农民工的培训任务,培训内容多为企业内部的纪律规范教育,而专业技能培训比较薄弱。一些营利性的民办专业培训机构,收费超出农民工可承受范围,经济因素为成为制约农民工培养的门槛。就培训内容来说,无论是职业学校教育,还是政府举办的技能培训,其内容与快速发展的社会需求相脱节的现象突出,忽视文化教育。

　　县级区域可以说是我国农民工的主要输出地。当然,经济发展水平比较高的县也是农民工的输入地。作为一个具有特殊地位的县级政府,在农民工的教育培训当中可以发挥重要作用,推动当地社会经济与教育的协调发展。首先,县级政府可以发挥职业教育的优势,把文化教育与职业技术教育、职前教育与职后教育有机地结合起来。政府主办一些针对农民工的公共教育培训机构,面向市场,设计针对社会需求的培训内容,包括基本法律法规培训、职业技能培训、安全知识培训、文化知识培训和道德伦理培训。培训对象是县域内二、三产业就业的农村劳动力,既包括本县域内的农民工,也包括区域间流动的农民工,针对不同年龄段的农民工设计不同的培训内容和教育模式,满足不同需求,体现教育培训的层次性、立体性。在教育资源上,可以整合义务教育、成人教育、社区教育的机制和成本资源。在培训形式上,可以把营利性民办培训机构、用工企业与政府举办的公共培训教育机构有机地结合起来,出台相应法律法规,对农民工教育进行规范和政策引导。积极构建有效的教育培训网络,在一些地理位置优越、交通便利、设备师资力量较好的培训机构和职业学校,设置定点培训基地,充分利用已有的教育资源,发挥社区在教育培训网络中的作用。利用信息化带动教育的现代化,针对农民工的需求设置一些教育培训的网络平台。鼓励农民工进行学历教育,提升自己的知识水平和教育水平。比如,江苏省苏州木渎镇的"五三"培训模式就值得借鉴,通过农民工思想道德教育、成人学历教育、专业技术教育、就业创业教育、融入城市教育,构建农民工参加学历教育的平台,构建人性化的成人师生管理模式,构建数字化学员交流学习平台。为加强落实,推进教育与社会经济的协调发展,要把成人教育,特别是农民工教育纳入县级政府教育政绩评价体系,加强对农民工教育的督导工作。

发展农民工职业教育,是缓解我国劳动力供求结构矛盾的关键环节。总之,通过政府的统筹规划,调动企业、培训机构和社区办学培训的积极性,依据社会经济需求和农民工自身需要,改善教育培训内容,不断推进成人教育发展,增强我国社会经济发展的后劲,实现教育与社会经济的和谐进步。

第三章　县级政府教育政绩评价的
理论依据、法律与政策
基础和测量工具

　　任何一种实践的创新和尝试都不可能凭空产生,它需要有理论上的构思和制度上的约束。我们在进行教育政绩评价的实践和研究上,仍然要遵循这一规律。从宏观上来讲,对县级政府的教育政绩进行评价是有其理论依据和法律基础的。在理论上,我们需要综合运用多学科的知识,从各种维度进行解析。这其中涉及哲学、政治学、经济学、管理学和统计学等相关领域的基本理论问题。本章将就教育政绩评价所主要依据的量化理论、比较理论、成本理论和效益理论展开分析。在法律上,我们既需要从国家颁布的相关法律条文中找出依据,又需要遵循政府制定的相关政策和指导文件,这些是进行教育政绩评价的基础性问题。

　　构建一个科学、合理的指标体系是我们对县级教育政绩进行评价的系统测量工具。这种评价指标体系之所以能够预设,是由其工具特性所决定的。它可以把评价对象通过分解、加权进行量化处理,使之具有比较意义,这也是进行教育政绩评价所必须依赖的工具。评价指标体系不仅可以作为一种方法和技术手段,通过调查研究来对县级教育政绩进行评价和测量,而且它还具有科学引导的功能。它将会对教育职能部门履行教育职责、保障教育优先发展地位具有指导意义,同时也是深化教育改革、推进素质教育、实现教育公平等内容的重要参照系。

第一节　理论依据

　　根据一般工具书上的解释,理论就是人们由实践概括出来的关于自然界和社会的知识的有系统的结论。从唯物辩证法来讲,理论就是对实践的一种总结和概括,而实践又需要理论来进行指导和引领。对县级政府教育政绩的评价是一种实践活动,这种实践也是有其学理依据和理论支撑的。

一、量化理论

量化(measurization),是指根据明确的目标或具体的任务,将一些物质层面上的东西的数量、规模等进行清晰地度量和定量的分析,从而得出定性的结论。在教育研究领域中广泛采用量化理论是在 20 世纪中后期,在自然科学方法论和科学实证主义哲学观的作用下,教育量化研究范式得以形成。在当前进行教育政绩评价的过程中,仍然需要量化研究理论的宏观指引。

(一)理论实质

中国古代思想家老子曾经说过:"天下难事,必做于易;天下大事,必做于细。"强调任何事物都可以进行细微化处理。西方哲学家桑代克也有一句名言:"所有的存在都表现为一定的数量"[1],强调对信息的定量处理的重要性。当代思想家杨国荣也谈到:"科学既是知识合理性的评判标准,又是知识合法性的衡量尺度,惟有进入科学之域,知识才有合理性并获得合法性。"[2]从这些古今中外哲人们的言论中我们可以看到,量化的实质就是采用统计和数理的方法来分析和研究问题。

量化是对事物属性进行一种数量上的分析,它赋予研究对象一种纯形式化的符号来反映事物的特征,最终来判定事物的性质和变化。具体来讲,量化研究就是应用量化分析理论,对收集到的各种数据进行统计分析和处理,以开展研究的基本方法。量化研究一般采用把研究对象分解为各种指标的办法,并将其数量化和数字化,再通过引用一定的数学方法,用数据的变化来判断诸因素的关联,抽取并推导出对某些特定问题的具有参考价值和应用意义的数据,最后用数值来表示分析研究的结果。这种量化分析理论,实质上就是要构建一种科学合理的研究范式。

---

① 徐继存、赵冒柱编:《现代教学论基础》,北京大学出版社 2008 年版,第291页。
② 杨国荣:《科学的形上之维——中国近代科学主义的形成与衍化》,上海人民出版社 1999 年版,第6页。

（二）理论来源

量化的理论来源主要就是实证主义。从某种意义上来讲，量化研究体现了实证主义的要求。① 实证主义是一种哲学概念，"实证"的含义主要是"精确地"、"确定的"意思，本意是推崇自然科学的数量化知识。实证主义哲学的创始人是法国哲学家和社会学家奥古斯特·孔德（Auguste Comte，1798—1857），产生的时间是在 19 世纪三四十年代。作为一个出生于巴黎市民社会的市井哲学家，孔德不喜欢发表一些玄之又玄的哲学议论，而是从社会实际的生活出发来提出解决实用问题的哲学理论。在研究了笛卡儿、休谟等哲人的思想后，孔德提出了以被观察的事实为基础的实证主义。他主张实证精神和以此为基础的实证方法，并提倡这种唯科学主义，将其作为一切自然科学和社会科学的指导精神与基本方法。

孔德指出，任何知识形态都经历了三个发展阶段：一是借助于超自然的力量解释万物本性的神学阶段；二是以抽象的概念代替超自然力量的形而上学阶段；三是通过观察与实验发现现象之间因果关系的实证阶段。就第三个阶段而言，知识是以系统的观察与实验作为基础，其表述方式是数量化的，这有点类似于表示函数关系的数学公式。这种实证的量化模式不仅适用于自然科学，同样也适用于社会现象的研究。所以孔德的实证主义哲学的基本理念是认为自然科学与社会科学并无根本区别，对于科学有用的认识是建立在对可观察世界的感觉经验基础之上的。他力图扭转以往将社会科学与自然科学对立的状态，而将其作为自然科学的发展和继续，成为整个实证科学体系中的一个科学分支。

概括来讲，实证主义的主要思想内容包括以下几点：一是社会科学和自然科学都具有揭示那些有助于预测和控制的定律的研究目标，因此都应该遵循同样的客观和量化的方法路线；二是一切科学中的知识都是通过感官进行系统的观察获得的，对于观点取舍的唯一标准是看其是不是和事实或者说实验数据资料相一致；三是事实或经验数据资料是不带理论性的，是不受道德或政治的、种族或文化的偏见的影响的，它们是能用

---

① Michell J . *The Quantitative Imperative :Positivism , Real ism und the Place of Qualitative Methods in Psychology*. Theory & Psychology , 2003,13(1):5 – 31.

不含任何理论假设或预设的语言加以描述的;四是大样本的使用可以产生具有代表性的结论,在样本足够大的基础上可以忽略个别的、特殊的案例,所得到的定律具有广泛的适用性;五是科学的目的是建立普遍法则或一些概念,概念的定义应以实验的数据为基础,一旦这样的真理成立,它们就会生成新的假设,待进一步的观察研究验证;六是科学研究不涉及价值方向,因此对于政治、社会或道德问题采取中立立场。

(三)理论特点

量化作为一种理论有其自身的特点,这与其他理论是有一定区别的。从量化研究的内涵上来概括它的特点,可以归纳为以下三个层次:首先,研究对象的可统计性。由于量化研究是借助于数学的研究方法,因此研究对象必须先转化为可以运算的数据,以便进一步的分析。其次,操作程序的固定化。量化研究的每一种具体方法都有它固定的具体操作程序。如数学建模法,要求在统计和测量的基础上建立主因素变化的数学模型,然后通过数学模型的运作把现实事物的变化反映出来。再次,研究结果的客观性。强调从经验事实出发,对研究对象进行变量分析,通过变量分析获得对客观事物的认识,依靠事实证实研究结果。①

在以上三个层次的基础上,我们还可以提炼出量化的基本理论特点:一是科学性。量化可以使研究过程尽量不受研究者主观因素的影响,因此具有很强的客观性和科学性。并且由于其研究方法具有具体、明确的操作程序,结果的检验有具体的检测手段和系统的评估标准,所以基本能够保证研究操作和结果的可重复性和科学性。二是系统性。量化可以适用于宏观的研究,便于对研究对象进行量化的因果分析和相关分析,发现趋势性的因果规律和相关规律。并且对研究结果可作概念上的推断演绎,只要测量尺度、数据类型符合数学模型的要求,所作出的推断就是正确的、有代表性的、可推广的。另外,量化还可以展开对个体行为的研究,从而通过个体的行为变化来判断整体的特质。三是完整性。量化可以关注细节,进行全面研究。一般来讲,研究对象往往具有多变性,这使得研究过程不太容易把握。但是使用量化的研究方法,可以减少研究过程和

---

① 张伟香:《量化研究——一笔不可缺少的教研资源》,《教学研究》2008 年第 1 期。

研究工作因存在不一致而给研究结果带来的影响。同时,量化研究还可以证实或证伪已形成的理论假设,并不断地修改和完善已有的理论假设。

（四）理论方法

任何理论的实践都要具备一定的方法。量化研究中也包括若干联系密切的操作步骤,各步骤具有不同的任务。实现量化研究的基本方法,就是根据操作步骤开展研究过程,并且始终以审慎的态度对待其中的每个环节。具体来讲,量化的理论方法由以下几个步骤组成:

1. 制订研究目标

研究目标是指研究者从事某项研究之前,必须确定下来所要达到的境地、要实现的愿望和将得到的结果。在确定具体的研究目标时,先要了解制订研究目标的依据,也就是要确定研究目标的原因和理由。主要依据三个方面:一是依据研究假设;二是依据研究问题的困难程度;三是依据研究条件和环境。对这三个方面进行统筹兼顾和综合考虑以后,就可以制定出一项合适的研究目标。

2. 选取研究对象

研究对象是指被研究的单位或个人,这是量化研究过程中的一个重要环节,其基本原则是能够代表总体。在选取研究对象时,要完成三个步骤:一要明确规定总体;二要选定抽样方法;三要确定样本容量。

3. 分析研究变量

变量是指与研究问题有关而且是可以进行操作或测评的可变因素或条件,一般被广泛应用的变量有自变量和因变量。具体来讲,自变量是在实验中由研究者操纵的、对被试的反应产生影响的变量。因变量又叫反应变量,它是由自变量而引起的被试的某种特定反应,因变量具有可变性、可测评性和外依性的特征。此外,有机变量、中间变量和控制变量等也有可能在量化研究中被涉及。

4. 开发测量工具

测量工具的形式多种多样,在量化研究中使用最多的测量工具是问卷,常用的就是李克特量表。该类型量表是由一组与主题相关的问题或陈述组成,用来表明被调查者对某一事物的看法、态度、评价或意向。在实际应用中通常采用五级量表形式,即对量表中每一题目均给出表示态度积极程度等级的五种备选评语答案(如"很不同意"、"不同意"、"说不准"、"同意"、"非常同意"等),并用1—5分别为五种答案计分。将一份量表中各题得分累加后可得出总分,它基本反映出被调查者对一某事物或主题的综合态度。

5. 设计实验过程

实验设计是表现验证实验假设的具体行为,体现对研究内容、研究方法及研究过程的整体设想与综合处理。实验设计的具体过程就是研究者对自己应该如何选择研究对象,如何组织实验,如何操纵实验变量、控制无关变量、测定因变量,如何对结果进行统计分析,以及对实验的具体实施步骤等一系列至关重要的问题都进行具体思考,并在统筹兼顾、合理谋划之后作出恰当安排的过程。

6. 处理实验数据

数据又称观测值,是实验、测量、调查、观察等的结果,常以数量的形式给出。数据分析和处理的目的是把隐藏在一大批看来杂乱无章的数据中的信息集中、萃取和提炼出来,以找出研究对象的内在规律。

7. 获得研究结论

研究结论主要是对实验中观察、记录和测定的结果(各种数据、现象和事实)作出理论的分析和解释,从广度和深度两个方面来丰富和提高对实验结果的认识,这也是进行量化研究最后和最为重要的一步。阐述研究结论时,一方面要根据测量所取得的结果指出实验的研究假设是否成立;另一方面还应当就实验中出现的某些特殊现象提出自己的见解和看法。

综上所述,从实证主义哲学发源而来的量化理论体现了简化性和可操作性的特点,为科学研究和评估提供了理论依据。曾有理论研究者这样论述道:"科学计量学指标并不是要取代专家,而是为了能够对研究工作进行观察和评论,从而使专家能够掌握足够的信息,形成根据更充分的意见,并在更高的集成水平上更具权威性。"[1]这也就是说,我们对教育政绩进行评价是为了给决策者提供更科学、合理和简明的依据。因此,量化

---

① 沙红:《中国教育科研机构:产出与量化的比较研究》,《中国教育学刊》2003年第6期。

理论成为教育政绩评价的主要理论依据之一。

二、比较理论

常言说:"货比三家",这句话形象地运用了比较的理论,就是将同类的事物进行辨别异同或高下。而"不怕不识货,就怕货比货"这句话则形象地说明了比较的意义,通过比较可以为决策提供依据。我们对教育政绩进行评价也就是对教育系统内部的各组成部分进行比较和评估,从而得出合理的结果,以便为教育发展服务。因此,比较就成为构建县级政府教育政绩评价指标体系的理论依据之一。

(一)哲学基础

比较理论的哲学基础是唯物辩证法。列宁认为,唯物辩证法是最科学的理论。它是由唯物主义和辩证法有机结合而成,克服了唯心主义、形而上学和机械唯物主义的缺陷,其总特征是联系和发展。

客观事物是相互联系的。从哲学的高度看,事物之间的联系是无限多样的,同时事物又是相比较而存在、相对立而发展普遍联系着的。联系在空间上表现为不同事物相互依存,在时间上表现为同一事物先后相继。客观事物的这种普遍联系和区别使比较成了必然。

客观事物的发展和变化是共性和个性的结合,或者说是普遍性和特殊性的结合。共性或普遍性是指客观事物发展变化遵循的共同规律,可使人们比较不同对象,进行求同比较,得出关于对象的共性认识;个性或特殊性是指客观事物变化发展的多样性、独特性和特殊规律性,人们可以对同一对象不同发展时期或不同的对象进行求异比较,来认识对象的特殊规律。这和人类认识活动中的从个别到一般、在一般指导下认识个别的基本途径是一致的。这两个过程就是异中求同、同中求异的过程。因此,在这种认识过程中就必然要进行这样或那样的比较。

客观事物的发展是不平衡的。这种不平衡表现为在发展速度上有迅速和缓慢之分,在发展的过程和联系上有充分与不充分的区别。这种不平衡性就成为比较的实际前提。[1] 总之,正是事物及其发展的异同性为

---

[1] 吴岱明:《科学研究方法学》,湖南人民出版社1987年版,第298页。

进行比较提供了依据。有比较才有鉴别，离开比较，我们就无法认识事物之间的不同性质和不同的表现形式。

（二）基本原则

比较作为认识事物的思维方法，在运用中必须遵循一定的原则，才能得出正确的结论。一般来讲，比较时要坚持可比性原则、同一性原则，还要注意进行全方位和多层次的系统比较，具体操作时还应注意比较的效度和信度原则。

1. 确定有无可比性，明确比较的目标

这是科学运用比较方法的前提。所谓可比性，指的是在被比较的事务中存在基本的相同点，能够用统一标准进行衡量，因而比较是有意义的。反之，则它们之间不具有可比性，就不能加以比较。中国先秦时期的著述《墨经》中就提到这个道理："异类不吡。说在量。"就是讲，异类之间没有基本共同点，所以不能用同一标准衡量，也就不能相比。

运用比较方法必须考虑比较对象的基础、起点和发展过程中是否有不可比性因素，否则将会发生错误。一般来说，不同事物之间相同点越多、不可比因素越少，则它们的可比性越大，比较的可靠性也就越高。因此，如果比较对象是可选择的，那就应该选择可比性较大的对象进行比较。

2. 同一关系原则

所谓同一关系是指，运用比较方法必须遵循同一的、科学的标准。如果标准不统一，则无法进行比较，硬去比较也不能得出客观的结论。如果标准不科学、不合理，也不能得出正确的结论。列宁曾经说过："任何比较只是拿所比较的事物或概念的一个方面或几个方面来相比，而暂时地和有条件地撇开其他方面。"[1]在事物的优劣比较中，选取哪些方面、以什么标准来比较是十分重要的问题。

3. 对事物要进行全方位、多层次的系统比较

比较时将研究的两个对象视为两个系统，要对系统的要素、结构、维度、功能、外部的影响因素等进行全面比较。既要对这几个方面作求同比

---

① 《列宁全集》第 8 卷，人民出版社 1985 年版，第 423 页。

较,又要作求异比较。既要有横向的比较,又要有纵向的比较。最终通过分析、综合得出这两个系统产生、形成和发展规律的异同。通过研究可以发现,同一个对象或同一个系统往往有不同的维度,而不同维度中的结构、要素、功能和环境又会截然不同。当然,各维度之间不可能是截然分离的,而是有着紧密相连关系的。可能不是所有系统的维度都十分明确,但是对维度的关注和考察肯定有利于我们更好地认识对象。虽然有时我们不能全面而系统地认识和比较两个系统,但是这种全面、系统的观点会使实践中少犯错误。

4. 比较的效度和信度原则

所作的比较和所要说明问题之间是否有必然的联系,这就是比较的效度和信度问题。虽然效度和信度常常用在定量研究中,但是它也可以更好地说明比较研究结果的可靠性。"在一般的用法里,效度是指实证测量在多大程度上反映了概念的真实含义。"[1]所以说,比较的效度就是指所作的比较在多大程度上反映了所要说明的问题。它的基本要求是:观察单位与比较对象要相匹配,要有代表性、典型性,能够涵盖和反映对象;观察单位要与对象的内在结构相关;所比较系统维度和单位与要说明、证明的问题具有因果关系或者逻辑关系。所谓信度,是指在社会调查研究中获得数据资料的可靠程度。"信度是指使用相同的研究技术重复测量同一个对象时,得到相同研究结果的可能性。"[2]同样的道理,比较研究的信度就是指比较研究所运用的数据资料的真实性和可靠性程度。为了确保比较研究的信度,就应该在收集资料上下足工夫。进行比较研究应该与文献搜集法紧密结合起来。

(三)比较方法

比较方法是一种相对完整的科学方法。在具体的执行和运用中要按照几个步骤来完成。

1. 要明确比较的任务与对象

明确比较任务就是要确定达到什么目的,也就是为什么比较和比较

---

① 艾尔·巴比:《社会研究方法》,华夏出版社 2000 年版,第 172 页。
② 艾尔·巴比:《社会研究方法》,华夏出版社 2000 年版,第 168 页。

什么的问题。比较的结果无非是明确什么、澄清什么、支持什么、肯定什么、有什么异同等。明确比较对象就是明确比较的主题,使比较目标能够明确而集中,并能紧凑而对口径地进行。

2. 要确立比较框架

科学的比较方法必须依据一定的比较框架才能进行。国际著名的比较管理学者欧内斯特·戴尔就认为,要使组织的比较研究有用,就必须满足一些要求,其中一个重要的要求便是建立一个概念框架。[①] 比较框架涉及要比较什么。在现代研究中,一些学者认为应该用系统分析方法和历史分析方法来建构比较框架。[②] 由于各种事物、对象或系统的存在和发展都是受其内外部因素及机制影响的,因此比较框架的建构就是事物、对象或系统的内外部因素及其相互作用的机制。比较框架一般包括三个方面:一是组织的内在结构,包括组织运作的内在机制;二是组织的社会关系,他们之间的相互作用也是推动组织发展的重要方面;三是组织的一般环境因素,因为组织深受环境因素的影响。

3. 要选择案例与搜集证据

比较研究常常从一组特殊的案例开始,这组案例具备清晰的空间和时间界限,并且相互之间具有可比性。在研究过程中,要对所选案例属于同一范畴的程度进行评估,使其具有可比性。对案例深入研究,还有可能进一步完善比较框架。然后要分门别类地搜集证据。这个阶段还需根据证据中的发现来调整原先所设定的比较框架、问题或焦点。比较研究者在汇集证据时要注意:一是证据及其浮现的研究问题与所要研究的问题是否一致,是否足以支持所要研究的问题;二是这些证据的正确性,重新构建过去历史时,所有的文献并不是同样有价值。随着研究焦点的转变,原本无关的证据会变成有关。有的证据可能引出新的调查路线,使研究者寻找额外的肯定证据。好的证据能使研究者发现隐性的概念架构、特殊的细节以及经验通则。[③]

① 欧内斯特·戴尔:《伟大的组织者》,中国社会科学出版社 1997 年版,第 18 页。

② 王革、吴练达:《比较方法研究》,《韶关学院学报》2004 年第 1 期。

③ Ragin, Charles. *Constructing Social Research*: *The Unity and Diversity of Method*. Northwestern University, Pine Forge, Thousand Oaks, 1994. 155 – 160.

4. 要建立比较标准

比较标准是比较的依据和基础。标准的建立一要有可比性,二要与对象的本质相关,既要具有典型性、代表性,还要明确、具体和稳定。因为系统的比较要求对象的内在结构和外部影响关系都进行比较,因此比较对象的概念化结果就是形成复杂的指标体系。对每一个指标的比较都有一个标准。由于比较框架中的内容一般包括多项,因此就要进行多次比较。其中每一次比较都因为比较单位的不同使得比较的标准也都不同,有的还要做多重、多次的比较。

5. 要具体进行比较,并得出比较结果

确立比较标准后,就可以搜集相关的对口径的资料,然后将其排列在一起。若进行定量比较,还要注意数据的精确性和准确性。对于不同对象和性质的比较,其结果的处理可能也不一样。有些比较,只要结果出来就意味着任务的完成。但是有些比较出来结果后,还需要做进一步的分析和综合,并探索异同产生的原因。不应为了比较而比较,只有分析可资借鉴的方法以及应该吸取的教训,才是有意义的比较。

(四)理论意义

比较无论是作为一种逻辑思维方法,还是一种具体的研究方法,其运用都是非常广泛的。对于比较来说,其理论意义也是多方面的。

第一,运用比较,可以在搜集文献与资料的过程中对材料进行定性鉴别,从而能找出准确和重要的资料。另外,在科研中也可以运用比较对实验、观察和调查结果进行定性或定量分析。对于理论研究的结果与观察和实验的事实之间可以作出是否一致的明确判断。

第二,比较可以追溯事物发展的历史渊源和确定事物发展的历史顺序。这可以称之为历史比较的方法。在自然科学研究中,运用历史比较方法可以从空间上同时并存的事物研究入手,来认识时间上先后相继的事物的变化,并可以由能够观察到的现象推知无法观察到的过程。对于历史科学研究的三项任务(恢复历史本来面目;总结历史经验;探求历史规律)来讲,比较方法是完成其研究任务的必不可少的一个方法。

第三,比较方法是科学研究中一种必不可少的逻辑方法,而且也是认识形成过程中的重要环节。就逻辑方法而言,比较方法不仅是类比、分类等逻辑方法的基础,而且在分析、综合等逻辑方法中也离不开它的运用。人类的认识有两个基本方法:归纳法和演绎法。归纳法是从对个别认识得出通则,其中少不了运用比较方法。演绎法是从一般到个别,也就是将一般通则或规律与个别进行比较、分析、综合,来看其与一般是否相符,同样离不开比较方法。

综上所述,比较的实质就是人们以唯物辩证法为指导原则所进行的一种主观能动活动。黑格尔曾说:"自然所表现给我们的是个别形态和个别现象的无限量的杂多体,我们有在此杂多中寻求统一的要求。因此,我们加以比较研究,力求认识每一事物的普遍。个体生灭无常,而类则是其中持续存在的东西。"①这一思想阐明了比较活动的出发点,就是通过对客观事物本身的比较来探求事物的本质规律。我们对县级政府的教育政绩进行评价,就是运用比较的理论,构建指标评价体系,从而得出研究规律,为认识和发展教育活动来服务。

三、成本理论

对于成本,人们的一般理解都是产品生产中所消耗的物化劳动和活劳动中的必要劳动部分。也有人从会计学上讲,成本是指为生产产品而消耗的各项支出。现在,人们常常将成本理论引入到教育学界,进行教育成本方面的研究。对于县级政府教育政绩评价的研究来讲,教育成本的研究是其中的重要组成部分,成本理论也是必需的理论依据。

(一)马克思关于成本理论的经典论述

成本作为一个经济范畴,它的出现较早,伴随着商品经济的发展而又不断地改变其表现形式,但是人们对它的经济实质的把握始终含糊不清。直到19世纪,马克思对资本主义经济的最小细胞——商品做了细致入微的解剖,科学地将资本划分为可变资本和不变资本,牢固地确立了劳动价值论的科学基础,才从根本上阐明了资本增殖的原因,又科学地揭示出成本的经济实质。马克思在其巨著《资本论》中这样写道:

按照资本主义生产方式生产的每一个商品 W 的价值,用公式来表示

---

① 黑格尔:《小逻辑》,商务印书馆1980年版,第75页。

是 $W = c + v + m$。如果从这个产品价值中减去剩余价值 m，那么在商品中剩下的，只是一个在生产要素上耗费去的资本价值 $c + v$ 的等价物或补偿价值。……商品价值的这个部分，即补偿所消耗的生产资料价格和所使用的劳动力价格的部分，只是补偿商品使资本家自身耗费的东西，所以对资本家来说，这就是商品的成本价格。

马克思接着还指出："商品使资本家耗费的东西和商品的生产本身已耗费的东西，无疑是两个完全不同的量。""商品的成本价格必然表现为商品本身的实际费用。""商品的成本价格必须不断买回在商品生产上耗费的各种生产要素。"①

可以说，马克思的成本理论是用理论语言对客观经济过程所决定的成本范畴及其运动进行的科学描述，其确定的"理论成本"范畴与实际形成的范畴应是同一客体。现实成本的形成不是由人们的主观意志所决定的，而是受科学的"理论成本"所制约。我们要全面理解马克思的成本理论需要从以下方面入手：

首先，马克思所研究的是一般抽象的成本概念，而不是各种具体的特殊成本概念。他所表述的成本概念具有耗费与补偿两个方面，从某种意义上讲，成本就是耗费与补偿的统一体。任何只强调其中一个方面都是不完整和片面的，都会导致理论研究和实际工作的混乱。

其次，从耗费的角度看，成本是商品在生产中所耗费的 $c + v$ 部分，就是指所消耗的物化劳动和活劳动中的必要劳动部分，这是成本的基本经济内涵。再从补偿的角度看，成本是补偿商品在生产中所消耗的生产资料价格和所使用的劳动力价格的部分，这是成本的最直接的表现形式，就是成本价格。作为耗费的 $c + v$ 部分的衡量，应该以社会平均必要劳动时间为尺度，而不是以个别劳动的耗费为尺度。所以说，耗费尺度具有社会性的特征。作为补偿的成本价格的衡量，应该以个别劳动的耗费为尺度，而不是以社会平均必要劳动时间为尺度。所以说，补偿尺度具有个体性的特征。

再次，由于成本的耗费主要是在生产过程中发生的，而生产过程必然

---

① 《资本论》第3卷，人民出版社1972年版，第30—31页。

是在个别的具体的企业中进行,从而成本的耗费往往直接表现出个体性的特征,并且掩盖其本质的社会性特征。由于成本的补偿是在分配流通领域中进行的,而分配交换必然要求与外界发生联系,从而成本的补偿直接表现出社会性的特征,并且掩盖其本质的个体性特征。由于耗费尺度具有社会性的本质特征,对其衡量需以得到社会承认为前提。由于补偿尺度具有个体性的本质特征,对其衡量需以企业再生产的顺利进行为前提。

(二)其他论述

马歇尔在《经济学原理》一书中,使用了实际成本和货币成本的概念:"直接和间接用于生产商品的不同劳作,和节约或储蓄商品生产中所用资本所需要的等待,所有这些劳作和牺牲加在一起,就叫做商品生产的实际成本,对这些劳作和牺牲所必须付出的货币额叫做商品生产的货币成本,或叫做商品的生产费用。"①

另外,在现代经济学中也有机会成本的概念。萨缪尔森认为,正常的所刚好补偿的"完全竞争条件下的最低成本",不仅包括厂商所耗费的外购生产要素的价格,而且还包括厂商本身所拥有的生产要素的价格——"内在成本"。如企业所有者自己劳动的报酬、自己的土地地租、自有的资本利息、自有的房屋租金等。他指出:"某些最重要的成本来源于做这一件事而牺牲的机会。""因此,完全竞争条件下的成本必然涉及机会成本。后者是一个重要的概念,它所涉及的范围远远大于内在成本的概念。"②

(三)教育成本

将成本理论运用到教育学的研究领域,就出现了教育成本的概念。按照教育经济学的观点,成本是指生产过程中实际消耗的人、财、物的费用。教育成本就可以看成是在教育活动中为培养学生所耗费的物化劳动和活劳动的价值总和。

就教育成本概念的产生来讲,它是西方经济学家试图把经济学中的

---

① 马歇尔:《经济学原理》,商务印书馆 1979 年版,第 166 页。
② 萨缪尔森:《经济学》,商务印书馆 1979 年版,第 12 页。

成本应用到教育领域的产物,是随着教育经济学研究的深入发展而提出的。教育成本概念在 20 世纪 50 年代末 60 年代初教育经济学产生时就出现了。最早提出"教育成本"一词的是英国著名的经济学家约翰·维泽(John Vaizey),1958 年他出版了《教育成本》一书,但是书中并没有明确给出教育成本的定义,而是把教育经费看作了教育成本。到了 1962 年,他在《教育经济学》一书中对教育成本概念的内容进行了扩展,指出不仅要计量教育的直接成本,而且要计量教育的间接成本。美国著名经济学家舒尔茨(Schulte)在其 1963 年出版的《教育的经济价值》中,对教育成本的含义做了经典的阐述。他认为,"学校可以视为专门'生产'学历的厂家,教育机构(包括各种学校在内)可以视为一种工业部门"①。他将教育的全部要素成本分为两部分:一是提供教育服务的成本;二是学生上学时间的机会成本。第一部分成本中包括教师、图书馆工作人员、学校管理人员的服务成本,维持学校运行耗费的要素成本,以及房屋、土地等的折旧、陈废及利息成本。但是不能包括与教育服务无关的附属活动的成本,如学生住宿、食堂、运动队活动等项成本,也不包括向学生提供的奖学金、补助等"转移支付"性质的支出。第二部分成本可用学生上学而放弃的收入来衡量。

随后,科恩(Cohn)在《教育经济学》一书中提出教育成本可分为两大类:直接成本和间接成本。直接成本主要是学校提供教育服务的成本,但也有一部分是学生因上学而发生的支出,如额外的食宿费、服装费、往返于家庭与学校之间的交通费,以及书费、运动器械等学校用品费用。间接成本主要有学生上学放弃的收入:学校享受的税款减免,用于教育的建筑物、土地等资产损失的收入(利息或租金)。另外,台湾省盖浙生将教育活动视为一种教育服务,他认为教育成本是学生在学校接受教育期间,所支付的直接与间接教育费用。而王善迈则认为教育成本是用于培养学生所耗费的教育资源的价值,或者说是以货币形态表现的、用于培养学生、由社会和受教育者个人或家庭直接或间接支付的全部费用。

从以上所述的国内外学者对教育成本的阐述可以看出,教育经济学

---

① 　舒尔茨:《教育的经济价值》,吉林人民出版社 1982 年版,第 42 页。

界对教育成本的含义形成了基本相同的共识,教育成本的本质是教育活动所耗费的资源价值,它既包括以货币支出的教育资源,也包括因资源用于教育而造成的价值损失。前者为实支成本或货币成本,后者为机会成本或间接成本。

(四)教育成本核算原则与计量方法

对于教育成本的内涵基本达成共识后,就需要在实践中运用其进行核算。我们在进行县级政府教育政绩评价的研究中,也需要运用教育成本的相关理论原则和方法进行测量。

1. 教育成本核算原则

教育成本核算的原则是实行教育成本核算应该遵循的基本行为规范,也是指导会计人员进行成本核算的基本准则。教育成本核算一般应按照非营利组织会计准则确定的会计原则进行。一般来讲,主要应该遵循以下原则:

一是可靠性原则。主要是指衡量会计记录和会计报告是否真实可靠、内容完整的一项重要原则。

二是相关性原则。主要是指在进行学校教育成本核算过程中,要根据教育成本信息使用者的决策要求,提供相关的成本信息。

三是一致性原则。主要是指教育成本核算所采用的方法前后各期必须一致,以使各期的教育成本信息相互可比。

四是历史成本原则。这就要求学校在核算教育资源的消耗时,应根据取得该资源时的价值为基础,采用一定的方法记入教育成本中。根据该原则,学校不能自行调整资产的账面价值。

五是重要性原则。主要是指学校在教育成本核算过程中,成本核算模式和成本数据处理方法应根据经济业务的重要程度以及成本效益原则,分别采用不同的方式。对教育成本有重要影响的项目,要力求准确,并需要重点处理,其他项目则可以简化处理。

2. 教育成本计算方法

在对教育成本进行核算时,除了遵循以上所谈到的方法外,还应该掌握一定的分析手段,也就是常用的教育成本计算方法。从目前的研究现状来看,普遍采用的计量方法可以归纳为以下三类:

第一，统计调查法。是指利用现有的教育经费统计资料或抽样调查获得的资料，经过适当调整后获取教育成本数据的方法。在目前的教育成本研究中，所用的教育成本数据基本上是用这类方法得到的。它的最大优点是可以用低成本在短时间内得到大量教育成本数据，还可以利用过去的统计调查资料，建立数学模型（如教育成本函数），估计所需的特定时期、特定项目的教育成本。而且它还能通过经济统计资料，估算教育的机会成本。当然也存在一定的缺点，那就是得到的数据不够准确、不够系统、不能提供进行教育成本分析和优化资源配置的成本项目信息。作为统计指标的教育经费，包含一些不属于教育成本的内容，还缺少一些应该计入教育成本的项目。比如我国教育经费统计中的人员经费就包括了离退休人员经费等不应计入教育成本的经费，但是在职教职工工资中应包含的退休养老费、医疗费等应计入教育成本的数据却无法得到。

第二，会计核算法。是利用会计系统，通过设置、登记账簿，记录教育资源耗费来计算教育成本的方法。采用会计核算法计算教育成本的优点表现在：一是能够及时准确地核算各校教育成本，提供的成本资料令人信服；二是各校按照统一的会计核算法计算的成本具有可比性；三是这种方法核算成本简便。

第三，会计调整法。是指利用现有会计资料进行转换计算教育成本的方法。目前各学校都存在教育经费收支的会计记录。利用这些现存的会计记录，经过调整后可将教育经费支出数据转换成教育成本数据。由于学校存在着系统的会计记录，所以教育管理部门只要制定统一的调整规则，将计算转换教育成本并编制报送教育成本表作为学校的一项基础工作，就可以得到系统的教育成本数据。只要遵循成本计量原则，那么转换计算得到的教育成本数据的准确性就可以保证。

对于县级教育部门来说，必须遵循教育自身的特殊规律，认真进行教育成本的分析与核算，积极采取有效的措施，保证学校办学经费的投入。要注重提高教育的社会效益，全面提高学校的教育质量和办学水平。从研究意义上讲，进行教育成本的核算，就是为了信息使用者正确地利用成本信息，作出科学的决策。

四、效益理论

从某种角度来说,效益可以表述成一个具有整体意义的有效性概念。在教育领域,学校同其他组织、单位一样,通过管理活动使自身在一定时期内的工作产生某种结果。这种对社会产生具体的、有积极意义的结果,就是效益。因此,我们在对县级政府的教育政绩进行构建评价体系时,必须依据相关的效益理论。

(一)《资本论》中的经济效益理论

一般来讲,经济效益是指人们在经济实践活动中的劳动成果与劳动消耗的比例关系,或者说是产出的经济效果与消耗的资源总量的比例关系。经济效益的好坏表现在生产中占用或耗费一定量劳动,是否能生产出符合社会需要的较多数量和较好质量的产品,或者说生产符合社会需要的同样数量和质量的产品,是否能占用和耗费较少的劳动。经济效益的提高实质上反映的是节约劳动时间规律的要求。

马克思的巨著《资本论》在揭示资本主义商品经济运动特殊规律的同时,也揭示了商品经济运动的一般规律。《资本论》中所包含的经济理论十分丰富,其中关于效益理论的论述也有不少。在提高劳动生产率方面,马克思提出了衡量劳动生产率的标准。他认为:"劳动生产率的提高正是在于:活劳动的份额减少,过去劳动的份额增加,但结果是商品中包含的劳动总量减少。"[1]也即"加入商品的劳动总量的这种减少,好像是劳动生产率提高的主要标志……在生产者按照预定计划调节生产的社会中……劳动生产率也无条件地要按照这个标准来衡量"[2]。按照马克思的观点,劳动生产率的提高就是劳动时间的节约,就是投入最少、产出最大,劳动时间的节约就等于发展了生产力。劳动生产率的提高就是经济效益的提高,这是经济发展的客观趋势。马克思同时还论述了劳动生产率的变化对商品价值量的影响。他说:"商品的价值量与体现在商品中

---

① 《马克思恩格斯全集》第 25 卷,人民出版社 1974 年版,第 290 页。
② 《马克思恩格斯全集》第 25 卷,人民出版社 1974 年版,第 291 页。

的劳动的量成正比,与这一劳动的生产力成反比。"①劳动生产率与使用价值量成正比,马克思称之为"商品生产的一般规律"②。当个别企业率先采用先进技术提高劳动生产率时,其商品的个别价值就会低于社会价值,从而可获得超额利润,在竞争中就会立于不败之地。所以说,提高劳动生产率就意味着降低成本,提高经济效益。

价值规律是商品经济的基本规律,它既是如何决定商品价值的规律,又是如何实现商品价值的规律。关于商品价值的决定,马克思指出,生产商品所耗费的社会必要劳动时间,是决定单位商品价值量的内在尺度。因此,对商品生产者而言,社会必要劳动时间不仅表明某种使用价值所必须耗费的社会劳动量,而且也表明劳动耗费与劳动效果的比较,是衡量商品生产者经济效益高低的界限。如果某商品生产者的个别劳动耗费低于社会必要劳动耗费,则其经济效益就高,反之则其经济效益就低。如果个别劳动耗费等于社会必要劳动耗费,则经济效益为平均水平。价值规律在市场经济条件下,可以通过价格、供求、竞争机制的相互作用,来实现优胜劣汰,达到资源的优化配置。

马克思的资本周转理论指出:"生产剩余价值的,只是劳动过程中实际使用的资本。"③加快固定资本的周转,必会提高固定资本的利用率,这是提高经济效益的重要手段。固定资本的折旧费则可以将其用于扩大再生产,这可以"由从固定资本的本体分出来,以货币形式和它分离的价值再转化为追加的或效率更大的同一种固定资本而引起"④。这样就可以提高固定资本的使用效率。要加快流动资本的周转,必须缩短生产时间和流通时间。为了节约资本,就必须缩短资本周转时间。这样才能提高企业的资本利用效率,才能提高企业的微观经济效益。所以说加速资本周转,就可以创造或者实现更多的价值,加速资本周转也就等于节约劳动时间。节约劳动时间,"以及劳动时间在不同的生产部门之间的计划的分配,在共同生产的基础上仍然是首要的经济规律。这甚至在更加高得

①　《马克思恩格斯全集》第 23 卷,人民出版社 1972 年版,第 33—54 页。

②　《马克思恩格斯全集》第 24 卷,人民出版社 1973 年版,第 168 页。

③　《马克思恩格斯全集》第 24 卷,人民出版社 1973 年版,第 192 页。

④　《马克思恩格斯全集》第 46 卷,人民出版社 1980 年版,第 120 页。

多的程度上成为规律"①。

当然,马克思《资本论》中关于经济效益的理论远远不止以上的内容。比如还有通过实行规模经济来提高经济效益、重视人力资源的开发等。马克思在一百多年前完成的《资本论》,对于今天的经济效益理论的研究来说仍然意义重大。

(二)教育效益

20世纪50年代,随着教育经济学的崛起,教育效益的概念开始被逐渐使用。如何评价一项教育措施、一个教育工程、一场教育改革的效益,都是十分复杂的问题。教育的经济效益是指教育投入和产出的比。教育投入和直接产出的比,叫做教育的内部经济效益,其主要指培养人才的数量和质量,其中包括学校的布局和规模效益、教学设备的配置和使用效益、师生比和教育经费的使用效益等。教育投入和间接产出的比,叫做教育的外部经济效益。它是指受教育后,投入到生产劳动中去,把提高的劳动能力发挥出来,从而提高劳动生产率,创造出更多的物质财富,此时才表现出外部经济效益。在学校工作中,只有讲求经济效益,才能更全面地提高学校的管理水平。只有讲求社会效益,才能培养出更多的高质量人才。

教育效益是以价值为基础的。丰富多彩的教育活动背后有各种价值所支撑,主要包括使用价值、商品价值和人的价值。教育的使用价值是指教育满足人们的具体需要的功能。教育的商品价值是指人们在彼此交换使用价值的教育服务时,服务中凝结的社会抽象劳动。教育中人的价值与人的直接生命发展密切联系。从广义角度看,人的生命发展活动应该覆盖人的一切活动。从狭义角度看,它应该只是人的直接的生命发展活动。接受教育的活动,一方面是人通过接受教育去更好地改造和利用外物以创造生命发展条件的活动,因此从这个意义上说,接受教育的活动是间接的人的生命发展活动。另一方面,人从直接的生命发展出发,又可以统摄为改造外界的教育活动,应该包括在狭义的人的生命发展活动之中。教育效益所涉及的不同价值,反映出特定的关系。教育的使用价值反映

---

① 《马克思恩格斯全集》第24卷,人民出版社1973年版,第332页。

的是人的各种需求与教育功能的对应关系；商品价值反映的是人在教育实践中用抽象劳动换取使用价值的尺度关系；人的价值反映的是教育实践中人的直接生命发展对知识、能力的吸纳、融合、扩展，所形成的人的生存发展状态和规定性的关系。

教育活动中三种价值及其关系的实现的结果，就形成了教育的综合效益。从教育活动中旨在改造外界以创造和实现生存发展条件的活动与人的直接生命发展活动的相互作用过程来看教育效益，可以从两个不同向度来分析教育综合效益的整体结构。在教育效益体系中，教育的使用价值和商品价值是前提、基础，但是教育在创造和实现一定的使用价值和商品价值的基础上，确立和实现什么样的人的价值，存在着一个很大的可供选择的可能性的空间。即便在教育使用价值和商品价值实现程度差不多的情况下，也可建立不同的效益结构体系。这就说明，教育的效益结构体系，不单单是其使用价值、商品价值发展和实现的自然产物，同时也是历史的真正主体的人选择的结果。归根结底，一切教育活动都是"以人为本"的社会活动。它不仅是以人为中心、以人为基础的，而且是由人所创造的，由人所推动的。① 因此，鉴于教育的人为性与为人性，不仅是整个教育体系的建立和完善依赖于人，是由人的自觉的活动所创造的，而且教育效益结构体系也是以人为核心，是由人的相互关系的总和构成的。

（三）素质教育效益

近些年来，伴随着中国市场经济体制的建立和经济增长方式的转变，人们越来越感到现行的教育体制与经济和社会发展不适应，摆脱不掉就教育办教育的自我封闭模式，基础教育长期被单纯追求升学率行为所困扰。面对新的发展形势，教育价值观念必须要改变，基础教育必须从应试教育向素质教育转轨。只有发展素质教育，培养出各类人才，才能提高教育的经济效益、科技效益和社会效益。

素质教育追求的是长远的社会效益，其中既有物质方面的经济效益，又有精神方面的效益。既然教育被视为一种生产性投资，就必须讲经济效益，讲成本核算，要提高投入与产出的比率，提高教育质量，用最少的投

---

① 孙显元：《"以人为本"的社会结构观》，《安徽大学学报》2004 年第 1 期。

入获取最大的产出。素质教育的精神效益是提高人的民族使命感、社会责任感，提高人的道德修养、劳动效率、劳动自觉性，促使社会团结、安定，促进社会和谐发展。发展素质教育能全面改善和提高人的生活素质，让学生发展个性、激发潜能，不断充实和提高自己，从而为祖国现代化建设服务。素质教育注重学生的终身发展的效益性，强调给予学生的是其一生中最有价值的东西，发挥学生的主体能动作用，不断进取，发展个人能力，与社会融为一体，服务社会，成为国家栋梁之才。素质教育是一种长期行为，是治国兴国之本。所以要用超前的眼光看待素质教育，要搞好教育硬件和软件的建设。在人才的培养目标和教育内容的安排上，充分考虑未来科技发展的变化和经济发展的需要，要作出长远的战略打算，注重教育的长期效益。

长期以来，由于应试教育的存在，导致教育效益的低下。主要表现为教育领域的投入，即人力、物力、财力、时间等未产生有效益的现象。因此，要改变应试教育模式所造成的教育效益低下的状况，就必须转变观念，转变教育模式。把注重升学的办学模式转化为以社会发展需求为导向的素质教育模式，以素质教育的效益观来指导基础教育的办学，方可取得最佳效益。提高素质教育的效益性并非纸上谈兵，要从上而下具体落实到每个环节。只要素质教育价值观念深入民心，素质教育方法进入课堂，教育的效率和质量就会大大提高，教育也就会产生出巨大的社会效益和经济效益。

对于县级政府教育政绩的评价来讲，必须充分依据效益理论，理清其中的关系，才能抓到问题的实质。对于素质教育的效益问题，必将成为评价体系中的重要指标。只有如此，才能真正起到督导和指导的功效，才能实现教育发展和效益兼得的目标。

第二节　法律与政策基础

对县级政府的教育政绩进行评价，除了要依据相关的理论以外，还应该遵循基本的法律和政策法规。目前，我们国家正在努力构建社会主义法治社会，任何政策的制定和实施都必须依法行事。人们具体的生产和生活活动除了要遵循国家的基本法律以外,还应该执行相关的政策和法规。对于县级政府的教育政绩评价研究来讲,必须有相关的法律保障、政策支撑和文件指导。

一、法律保障

从概念上讲,法律是国家制定或认可的,由国家强制力保证实施的,以规定当事人权利和义务为内容的具有普遍约束力的社会规范。或者说法律就是人类在社会层次的规则,是社会上人与人之间关系的规范。法律以正义为存在的基础,以国家的强制力保证实施为手段。在县级政府教育政绩的评价中,必须做到有法可依。具体来讲,主要的法律依据包括以下几种:

(一)《中华人民共和国教育法》

1995 年 3 月 18 日,第八届全国人民代表大会第三次会议正式通过了《中华人民共和国教育法》(以下简称《教育法》),并自 1995 年 9 月 1 日起实施。它是总结新中国成立后我国教育改革和发展的经验和教训,并积极借鉴国外教育立法的经验而制定的。《教育法》是我国第一部教育的基本法,它的颁行对建立健全教育法律体系,落实教育优先发展的战略地位,引导和保障教育体制改革的深入进行具有重要作用。同时,它还标志着我国教育工作走上了依法治教的轨道,为维护教育主体的合法权益提供了法律依据和保障,对于促进我国教育事业的发展,对于社会主义现代化建设都具有重大的现实意义和历史意义。

作为依法治教的根本大法,《教育法》涉及面广,内容丰富。全文共分十章 84 条,对我们教育的性质和方针、教育基本制度、各类教育关系主体的法律地位和权利义务、教育与社会的关系、教育投入、教育对外交流与合作、法律责任都做了全面规定。

1.《教育法》保障了教育优先发展的战略地位

《教育法》第 4 条规定:"教育是社会主义现代化建设的基础,国家保障教育事业的优先发展。"这一规定,使教育的战略地位第一次通过国家意志的形式表现出来,对保证教育的优先发展产生了质的飞跃。它将克服由于领导人的改变及领导人的看法和注意力的改变而改变教育地位的弊端。这也是《教育法》立法的根本指导思想,也是教育改革和发展的首要问题。

2.《教育法》确立了教育方针

教育方针是指国家或政党在一定的历史时期,为达到一定的教育目标而确定的指导原则,是教育工作的发展方向和教育基本政策的总概括,也是教育工作总的指导思想。《教育法》第 5 条规定:"教育必须为社会主义现代化建设服务,必须与生产劳动相结合,培养德、智、体等方面全面发展的社会主义事业的建设者和接班人。"这一规定,使教育工作有了明确的方向,也使教育方针具有相对的稳定性,而且还使对教育方针的种种不同认识统一于法律基础之上。

3.《教育法》保证了教育投入

教育投入问题是教育的重点和难点问题。"教育投入与条件保障"作为第七章共 14 条,在《教育法》中占了六分之一的条文,是仅次于总则的一个重要部分。其中第 53 条第一次用法的形式,总结规定了我国的教育投资体制是"国家建立以财政拨款为主、其他多种渠道筹措教育经费为辅的体制"。第 54 和 55 条将教育经费中最重要的几项指标要求用法律的形式加以规定。包括国家财政性教育经费支出占国民生产总值的比例,以及占财政支出的比例,应当随着国民经济发展逐步提高。"各级人民政府教育财政拨款的增长应当高于财政经常性收入的增长,并使按在校学生人数平均的教育费用逐步增长,保证教师工资和学生人均公用经费逐步增长。"同时,《教育法》还就设立教育专项资金,征收教育费附加,开征地方教育附加费,鼓励发展校办产业,完善和规范教育集资,鼓励捐资助学,运用金融、信贷手段支持教育发展等方面作出了法律规定。这些方面的规定,在扩大教育经费来源的同时,也为教育投入提供了法律保证。这不仅表明了党和政府在解决教育投入问题上的决心,也意味着对教育投入方面的行为将以法律为准绳,即符合法律规定的行为将会受到法律的保护,而违反法律规定的行为将会受到法律的制裁。

4.《教育法》规范了教育的内外关系

《教育法》对学校的权利与义务、教育者与受教育者的权利与义务、教育与社会的关系、教育对外交流与合作等方面的问题作出了法律规定,并规定了违反者所应承担的法律责任。这些规定对于协调教育内外关系,保证教育的合法权益,科学管理教育提供了法律依据。所以从这个角度讲,《教育法》不仅是教育的大事,更是全社会的大事,它不仅要靠教育内部的努力来实现,更要靠全社会对教育的支持和共同努力来实现。

当然,随着社会形势的发展,《教育法》的有些内容也会作适时的调整。但是就其中有些方面的执行来说,还有很多不尽如人意的地方。比如在教育投入的增长方面,我们还有很多地方做得不够,需要依法加强保证政府投入的力度。① 因此,对于教育督导和评估的工作就显得十分必要。而且这也是在《教育法》中有明确规定的。《教育法》第 24 条规定:"国家实行教育督导制度和学校及其他教育机构教育评估制度。"所以,我们在对县级政府教育政绩评价时就有基本的法律依据做基础,同时还要根据《教育法》中相关内容的规定,对教育系统内部的各个环节运用指标体系进行评价。

(二)《中华人民共和国义务教育法》

我国第一部《中华人民共和国义务教育法》(以下简称《义务教育法》)于 1986 年 4 月 12 日由第六届全国人民代表大会第四次会议通过,并于 1986 年 7 月 1 日起施行。时隔 20 年后,新修订的《义务教育法》于 2006 年 6 月 29 日由第十届全国人民代表大会常务委员会第二十二次会议通过,并于 2006 年 9 月 1 日起施行。新修订的《义务教育法》由原来的 18 条 1800 字扩展为 8 章 63 条 7000 余字,规定更加详细,而且增强了可操作性。可以说,新《义务教育法》是我国教育事业发展中的一个里程碑,标志着我国义务教育进入了一个新的发展阶段,对全民族素质的提高以及国家未来发展都将产生重大而深远的影响。实施新的《义务教育法》对于保障公民接受义务教育权利,提高全民族素质,实现科教兴国和人才强国战略具有重大的现实意义,对于落实科学发展观、推进社会主义和谐社会建设和实现全国建设小康社会的目标也具有深远的历史意义。同时,对于县级政府教育政绩的评价来讲,提供了义务教育部分相关内容

---

① 王浒:《依法保证教育投入的增长——谈〈中华人民共和国教育法〉的执行》,《北京高等教育》1998 年第 2 期。

指标的法律依据。

1.《义务教育法》规定将教育均衡发展作为法律的基本原则

教育的均衡发展问题，本质上是一个教育平等理念的实践问题。促进义务教育的均衡发展作为一项基本原则体现在《义务教育法》之中，贯穿整部法律的始终。在整部法律的63个条文中，有21条是针对均衡发展的内容。包括调整教育资源的均衡分布，采取向农村及弱势群体倾斜分配包括教育经费在内的各种教育资源的政策；就我国普遍存在的择校问题，该法强制要求政府保障适龄儿童、少年能在户籍所在地学校就近入学；着重关注了特殊人群如流动人口子女、军人子女、困难家庭适龄儿童和少年、视力残疾、听力语言残疾和智力残疾的适龄儿童、少年、严重行为不良的适龄儿童、未成年犯和被采取强制教育措施的未成年人等的义务教育问题；要求建立统一的义务教育教师职务制度、完善农村教师工资经费的保障机制；针对地区不平衡问题而建立财政转移支付制度；法律还规定了对未能按照均衡分配教育资源、安排义务教育经费等责任人员的行政处分责任。

2.《义务教育法》设定了保证义务教育的免费性及明确政府经费投入责任的具体措施

义务教育经费保障机制的建立是《义务教育法》的重大制度创新。[①]作为一项基本原则，国家将义务教育全面纳入到财政保障范围，义务教育经费由国务院和地方各级人民政府予以保障。并且明确了政府负责承担的义务教育经费之外延、拨付安排及增长保证。为保证义务教育经费的水平能真正满足需要，该法规定了"三项增长"的原则：国务院和地方各级人民政府用于实施义务教育财政拨款的增长比例应当高于财政经常性收入的增长比例，保证按照在校学生人数平均的义务教育费用逐步增长，保证教职工工资和学生人均公用经费逐步增长。

3.《义务教育法》将素质教育的政策问题转化为法律上的具体规则与措施

义务教育的质量问题在整个教育事业中具有全局性、基础性和先导

---

① 续梅：《义务教育发展史上一项重大制度创新——张少春、侯晓娟解读新〈义务教育法〉经费保障机制》，《异步教学研究》2006年第5期。

性的教育层次中显得极为突出。因此,《义务教育法》中把实施素质教育、提高教育质量作为一项重要的法律规则。此法中规定义务教育必须贯彻国家的教育方针,实施素质教育、提高教育质量。使适龄儿童和少年在品德、智力、体质等方面全面发展,为培养有理想、有道德、有文化、有纪律的社会主义建设者和接班人奠定基础。为此该法专门设立了一章,对义务教育的教学目标、教学方式、教学内容等方面做了全面规定,以保证教育教学质量。当然,由于义务教育是一项公益性极强的事业,所以,若是没有切实得当的措施,实施起来恐怕要大打折扣。因此,《义务教育法》中还设定了严厉的监督措施,以保障法律的实施。包括规定了一些违反之后相应的行政责任,引进了行政首长问责制、设定了审计制度等。

总之,《义务教育法》的颁行为保证义务教育的贯彻实施和保障教育教学条件提供了重要的法律依据。同时,作为对县级政府教育政绩的评价研究来讲,为创设义务教育领域的相关评价指标提供了法律保障。

(三)《中华人民共和国职业教育法》

《中华人民共和国职业教育法》(以下简称《职业教育法》)于1996年5月15日由第八届全国人民代表大会常务委员会第十九次会议通过,并于1996年9月1日起施行。《职业教育法》的颁布是中国职业教育发展史上的一个重要里程碑,它的贯彻实施改善了我国职业教育的法制环境,提高了职业教育服务经济社会发展的能力,并为促进我国职业教育发展取得了历史性的成就。职业教育是县域教育范围内的重要组成部分,因此,该法也是我们进行县级政府教育政绩评价中的重要法律依据。

1.《职业教育法》确定了职业教育的法律地位

职业教育是人力资源转化为智力和技能优势,进而转化为现实生产力的重要纽带,也是为社会主义现代化建设最直接服务的教育类型。伴随着经济体制和经济增长方式的转变,也必然会导致产业结构和技术结构的根本性变化。劳动者的从业素质越来越成为经济增长和社会发展的决定性因素,因此,造就新一代高素质的劳动大军成为职业教育面临的一项重大战略任务。《职业教育法》的颁布,体现了党和国家对职业教育重要地位的肯定。该法总则第1条和第3条第一款明确了职业教育是国家教育事业的重要组成部分,是促进经济、社会发展和劳动就业的重要途径。并且还强调国家发展职业教育是为了实施科教兴国战略、提高劳动者素质、促进社会主义现代化建设。

2.《职业教育法》明确了我国职业教育的方针原则和办学职责

实施职业教育必须贯彻国家教育方针,该法第 4 条规定:"对受教育者进行思想政治教育和道德品质教育,传授职业知识,培训职业技能,进行职业指导,全面提高受教育者的素质。"实施职业教育应当根据实际需要,同国家制定的职业分类和职业等级标准相适应,实行学历证书、培训证书和职业资格证书制度。相比于以前的有关文献对职业教育方针,《职业教育法》的规定更为全面和具体。衡量职业学校最重要的标准是所培养的人在当地经济建设中能不能发挥作用,是否具有过硬的技术、经营能力和致富本领。在办学职责上,根据《职业教育法》的规定,政府要把发展职业教育纳入国民经济和社会发展规划,要办好能起示范作用的职业学校和职业培训机构,并且要对社会各方面依法举办的职业学校和职业培训机构提供指导和扶持。政府主管部门和行业组织不仅应当根据行业的发展需要举办职业教育,还应对本系统、本行业的职业教育发挥组织、协调和业务指导作用。发展职业教育还应当广泛地发动社会各方面的力量,鼓励事业组织、社会团体、其他社会组织及公民个人兴办、支持和赞助职业教育。

3.《职业教育法》还明确了我国职业教育的管理体制和经费投资渠道

根据该法的规定,国务院教育行政部门负责职业教育工作的统筹规划、综合协调和宏观管理。国务院教育行政部门、劳动行政部门以及其他有关部门在国务院规定的职责范围内,分别负责有关的职业教育工作。同时,县级以上地方各级人民政府应当加强对本区域内职业教育工作的领导、统筹协调及督导评估。在经费投资渠道方面,《职业教育法》第 17条到 24 条规定:县级以上地方各级人民政府应当举办发挥骨干作用和示范作用的职业学校、职业培训机构;县级人民政府应当举办多种形式的职业教育,并开展实用技术培训;政府主管部门、行业组织应当举办或联合举办职业学校、职业培训机构;企业应当有计划地对本单位职工和准备录用人员实施职业教育;国家鼓励事业组织、社会团体、其他社会组织及个人按照国家有关规定举办职业学校、职业培训机构;设立职业学校须有必备的办学资金和稳定的经费来源,设立职业培训机构要有相应的经费。同时,《职业教育法》还明确了多渠道筹集职业教育经费的原则,提出了十多项筹集的途径和办法,其中把制定生均经费标准、企业承担职业教育费用的具体办法及使用地方附加费的办法、学生收费办法等方面的权限交给了省级政府和国务院的有关部门。

　　总之,《职业教育法》中对涉及职业教育领域的重要问题都作了相关的法律规定,使我国开展职业教育工作做到了有法可依。其中,还对职业教育的相关督导评估工作有着明确的要求。因此,我们在对县级政府领域内的职业教育进行评价时就有了相关的法律保障,进行构建指标体系时也有《职业教育法》作为参照的法律基础。

　　(四)《中华人民共和国民办教育促进法》

　　《中华人民共和国民办教育促进法》(以下简称《民办教育促进法》)于 2002 年 12 月 28 日由第九届全国人民代表大会常务委员会第三十一次会议通过,并于 2003 年 9 月 1 日起施行。《民办教育促进法》是我国通过的第一部关于民办教育的法律,也是第一部以"促进"命名的法律。它的制定,对于优化民办教育环境,全方位规范民办教育办学行为都具有重要的意义。该法的施行也为县级教育领域内的民办学校作出了相应的制度性的规范,对于办学主体的法律责任进行了明确。所以,我们在对县级政府教育政绩的评价时,其中涉及民办教育的相关内容就有了基本的法律依据。

　　1.《民办教育促进法》的核心是促进民办教育的发展

　　该法明确了民办教育的地位,并且规定:"民办教育是社会主义教育事业的组成部分","国家对民办教育实施积极鼓励、大力支持、正确引导、依法管理的方针","民办学校与公办学校具有同等的法律地位,国家保障民办学校的办学自主权"。同时,《民办教育促进法》中对民办学校的设立、民办学校的组织和内部运营、民办学校的教师和受教育者的权利与义务、民办学校的资产与财务管理、民办学校的监督与管理、政府和社会对民办学校的扶持与奖励、民办学校的变更与终止、相应的法律责任等多个方面作出了明确的规定。可以说，《民办教育促进法》的颁布奠定了民办教育依法发展和政府对民办教育依法监管的基础，并且使民办教育走上了依法健康发展的道路。

2.《民办教育促进法》的关键是规范民办教育的各种行为

因为法律具有强制性的规范作用，所以，为保证民办教育的健康发展，就必须规范民办学校的办学行为，做到依法办学。这在《民办教育促进法》的总则、设立、学校的组织与活动、教育与受教育者以及学校资产和财务管理等各章中均有必须遵守的内容。由于法律规定的权威性和普遍性，所以必须依法规范管理者的行为，这些在总则、设立、管理与监督等各章中都有规定，并在第 63 条还明确了管理者的法律责任。因此，对于管理者的违法行为不仅可以给予行政处分，甚至还可以追究刑事责任。这样，通过规范办学者和管理者的行为，造就一个公平竞争的局面。只有形成有序的竞争，才能发挥民办学校办学体制和运行体制的优势，才能维护举办者、办学者、教职工和学生的合法权益，而那种缺乏公平竞争平台的无序、混乱的竞争只能以失败而告终。

在新的形势下，为了促进民办教育的健康发展，应该根据《民办教育促进法》的规定，通过国务院或地方政府制定和完善促进民办教育发展的政策。首先，要完善民办学校扶持与资助制度，促进其教学质量的提高。让民办学校享受政府提供的经费资助与税收优惠，给予民办学校支持，这是落实《民办教育促进法》、体现教育公平的重要组成部分。其次，要完善教师权益立法，稳定民办学校的教师队伍。再次，要完善民办学校学生权益保护制度，稳定民办学校生源。在这方面，一是要民办学校的在校生享受到与公办学校的学生相同的国家资助和社会优待；二是要在受教育者与民办学校的关系中保护受教育者的合法权益。最后，要落实办学自主权，鼓励和引导民办学校办出质量，彰显出特色。同时还应该明确民办学校的产权归属，建立完善民办学校的产权制度。通过这样的措施才可以保证民办教育的顺利发展。

民办教育不仅能够丰富教育资源，实现教育资源供给和教育模式的多样性，来全方位满足社会的需求，而且还可以其灵活的机制、超前的探索带动整个教育体制和公办教育管理模式的改革，为教育体制改革提供经验和参照。因此,对于县级政府来说,保障和促进民办教育的发展是其政绩中的重要部分。而《民办教育促进法》的颁布和实施,就使县级政府在处理民办教育问题时做到有法可依。而这部法律也为我们进行对县级政府教育政绩的评价提供了最可靠的法律保障。

(五)《中华人民共和国教师法》

《中华人民共和国教师法》(以下简称《教师法》)于 1993 年 10 月 31 日由第八届全国人民代表大会常务委员会第四次会议通过,并于 1994 年 1 月 1 日起施行。这是我国制定的第一部教师法,它全面规定了教师的权利和义务,对教师的资格和任用,培养、培训和考核,对教师的工资、住房、医疗、退休等方面的待遇,都作了明确的规定。教师是教育系统中的核心,所以我们在对县级政府教育政绩进行评价时,就必须把对有关教师的各项指标作为重要衡量标准,而《教师法》就在各个方面为构建指标体系提供了最有力的法律保障。

1.《教师法》的施行,标志着我国保护教师权益走上了法治化的轨道,使"尊师重教"、"提高教师地位"真正有了法律的保障

教师的合法权益是指教师依法享有的各种权利和应获得的各种利益的总称,它表现在:教师依法有权做出一定的行为或要求他人做出相应的行为;教师履行职务的过程中,有权获得法定工作、学习条件和物质生活待遇;当教师的合法权益受到侵害时,具有请求国家机关予以保护的权益。《教师法》从三个方面确认了教师合法权益的内容:一是教师享有公民的基本权利。《教师法》在法律责任一章中,强调了对教师所享有的人身权、名誉权和财产权的保护。二是教师享有与其职业相关的特定权利。《教师法》中明确了教师在教育教学活动中享有的权利包括:教育教学权、学术交流权、参与学校管理权、使用教学设备仪器和图书资料权、要求进修培训权、按时取得报酬和带薪休假权、教师独立资格不受非法剥夺权、获得相应的职务职称权、获得客观、公正和准确的考核权、批评、建议、申诉和控告权。三是教师享有的物质性待遇。物质性待遇是教师合法权益的组成部分,《教师法》中规定的内容包括:教帅的平均工资水平应当不低于或高于国家公务员的平均工资水平;中小学和职业学校的教师享受教龄补贴和其他津贴;在少数民族地区和边远贫困地区任教的教师享

有地方补贴;教师在住房上享有优惠、医疗上享受当地国家公务员的同等待遇;教师享有国家规定的退休或退职待遇等。

2.《教师法》明确了保护教师合法权益的方法

当教师的合法权益受到侵犯时,《教师法》明确了保护教师权益的方法。行政保护法指国家行政管理机关或学校行政部门依照行政法律规范,令违法行为人员承担一定的行政法律责任的方式。《教师法》中规定:对侮辱、殴打教师,侵犯教师的人身权,尚不够刑事处罚的,可以请求违法行为人所在单位给予相应的行政处分,或请求公安机关进行相应的治安行政处罚;对教师打击报复的,可以请求违法者所在单位或者上级机关责令改正或给予处分;对拖欠教师工资或侵犯教师其他权益的,可以请求地方政府责令限期改正;对学校或其他教育机构侵犯教师合法权益的,或教师对学校或其他教育机构的处理不服的,可以向教育行政部门提出申诉;当地人民政府有关行政部门侵犯教师合法权益的,教师可向同级人民政府或上级有关部门提出申诉等。这些规定使广大教师在维护自身权益方面有了法律依据和法律保障,解决了依法维护教师合法权益的关键问题。《教师法》的规定,"使保护教师合法权益形成一个完整的体系,既有明确的内涵,又有强有力的保障措施"[1]。

总之,《教师法》中的相关规定,明确了教师的基本权利和义务,使得教师的教育工作做到了有法可依。同时,其中的相关条例也为我们构建对县级政府教育政绩评价的相关指标奠定了法律基础。《教师法》和其他四部有关教育的法律,都是我们进行对县级政府教育政绩评价的重要法律依据。

二、政策支撑

除了需要基本的法律保障之外,对县级政府教育政绩评价的研究中还需要政策的支撑。相关的教育领域的法律是从国家权威和法治意义上来讲的,而教育政策则是政府专门针对教育领域的相关问题作出的规定,

---

① 刘军:《〈教师法〉对教师权益的保护及其存在的问题》,《北京教育学院学报》2006年第 2 期。

是从行政和管理的角度来讲的。在构建县级政府教育政绩评价的指标体系时,主要依靠的政策就是《国务院办公厅关于完善农村义务教育管理体制的通知》(国办发[2002]28 号)。

"义务教育政策是指为在一定历史条件下,国家机关、执政党为了促进社会、政治、经济、文化等的综合发展而制定的、在全体国民中强制实施普及一定年限的免费教育的一系列法律、法规、条例、计划、方针、措施等的总称。"①从 1986 年开始,我国以颁布《义务教育法》为基础,相继出台了一系列义务教育政策,来指导义务教育的发展。

接受义务教育是公民的基本权利之一。基本权利也就是人权,是人生存与发展必要的、最起码的、最低的权利。作为社会缔造者的人,不论其贡献如何,最低都应该得到作为人类社会的个体的人所应该得到的东西。人不但应该享有基本的权利,而且还应该完全平等地享有。接受义务教育是现代社会普遍公认的基本权利,完全而平等地享有受教育不但是每个公民的基本权利,也是民主国家制定教育政策的根本原则。义务教育作为公共事业,是人的基本权利,这一特性要求教育资源的分配必须是公平的。因此,教育政策的重要任务就是要适应义务教育的这一特性,保证教育资源分配的公平性。社会是由单个的个体人所组成的,人的受教育状况会决定整个社会的文明程度。个体人的发展水平代表着整个社会的发展水平,人人都能受义务教育,并且能公平地获得教育资源,这不仅对个体的发展是决定性的,对整个社会的发展也是至关重要的。公平性是教育的内在规定性,这种教育的内在公平性就是教育政策制定、执行和评估的一切依据。

2002 年 4 月 14 日,国务院办公厅印发了《关于完善农村义务教育管理体制的通知》,明确提出:"农村义务教育实行'在国务院领导下,由地方政府负责、分级管理、以县为主'的体制。县级人民政府对农村义务教育负有主要责任,省、地(市)、乡等地方各级人民政府承担相应责任,中央政府给予必要的支持。"在这个通知中,强调以县为主的管理体制,这

---

① 汪永泉:《义务教育政策公平性的内涵》,《河北师范大学学报(教育科学版)》2008 年第 2 期。

对于保障经费投入,推进农村义务教育持续健康发展具有重要的意义。这种管理体制的出台,也为我们开展对县级教育政绩的评价提供重要的政策支撑。根据国务院的通知,可以对照每个具体细节来衡量政府在农村义务教育工作中执行的程度。"政策执行是政策执行者通过建立组织结构,运用各种政策资源,采取解释、宣传、实验、实施、协调与监控等各种行动,将政策观念形态的内容转化为实际效果,从而实现既定政策目标的活动过程。"①县级政府对国务院制定的教育政策的执行情况,就决定了当地农村义务教育发展的水平如何。在国务院的这个通知中,从制定农村义务教育发展规划、保障教育经费投入、完善人事编制管理制度和建立健全监督机制四个方面作出了具体要求。根据这四个方面的具体内容,我们就可以对县级政府在执行政策方面的情况进行评测。正因如此,《国务院办公厅关于完善农村义务教育管理体制的通知》就成为对县级政府教育政绩进行评价的重要政策支撑。

三、文件指导

除了相关的法律基础和政策支撑之外,对县级政府教育政绩进行评价还有必要的文件指导。此文件即指 2004 年 1 月 17 日由国务院下发的《国务院办公厅转发教育部关于建立对县级政府教育工作进行督导评估制度意见的通知》(国办发[2004]8 号)。

文件进一步明确了"在国务院领导下,地方政府负责、分级管理、以县为主"的农村义务教育管理体制,一般简称为"以县为主"的管理体制。义务教育是整个教育的重中之重,是基础教育的基础,也是国民素质的基础,更是各级各类教育的基础。同时,它也是保证社会公平的基础以及整个社会发展的基础。因此,国务院下达文件通知,就是要全面建立"以县为主"的农村义务教育管理体制,督促县级人民政府主要领导和分管领导切实履行教育工作的职责,依法保障并逐步增加教育投入,不断改善办学条件,并加强教师队伍建设,以提高教育发展水平。

国务院下发的通知文件,主要是要求建立对县级政府教育工作的督

---

① 陈振明:《政策科学》,中国人民大学出版社 2003 年版,第 260—272 页。

导评估制度。之所以作出这样的决定,是基于县级是我国基础教育、职业教育和成人教育的基本单位,因此,县级人民政府对所辖地区教育事业的发展起着决定性的作用。从建立督导评估制度的目的来讲,一是明确县级政府教育工作的全部任务,督促其进一步贯彻落实科教兴国战略和依照国家的教育法律法规、政策方针来实行依法治教,并推动教育的整体改革和发展。县级政府只有协调和发展好各级各类教育事业,才能更好地为当地的经济社会发展服务。二是可以督促县级人民政府转变教育观念,切实履行教育职责,增强县级政府自我调节和完善的能力,提高管理水平、教育质量和办学效益,以实现教育发展目标。还可以逐步建立起适应当地经济建设和社会发展需要的教育体系,以保证教育战略目标的实现。三是要引导全社会来关心教育,支持教育改革,营造尊师重教的良好环境。建立督导评估制度,可以便于上级机关考察县级教育工作,从宏观上进行调节、指导和控制,以保证教育事业的健康发展。

《国务院办公厅转发教育部关于建立对县级政府教育工作进行督导评估制度意见的通知》中,对县级政府的督导工作作出了明确的规定和具体的要求。因此,从文件指导的意义上来讲,这个通知就为对县级政府教育政绩的评价提供了相关的原则要求和方法。在进行具体的评价时,可以将党和国家对县级政府教育工作的基本要求和总体目标进行因素分解和理论推演,根据科学全面与简易可行相结合的原则,从中筛选出既可以反映县级教育工作全貌,又具有导向和激励作用的重点指标和要素,来进行教育政绩的评价工作。

第三节　测量工具

从理论层面讲,对县级政府教育政绩进行评价既有相关的理论做依据,又有国家的法律做基础,还具备完善的政策支撑和文件指导。再从实践层面讲,对县级政府教育政绩的评价还需要落实到具体的行动中。因此,构建一个科学合理的测量工具来进行具体操作,就是本课题研究中的核心内容。重点是要构建一套评价指标体系,作为对县级政府教育政绩进行评价的测量工具。

一、评价指标体系的工具特性

作为一种测量工具的评价指标体系,具备进行测量和评价的基本特性。所以,对县级政府教育政绩的评价来讲,评价指标体系是必须的测量工具。从哲学的意义上看,"工具或手段是实践的一个内在规定,是实践的属性因素。从广义上讲,实践的工具或手段是指置于主体目的和客体对象之间的一切中介的总和,它不仅包括具有决定意义的物质工具,而且也包括人自身的自然手段、运用工具的操作方式,以及实现目的的方式方法"①。评价指标体系就是作为主体的评价者和作为客体的县级政府之间的中介,它是进行政绩评价的有效工具。

在我国的教育政策和评估领域内,一般均要强调其科学性和价值性。作为科学的评价体系,在价值选择基础上是工具理性与价值理性的统一。西方马克思主义的工具理性概念源自于德国思想家马克斯·韦伯关于形式理性的观念。根据乔治·瑞泽尔的概括,韦伯的形式理性具有四个维度:"效率、可预测性、重视量而不是质、通过运用非人的技术代替人性的技术来加强控制。"形式理性有可能导致理性活动中的非理性,表现为四个方面:①"效率意味着不管达到什么目的都要寻求最佳的途径";②"可预测性意味着存在一个没有意外的世界";③"理性系统更强调的是量而不是质,并且强调的通常是数目大的量";④"这种形式合理的系统带来的是不同层次的非合理性"。② 可以看出,形式理性以数量上的可计算性和程序的可操作性为原则,以工具系统的主导性来追求效益的最大化,因而其事实上是一种工具理性。

工具理性涉及合理性的观念、程序、方法与标准,以及作为合理性之具体化的工具系统、技术手段及其围绕效率最大化和控制合理化而展开的持续过程。它表现在三个方面:①工具理性是一种经济合理性,即"一种我们在计算最经济地将手段应用于目的时所凭借的合理性。最大的效

---

① 牟成文:《马克思恩格斯人的工具特性思想及其意义》,《马克思主义研究》2007 年第 2 期。

② 乔治·瑞泽尔:《后现代社会理论》,华夏出版社 2003 年版,第 305 页。

益、最佳的支出收益比是工具理性成功的度量尺度"①;②工具理性是一种社会的合理性,因为它是在启蒙运动之后用以替换神圣结构、进行社会设计以及行为模式选择的最优尺度,所以表现为资本主义社会运作与规控的合理性;③工具理性最为重要的还是一种在资本主义社会中大行其道的同化逻辑,更是一种扩张现代性的潜在力量。在西方称之为法兰克福学派的马克思主义者,从启蒙精神的历史演变中考察到了工具理性的形成及其同化逻辑。他们认为,资本主义生产方式及其统治形式的普遍推行,需要从精神层面来驱除恐惧和束缚,为新的经济秩序和政治统治确定普遍法则。由于理性对世俗化的肯定、对市场的评判和对主体能力的彰显,正好契合了资本主义普遍发展的精神需要。理性追求的是一种人对自然统治的知识形式,通过提炼抽象的普遍性,建立一种纯形式的或程序化的范畴体系。因此,"理性自身已经成为万能经济机器的辅助工具。理性成为用于制造一切其他工具的一般工具"②,也就是说,理性变成了用来制造一切其他工具的工具理性。

在教育政绩评价的视野下,工具理性的特点是强调选择正确的过程、技术、手段、实证和量化,实现所要达到的目的。正如在政策分析领域,工具理性看重的是所选的手段是否是最有效率、成本最小而收益最大。③因此,评价指标体系就是选择最有效率的手段,来评价县级政府的教育政绩,这也是工具理性特性的一种体现。对于评价指标体系的测量对象来讲,具有多元性、模糊性和度量水平低等特点。多元性,是指影响测量目标的因素不是单一变量。模糊性,是指影响测量目标的诸因素之间没有明显的界限。度量水平低,是指测量指标不易量化。所以,在对县级政府教育政绩评价时,就面临实践操作中的诸多难题。也正因如此,构建科学、完善的评价指标体系就具有工具特性意义上的正当性和合理性。

①　查尔斯·泰勒:《现代性之隐忧》,中央编译出版社 2001 年版,第 5 页。
②　霍克海默、阿多诺:《启蒙辩证法:哲学断片》,上海人民出版社 2003 年版,第 27 页。
③　万斌、顾金喜:《功利主义与公共政策伦理:如何从冲突走向和平》,《浙江大学学报》2009 年第 3 期。

二、评价指标体系的工具功能

教育政绩评价是根据一定的教育价值观或教育目标,运用可操作的科学手段,通过系统地搜集信息、分析数据、整理结果等工作,对教育活动、过程和效果进行价值判断,从而为不断完善教育决策提供可靠信息的过程。那么,为了保证评价过程的顺利开展,就必须建立一套科学的评价指标体系。在对县级政府教育政绩的评价过程中,科学地运用评价指标体系,就可以作出合理的判断,从而为推动教育发展奠定基础。评价指标体系作为一种测量工具,它在对县级政府教育评价中起到了特殊的作用,也会发挥重要的功能。具体来讲,其工具功能表现在以下几个方面:

(一)分等鉴定功能

运用评价指标体系,可以对县域内的相关学校等教育组织进行测评。通过对评测对象的某些方面或各个方面水平的优良程度的鉴定,确定其有无价值与价值的大小,衡量其是否达到应有的标准,是否实现了国家教育法规和政策中所赋予的目的和任务。从评价指标体系检测的结果,就可以为它们评定相应的等级。科学、合理和公正的评价所区分的优良和鉴定的等级,是整个教育管理决策科学化的基础。评价指标体系最终为县级政府的教育政绩作出一个分等鉴定的结论,就是它所要发挥的基本功能。

(二)科学导向功能

在教育政绩评价活动中,被评价者为追求好的评价结果和达到其他目的,就会致力于满足评价标准的要求。因此,评价指标体系就似指挥棒一样,为被评价者科学引导努力的方向。同时,进行评价通常要区分出水平的高下,由于这种评价的结论往往直接影响到评价对象的形象、利益和荣誉等,因此,评价常常能激发被评价者的成就动机。而这种动机就会促使他们追求好的评价结果,并激励他们全力以赴地搞好各项工作,创造更大的成就。如果在评价的基础上进行表扬和奖励等,就可以更好地发挥评价的导向和激励功能。在评价的过程中,还可以根据指标体系的标准,富有建设性地指出被评价者的成绩和问题,那么,也会引导他们科学地完善工作。具体到县级政府的教育评价活动中,就可以科学地引导县级政府对照评价结果,依据指标体系中的各项指标,贯彻"以县为主"的管理体制,履行教育职责,完善教育工作。

（三）改进协调功能

运用指标评价体系,不但能发现教育工作中的问题,而且还能够协调各方面的关系,改进政府部门的教育工作。通过评价和测验,可以深入到教育系统的每个环节和分支。因为就评价的内容来说,不仅有学生的学习、教师的教学、校长的领导,还有学校的管理与办学水平、课程教材、教育计划、教育发展战略、教育科研成果等。除此之外,县级政府教育政绩评价指标体系还要评测县级政府在其中履行职责的情况。因此,这就要求县级政府和辖域内各级各类学校进行组织协调,贯彻落实国家的教育政策,推进教育发展。那么,评价指标体系作为进行测量的工具,它既可以让各级各类学校参照指标改进教育工作,也可以让县级政府对照指标改进组织领导工作,全方位地改进和发展教育事业。

总之,县级政府教育政绩指标评价体系是一种科学、合理的测量工具,具备了对教育政绩进行评价的工具特性,也是进行评价活动必须的工具。运用评价指标体系,可以发挥其分等鉴定、科学引导和改进协调的功能,推动县级政府履行教育职责,完善教育发展工作。评价指标体系在实践中会发挥其特有的工具功能,对于县级政府教育政绩的评价来讲,构建这一评价指标体系也是必需的工作。

第四章 县级政府教育政绩评价指标体系构建的理论思考

县级政府教育政绩评价指标体系的构建既是一个实践问题,也是一个理论问题;既是一个带有实证研究和实际操作性质的课题,又需要有深厚的哲学基础和理论依据作为支撑。县级政府教育政绩评价指标体系本身便是一个完整的系统结构。因此,我们在进行构建的过程中需要借助系统论及其相关理论原理所提供的方法论启示和原则,对县级政府教育政绩评价指标体系构建的理论路径进行深入的探讨,为其后的实证研究和实践操作提供坚实的理论基础。

第一节 评价指标体系构建的理论基础

县级政府教育政绩评价指标体系的构建以系统论为主要的理论基础,结构功能主义也是对系统论发展的进一步应用。除了系统论以外,县级政府教育政绩评价指标体系的构建还有着广泛的理论基础,其中主要包括绩效管理理论与利益者相关理论。这些理论基础所提供的强大的方法论启示,成为县级政府教育政绩评价指标体系构建直接的理论支点。

一、系统论的基本理论

从系统论及"结构—功能"主义的角度进行理性审视,评价指标体系的体系化、层次性、多维式及内在逻辑统一的基本特性,俨然使其构成了一个完善的庞大系统。从工具与价值的理论来看,评价指标体系的根本属性更倾向于工具的意义和性质,可以说,它是为达到某种预期或结果所进行的宣传方式和途径的总称。从这个意义上讲,评价指标体系具有工具的理性和结构的完整,而缺失了主体性价值。也就是说,评价指标体系虽然是一个完整的结构和体系,但没有自身的独立属性,需要赋予特定的主体性价值诉求。将县级政府教育政绩评价的主体性诉求付诸于指标体系,它就具有实现明确的属性和诉求。或者说,指标体系在评价县级政府教育政绩这一预期或者结果上实现了结构与功能、工具与价值的统一。在遵循整体性原则的前提下,县级政府教育政绩评价指标体系具有深刻的内涵和广泛的外延范畴。而系统论的某些基本观点为县级政府教育政绩评价指标体系内涵的把握理解、外延的准确界定及其建构等方面,提供了哲学的基础和理论上的支撑。

　　"系统(System)"是在自然科学、社会科学和日常生活中被广泛使用的一个术语。人们从各种角度来研究系统,按照不同的标准对"系统"下的定义不下几十种。从一般词典的释义中,更可看到它具有复杂多样的含义。商务印书馆出版的《现代汉语词典》(2002 年增补本)对其下了如下定义:系统是"同类事物按一定的关系组成的整体"。"系统"一词在《新英汉词典》中的释义有:①系统、体系;②制度、体制;③方法、方式;④秩序、规律;⑤分类法;⑥宇宙、世界;⑦身体,全身;⑧总乐谱表。[①] 我国著名科学家钱学森在其 2001 年出版的《创建系统学》一书中指出:系统是由相互作用和相互依赖的若干组成部分合成的具有特定功能的有机整体,而且这个系统,本身又是它所从属的一个更大系统的组成部分。一般系统论的奠基人、奥地利生物学家路·冯·贝塔朗菲认为:"系统可以定义为相互作用着的若干要素的复合体。"[②]同时,他毫不客气地指出:"系统应如何定义和描述的问题没有明显和简单的答案。可以同意,星系、狗、细胞和原子都是实际系统。这是可以观察、感知或推断的实体,它不依赖观察者而存在。另一方面还有例如逻辑、数学(也包括音乐)这样的概念系统,它们主要是符号性思维的产物;它的子类是抽象系统(科学),

---

　　①　《新英汉词典》,上海译文出版社 1978 年版,第 1412 页。
　　②　[奥]路·冯·贝塔朗菲著,魏宏森等译:《一般系统论:基础、发展和应用》,清华大学出版社 1987 年版,第 51 页。

即同实际对应的概念系统。"①尽管系统的定义如此难以把握,在集合古今工具书对"系统"一词本身含义的静态解释及中外学者对"系统"所包含要素关系动态考察的基础上,我们尝试着将"系统"的概念做了如下界定:系统反映的是本质属性的思维方式,是自然界、人类社会和思维的一种普遍现象,表达了一种事物的存在方式及其相互关系。

"系统"一词一直被广泛地应用到日常生活各个方面,也越来越多地出现在自然科学技术研究和哲学社会科学研究领域。现代系统思想的兴起和发展,吸收和借鉴了大量传统系统的早期思想。西方古代哲学中传统的系统逻辑是现代系统思想形成的首要源流。"系统"一词来源于古希腊语和古希腊哲学思想,是由部分构成整体的意思,带有整体、集合和有序的含义。系统思想在西方哲学思想中占据了重要的地位,客观唯心主义哲学家莱布尼茨继承和发展了古希腊哲学中的系统思想,后又被德国古典哲学所吸收。随着近代科学在西方的产生和发展,系统思想、系统逻辑在实践中与系统技术相结合,为近代系统理论和系统科学的诞生奠定了物质基础。中国古代朴素主义的系统思想是现代系统理论的又一重要思想来源。中国古代关于系统的思想资源非常丰富,最早可以追溯到春秋战国时期成书的《周易》"八卦"思想及后来演化出的"阴阳五行"说,将整体世界的构成要素分为八卦或者五行来认知;再如中医学领域的《黄帝内经》,把阴阳五行的平衡视为一个和谐整体的前提条件,生病的原因就是阴阳失调所致;中国现存的最早一部完整兵法《孙子兵法》,也是从战略全局的高度,运用动态系统的思想来分析战争局势。马克思主义哲学中关于系统的论述也对现代系统论产生了深远影响。恩格斯指出:"当我们深思熟虑地考察自然界或人类历史或我们自己的精神活动的时候,首先呈现在我们眼前的,是一幅由种种联系和相互作用无穷无尽地交织起来的画面。"②普遍联系的观点是马克思主义唯物辩证法一个基本的特征,甚至可以将唯物辩证法规定为"关于普遍联系的科学"③。系

---

① 〔奥〕路·冯·贝塔朗菲著,秋同、袁嘉新译:《一般系统论》,社会科学文献出版社1987年版,第10页。

② 《马克思恩格斯选集》第3卷,人民出版社1995年版,第60页。

③ 《马克思恩格斯选集》第3卷,人民出版社1995年版,第521页。

统论的理论基点和前提便是从联系出发,联系的观念始终贯穿于系统的
各方面和全过程。一定意义上,当代系统论是对马克思主义唯物辩证法
中关于整体与部分观点的具体化发展。通过历史溯源不难发现,中国古
代朴素主义的系统思想、近代西方的科技进步与系统逻辑及马克思主义
奠基人的系统思维成为现代系统理论的三大思想来源。在如此丰厚的传
统系统思想资源的温床上,加之现代科学技术的进步与统计学、管理学等
新兴学科的兴起,时代的需要呼唤系统论应运而生。而现代系统论则是
关于系统思想的观点、方法和理论的总称,是近代科学技术发展过程中产
生的伟大成就。

现代系统论兴起于 20 世纪 40 年代,当前学界一般认为是奥地利生
物学家路·冯·贝塔朗菲在其代表作《一般系统论》一书中,第一次提出
了比较完善的系统论的基本原理,由此现代系统论科学诞生。因此,现代
系统论也称为一般系统理论。系统论开创以后首先在自然科学领域得到
推广,取得了许多成就,极大地促进了近代科学技术的进步和发展。之
后,塔尔科特·帕森斯(Talcott Parsons)用系统论的观点和理论来分析和
研究社会结构,将系统论引入社会学领域。塔尔科特·帕森斯在其大作
《社会系统》和《社会行动的结构》中,归纳总结了三种相互渗透的社会行
动系统,即文化系统、社会系统及人格系统。塔尔科特·帕森斯的弟子卢
曼在继承其社会系统理论的同时,从目的论的视角来思考系统问题,将系
统论的发展又向前推了一步。系统理论传入中国以来,国内学者也在致
力于系统理论的学习和系统方法的探讨,取得了不小的成就,我国杰出的
科学家钱学森对系统理论与系统科学的创立有独特的贡献。随着科技的
发展,各个科学研究领域的分支日益细化,但与此同时,各学科之间相互
渗透的现象越来越明显。为适应这一趋势,系统论、控制论、信息论这三
门边缘学科几乎同时产生。它们的出现对科学技术和思维的发展起到了
巨大的推动作用,为现代多门新学科的出现奠定了坚实的基础。80 年代
以来,我国学界在继承一般系统论基本精神的基础上,对系统论进行了深
入的研究和探索,提出了"三论归一"的广义系统论。所谓"广义系统论
是把对象作为组织和自组织复杂系统进行专门的科学技术哲学研究的一
般系统理论,是综合现有的一般系统理论、信息论、控制论、耗散结构、协

同学和超循环论等现代复杂性系统理论中的科学技术哲学问题的横断科学,是系统科学与辩证唯物主义联系的桥梁,它研究系统科学中的哲学问题,是属于科学技术哲学的范畴"①。具体而言,广义系统论一是坚持用辩证系统观来观察世界,超越自然学科和哲学社会学科的习惯标准,划分出宇宙系统、生命系统、精神系统、生态系统和社会系统五大类型的系统模式,并将它们一一囊括其中。

除了系统论以外,县级政府教育政绩评价指标体系的构建还有着广泛的理论基础,其中主要包括绩效管理理论与利益者相关理论。

绩效管理是一种新型政府治理工具。它是20世纪六七十年代以来西方政府改革过程中产生并得到广泛应用的新型管理工具之一。它是西方政府改革实践过程中逐步产生并不断成熟与积极推进的新型治理工具。因此,绩效管理本身并不是单一的事务,而是在集合了多种管理思想和方法的基础上形成的一种观念和系统。而所谓政府绩效管理是指政府围绕提高管理绩效这一目标,通过采取明确组织使命与价值、制订绩效目标与计划、进行绩效监测与反馈、开展绩效评估与激励等措施为政府绩效进行监控、评估与改善,以及由此而作出的制度安排和实施的一系列管理措施、机制和技术的统称。政府绩效管理是一个系统的过程,由明确政府使命和价值、制订绩效目标和计划、进行绩效监测和反馈、开展绩效评估与激励四个基本环节组成。政府绩效管理作为一种新型政府治理工具,旨在克服传统命令——控制式管制的缺陷,适应日益变化的外部经济社会发展需求。绩效管理的特性表现为绩效的基础性地位、高回应性、结果导向、激励性强四个方面。

政府绩效管理与绩效评估及其指标政府绩效评估是政府绩效管理系统过程中的一个具体的步骤和环节,两者既有区别又有联系。政府绩效评估和政府绩效管理的区别表现在:首先,两个过程涵盖的内容不同。政府绩效管理是一个包括绩效计划、评估、反馈、改进等环节在内的完整的管理过程,并且持续不断地进行着,而政府绩效评估只是绩效管理过程的一个局部环节。其次,两个过程的侧重点不同。政府绩效评估侧重于对

---

① 魏宏森、曾国屏:《系统论——系统科学哲学》,清华大学出版社1995年版,第3页。

行为的效果进行判定,而政府绩效管理侧重于绩效计划的制订和实施、持续的绩效沟通与反馈、延续的绩效诊断与改善。再次,两个过程进行的时间不同。政府绩效评估一般表现为事后评估,而政府绩效管理则伴随组织活动的全过程,强调事先沟通、事中评估与事后反馈三者并举。最后,两个过程的作用不同。政府绩效管理不仅具有政府绩效评估所具有的评估和激励功能,而且,它更深层次的作用在于有效地促进个人绩效和组织绩效的改善,引导政府朝着宏观战略和整体目标迈进。政府绩效评估是政府绩效管理活动的核心,又是政府绩效管理功能最为突出的表现形式。

政府绩效评估体系是一个包括评估主体、评估对象、评估指标、评估标准和评估手段在内的系统,评估指标作为政府绩效评估系统结构要素的重要组成部分,直接制约政府绩效评估的过程和结论,也间接影响政府绩效计划的实施、绩效的改善。同时,对政府绩效的理解、政府绩效管理的目标与机制也影响到政府绩效评估指标的结构与功能。政府绩效管理理论为政府绩效评估指标体系的构建提供了理论指导。

另外,利益相关者理论对于县级政府教育政绩评价指标体系的构建具有重要的指导意义。利益相关者理论是20世纪60年代左右在西方国家逐步发展起来的。1984年弗里曼里程碑式的著作《战略性管理:一种利益相关者方法》出版,该书将利益相关者定义为“任何能够影响或被组织目标所影响的团体或个人”,引发了利益相关者概念的大讨论。20世纪90年代之后,利益相关者理论影响日益扩大,应用于公司治理、企业战略管理等方面,逐步成为识别和分析一个组织行为影响的既定框架。目前,利益相关者理论已成为发展领域甚为流行的分析工具。该工具对于扶贫、可持续发展、社区资源管理和冲突管理等方面的研究具有重要意义。企业利益相关者模型如下图所示。

由于利益要求不同,不同的利益相关者对同一评估对象会产生不同的关注焦点,进而得出不同的结论。政府绩效评估在选择特定的利益相关者作为评估主体时,应根据特定利益相关者的利益要求特点进行绩效评估指标体系设计。政府绩效具有众多的利益相关者,其中起关键作用的是接受并享受其产品或服务的社会公众、为绩效产出进行投入的上级部门、负责绩效及其行为管理的政府部门自身。社会受益公众是指政府

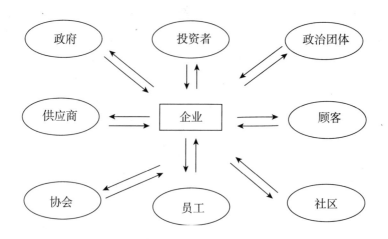

公共产品和服务的直接提供和接受对象。由于对特定公共产品和服务具有一定的功能期望,因此,受益公众对政府绩效给予了充分的关注。上级部门是政府绩效输入资源的支配者和调控者、政府部门自身是其自身绩效和行为的管理主体,因而自然也十分关注政府绩效水平的高低,只是不同的利益相关者,其关心的内容和侧重点有所不同罢了。利益相关者理论对理顺政府管理行为、责任、绩效与不同利益相关主体之间关系提供分析框架,为构建地方政府绩效评估指标体系提供理论支持。在构建地方政府绩效评估指标体系时,应根据特定利益相关者的不同利益特点设计专门或综合的绩效评估指标。

二、系统论的方法论意义

系统论既是自然科学的研究方法,也是哲学社会科学的思维方式,更难能可贵的是,它还是将自然科学研究方法与哲学思维方法连接和沟通起来的桥梁和中介。在进行哲学思维及社会科学的研究时,更应该吸收自然科学研究的精神和方法。因此,系统论被广泛地应用到哲学社会科学的研究领域,并发挥着巨大的方法论作用。高校马克思主义大众化宣传网络平台本身是一个标准系统组成,它的构建离不开系统论观点的指导,需要借鉴系统论的方法视阈和理论框架来进行深度剖析。系统论是以系统及其机理为研究对象的一门科学,注重对系统外部影响因素、系统本身的整体性、系统要素的运转机理及相互关系的考察。由此可见,系统论所阐发的系统理念及其结构功能对于县级政府教育政绩评价指标体系的构建具有思维方式上的指导和借鉴意义,这主要体现在以下几个方面。

(一)系统理念的思维引导

所谓的系统思想、系统理念,都是对特定思维方式的客观描述。系统理念从普遍联系的哲学基础出发,经过自然科学技术研究的检验,逐步过渡到对人类社会及人的精神世界的关怀。系统理念首要的一点便是其一贯所坚持的整体观念的态度,首先将事物作为一个相互紧密联系的整体来对待,强调大局观。因此,古今中外的学者们无论对“系统”一词如何进行理解和界定,但任何真正的系统理念必须将自身建立在联系与整体这两个基点上。需要指出的一点是,系统是具体而非抽象的系统,每个系统都会处于一定的外部环境中,这种综合性的环境因素又是系统外部更大的系统,它们之间也有着千丝万缕的联系。对此钱学森在其2001年出版的《创建系统学》一书中给予了清楚的说明,他认为,系统是由相互作用和相互依赖的若干组成部分合成的具有特定功能的有机整体,而且这个系统,本身又是它所从属的一个更大系统的组成部分。按照系统理念的引导来认识县级政府教育政绩评价指标体系的价值诉求,可以知道,在推进县级政府教育政绩评价指标体系的建构与整合过程中,必须要树立整体意识和大局观念,将评价指标体系视为一个完整的系统单位,在注重其内部逻辑联系的基础上,将县级政府教育政绩评价指标体系的构建整体性地向前推进,不能机械地进行条块分割。

(二)广义系统论的超越性贡献

追本溯源,系统是根据统计学、机械逻辑学等自然科学技术研究中所采用的具体方法和途径衍生而来。系统思想的逐步发展催生了现代系统论的产生,同时伴随着控制论和信息论的诞生。随之而来的是系统论、控制论和信息论的大发展和大繁荣,系统的思想理念已经逐渐深入到各个学科和研究领域,发挥着巨大的引导作用。系统论提出系统概念并揭示其一般规律,控制论研究系统演变过程中的规律性,信息论则研究控制的实现过程。因此,信息论是控制论的基础,二者共同成为系统论的研究方法。在“三论归一”发展趋势的基础上,广义系统论适时将“三论”进行整合,并将耗散结构、协同学和超循环论等现代复杂性系统理论中的科学技术哲学问题囊括其中,建立起系统横断科学与辩证唯物主义沟通的桥梁。对于县级政府教育政绩评价指标体系的构建研究,则属于哲学社会科学和实用性研究的范畴,而广义系统论是专门的科学技术哲学研究的一般系统理论。用自然科学的思维方式和方法途径来分析和研究诸如县级政府教育政绩评价指标体系的构建等社会、哲学、实用性特征的问题,并取得了飞跃性的成功,既得益于系统论自身的发展,更是广义系统论诞生所带来的福音。

(三)系统理论的方法论指导

系统论的内容丰富、庞杂,既包括整体性原理、层次性原理、开放性原理、目的性原理、突变性原理、稳定性原理、自组织原理和相似性原理八大基本原理,还包括结构功能相关律、信息反馈律、竞争协同律、涨落有序律及优化演化律五大基本规律。① 在县级政府教育政绩评价指标体系理解和构建的过程中,并非系统论的每一基本原理和基本规律都会对其发生同等的作用和影响,但系统理念的渗透和潜在的影响会伴随着整个过程的完成,有的基本原理或规律还会起到至关重要的指导作用。因此我们说,一定意义上,系统论的基本原理和基本规律是县级政府教育政绩评价指标体系构建的理论路径。

结构功能主义与系统论是一脉相承的关系,是系统理论的具体应用和发展。所谓结构功能主义(structural functionalism),一般意义上的概念是指:认为社会具有一定结构或组织化手段的系统,社会的各组成部分以有序的方式相互关联,并对社会整体发挥着必要的功能。结构功能主义属于现代西方社会学中的一个理论流派。它认为社会是具有一定结构或组织化手段的系统,社会的各组成部分以有序的方式相互关联,并对社会整体发展发挥十分必要的功能。整体是以平衡的状态存在着,任何部分的变化都会趋于新的平衡。社会科学中的功能主义有着长期的历史。

---

① 当前学界对系统论基本内容的理解众说纷纭,并未形成完全一致的认识和意见。出于文章论述的需要和权威性的考虑,笔者主要以清华大学魏宏森和曾国屏的相关观点为基础,同时兼顾其他学者的观点。

A. 孔德和 H. 斯宾塞在其著作中都有所论述。迪尔凯姆、A. R. 拉德克利夫·布朗和 B. K. 马林诺夫斯基对功能主义也做了较为系统的阐述。现代社会学中的结构功能主义是在以往的功能主义的思想基础上形成和发展起来的。

美国社会学家 T. 帕森斯在 20 世纪 40 年代提出了结构功能主义这一名称，他在以后的许多论著中，为形成结构功能主义的系统性理论作出了很大努力，并成为结构功能分析学派的领袖人物。帕森斯认为，社会系统是行动系统的四个子系统之一，其他三个是行为有机体系统、人格系统和文化系统。在社会系统中，行动者之间的关系结构形成了社会系统的基本结构。社会角色，作为角色系统的集体，以及由价值观和规范构成的社会制度，是社会的一些结构单位。社会系统为了保证自身的维持和存在，必须满足四种功能条件：①适应。确保系统从环境中获得所需资源，并在系统内加以分配。②目标达成。制订系统的目标和确定各目标的主次关系，并能调动资源和引导社会成员去实现目标。③整合。使系统各部分协调为一个起作用的整体。④潜在模式维系。维持社会共同价值观的基本模式，并使其在系统内保持制度化。在社会系统中，执行这四种功能的子系统分别为经济系统、政治系统、社会共同体系统和文化模式托管系统。这些功能在社会系统中相互联系。社会系统与其他系统之间、社会系统内的各亚系统之间，在社会互动中具有输入—输出的交换关系，而金钱、权力、影响和价值承诺则是一些交换媒介。这样的交换使社会秩序得以结构化。帕森斯认为，社会系统是趋于均衡的，四种必要功能条件的满足可使系统保持稳定性。

美国社会学家 R. K. 默顿是结构功能主义的主要代表人物之一，他发展了结构功能方法。默顿认为，在功能分析上，应该注意分析社会文化事项对个人、社会群体所造成的客观后果。他提出外显功能和潜在功能的概念，前者指那些有意造成并可认识到的后果，后者指那些并非有意造成和不被认识到的后果。进行功能分析时，应裁定所分析的对象系统的性质与界限，因为对某个系统具有某种功能的事项，对另一系统就可能不具这样的功能。功能有正负之分，对群体的整合与内聚有贡献的是正功能,而推动群体破裂的则是负功能。默顿主张根据功能后果的正负净权衡来考察社会文化事项。他还引入功能选择的概念,认为某个功能项目被另外的功能项目所替代或置换后,仍可满足社会的需要。社会制度或结构对行动者的行为影响是默顿著述中的主题之一。他认为,社会价值观确定了社会追求的目标,而社会规范界定了为达到目标可采用的手段。如果文化结构与社会结构(制度化手段)之间发生脱节,就会出现社会失范状态,导致越轨行为。

县级政府教育政绩评价指标体系是一个具有特定结构与功能的复杂系统。系统理论为分析指标体系和指导指标体系结构提供了理论基础。县级政府教育政绩评价指标体系有什么样的系统结构,就必然表现出相应的系统功能。县级政府教育政绩评价指标体系的稳定的结构规定制约着县级政府教育政绩评价指标体系功能的性质和水平,限制着县级政府教育政绩评价指标体系的范围和大小;同时,结构一旦改变,功能也就随之改变。县级政府教育政绩评价指标体系的结构与功能是既相适应又相矛盾的有机统一体。二者的对立统一是县级政府教育政绩评价指标体系不断完善的动力。县级政府教育政绩评价指标体系的结构与功能的系统原理,为认识和完善县级政府教育政绩评价指标体系提供了非常宝贵的理论指导和方法借鉴。

第二节　评价指标体系的构建原则

县级政府教育政绩评价指标体系的构建并非一系列指标参数的胡乱堆砌和简单加和,而是要根据一定的基本原则和具体原则有机组合起来,能够反映县级政府在推进教育发展方面所达到的效果。这些基本原则和具体原则既有理论方面的也有实践方面的,既有宏观性的也有微观性的,既是历史的又是具体的。具体而言,县级政府教育政绩评价指标体系构建所要遵循的基本原则包括先进性原则、客观性原则、科学性原则、发展性原则,而具体原则是指针对性原则、可比性原则、可行性原则和全面性原则。

一、构建的基本原则

（一）先进性原则

先进性原则的内涵是指为达到事前预定的目标,事物的发展坚持某种道路的走向或者顺延某种特定的发展趋势。具体而言,就是县级政府教育政绩评价指标体系必须符合当前社会政治、经济、文化的时代特征和未来发展趋势,充分体现科学发展观和正确政绩观要求,充分体现"三个代表"重要思想。先进性原则亦即方向性原则,谈的是政治性的问题。坚持正确的政治方向,积极推进社会主义教育的发展是县级政府教育政绩评价指标体系构建必须坚持的首要原则。

任何事物都处于一定的环境当中,一定条件下的发展观和特定的经济运行体制在很大程度上决定着县级政府教育政绩评价指标的内容。党的十六大到十七大,我国一直在进行的是全面建设小康社会的战略任务和奋斗目标,党中央也对各级党政领导班子和领导干部提出和进行了加强执政能力建设、树立科学的发展观和政绩观教育、构建和谐社会和打造服务性政府的要求。因此,构建县级政府教育政绩评价指标体系,不能仅仅从地域或者部门出发,而应当有大局观念和战略眼光。从构建社会主义和谐社会、践行科学发展观、树立正确的政绩观出发,站在国家战略发展和社会全面进步的前瞻高度,充分体现先进性。

具体来说,县级政府教育政绩评价指标体系的构建与设计,需要考虑以下几个方面的因素。一是满足社会主义和谐社会建设的要求。党的十七大报告指出:"社会建设与人民幸福安康息息相关。必须在经济发展的基础上,更加注重社会建设,着力保障和改善民生,推进社会体制改革,扩大公共服务,完善社会管理,促进社会公平正义,努力使全体人民学有所教、劳有所得、病有所医、老有所养、住有所居,推动建设和谐社会。"[①]由此可见,教育是民生的重要内容之一。县级政府的教育政绩是衡量民生发展的重要指标和表现,也是维护稳定的社会环境、为人民办实事和好

---

① 中共中央文献研究室编:《十七大以来重要文献选编》(上),中央文献出版社2009年版,第29页。

事的具体体现。二是满足科学发展观、转变政府职能和科学政绩观的要求。2006 年 9 月,国务院召开全国电视电话会议,部署加快推进政府职能转变和管理创新工作。温家宝指出,要科学确定政府绩效评估的内容和指标体系,实行政府内部考核与公众评议、专家评价相结合的评估办法,促进树立与科学发展观相适应的政绩观。当前,确立社会公平正义的理念,放下唯 GDP 论英雄的观念,以创新的态度构建科学的县级政府教育政绩评价指标体系,是贯彻落实科学发展观、促进政府职能转变的手段之一。三是满足国家未来教育发展规划的要求。《国家中长期教育改革和发展规划纲要(2010—2020 年)》明确提出了教育"优先发展、育人为本、改革创新、促进公平、提高质量"的二十字工作方针,集中凸显了教育优先发展的战略地位,同时明确了各级政府部门在教育发展中应当承担的主要责任。《国家中长期教育改革和发展规划纲要(2010—2020 年)》提到的县级政府的教育责任主要包括战略规划、财政投入、举办幼儿园、教师队伍建设、监督管理等方面的内容。[①] 因此,我们在构建和设计县级政府教育政绩评价指标体系时,就要以此为指导,每一方面都应该有所反映。

(二)客观性原则

客观性原则是县级政府教育政绩评价指标体系构建所要遵循的重要原则,是实事求是哲学原理在县级政府教育政绩评价指标体系的具体运用。

中国地大物博,幅员辽阔,以县(县级市)为级别的行政区划单位不下两千,因此,真正要构建、设计、制定一整套"放之四海而皆准"的县级政府教育政绩评价指标体系实属不易。这是因为不同的地区、不同的县域之间,在自然条件、经济发展水平、社会结构、国民素质、人民生活水平、风俗习惯等方面都存在着一定的差异和不同。因此,在构建县级政府教育政绩评价指标体系的过程中,要坚持一切从实际出发、实事求是的原则,尊重多样性的统一,坚决杜绝思想和技术层面上的"一刀切"形式。

一方面,构建县级政府教育政绩评价指标体系应当考虑不同地域客

---

① 顾明远:《国家中长期教育改革和发展规划纲要(2010—2020 年)解读》,北京师范大学出版社 2010 年版,第 9 页。

观条件的差异性所带来的影响。这就要求在设计县级政府教育政绩评价指标时，要从教育发展的实际出发，根据当地县级政府及其对教育的管理现状和特点，遵循评价指标体系建构和设计的自身规律，进行系统分析和深入调查。不能简单地从县级政府教育政绩职能出发，寻找县级政府教育政绩评价指标体系构建的万全之策，而应该从立体多维的视角进行探索，也就是说，在构建县级政府教育政绩评价指标体系时，要从系统论的高度把握各种影响因素，并妥善整合影响因素之间的关系。只有这样，才有利于县级政府教育政绩评价指标体系的整合与优化，才能使其更加科学和合理，更贴近各地县级政府教育管理的实际。

另一方面，构建出的县级政府教育政绩评价指标体系要能够反映县级地域间的差异。县级政府教育政绩评价指标体系的设定，必须立足于当时、当地实际，准确、全面、适度地把握和运用好上级要求、自身的实际及外部环境等客观条件，实现三者的有机统一。在指标体系的设计上有不同的侧重，既要设计一些通用指标，也要考虑一些特殊赋值，或者是运用科学的计量分析方法，尽量缩小和摒弃县级地域间的客观差异给县级政府教育政绩评价指标体系构建及其评级过程和结果带来的误差和不良影响，通过权重的设置来体现不同地区间各项指标的重要程度。

（三）科学性原则

科学性的要求源于对事物本质的追求，其内涵包括实事求是的态度，崇尚严谨的科学精神，先进的方法理念，就是"实事求是的态度"。一言以蔽之，科学性原则就是将求是的态度、严谨的精神与科学的方法统一于县级政府教育政绩评价指标体系构建的进程中。科学的理论指导和科学的实践践行，是县级政府教育政绩评价指标体系构建的两条主要途径。在科学理论的指导下，综合各学科优势，制定出一整套完备的构建方案和合理的整合程序，是县级政府教育政绩评价指标体系构建中科学性原则首要和前提性的要求；然而，"真理的标准只能是社会的实践"[①]。科学理论的指导只能通过科学的实践活动才能发挥效用。唯有坚持科学性原则，将科学理论与科学实践相结合，才能规避县级政府教育政绩评价指标

———————

① 《毛泽东选集》第 1 卷，人民出版社 1991 年版，第 284 页。

体系构建过程中误入歧途的风险。

科学性原则主要体现在理论与实践的结合上，以及所采用的科学方法等方面。在理论上要站得住脚，同时又能反映评价对象的客观实际情况。构建县级政府教育政绩评价指标体系时，一方面要以科学理论为指导，使评价指标体系能够在基本概念和逻辑结构上严谨、合理、适度，抓住评价对象即县级政府的教育政绩的实质，并设计出具有针对性的指标体系完成科学的评价；另一方面，评价指标体系又是理论与实践相结合的产物，无论采用什么样的定性、定量的统计分析方法，还是建立怎样的模型，或者是开发先进的网络软件，都必须是对客观的真实描述，必须抓住最重要、最核心、最有价值和最具代表性的东西。对客观实际抽象描述得越清楚、越简练、越符合实际，科学性就越强。

科学性原则要求具体指标的设计和选用应能体现县级政府教育职能效率的实质含义，力求全面、综合、系统，能从不同侧面刻画县级政府教育政绩的全貌。因此，指标的选择、指标权重的确定、数据的选取与分析等县级政府教育政绩评价指标体系构建的具体环节性工作，都必须有科学的理论作为后盾和支撑。总言之，依据一定的目的来构建县级政府教育政绩评价指标体系并确定其名称、含义和口径范围等这些对指标名称质的规定，在理论上要有科学依据，在实践上要具有可操作性和实际效果。县级政府教育政绩评价指标体系的构建应遵循科学性的原则，科学性是确保评价结果真实可信的基础，它包含特征性和一致性两个方面的要求。一是评价指标体系应该能够反映评价对象即县级政府教育政绩的特征，根据评价对象区别于他事物的特殊本性来设置科学合理的指标内容；二是各项指标的概念要一致，即对同一指标的含义、适用范围、计算方法、分析的时空条件等方面都要是一致的，这些方面都要求明晰的界定，不能导致同一指标出现多种解释，产生曲解或歧义，致使评价结果失真。

（四）发展性原则

事物总是处于不断发展的过程中，发展就是新事物的产生和旧事物的灭亡。发展性原则是指县级政府教育政绩评价指标体系的构建要适应实践和时代发展的需要，反对守旧和僵化。因此，县级政府教育政绩评价指标体系的建构与整合都必须服从和服务于时代发展的主题任务。认清当前所处的时代环境,顺应时代发展的要求,是县级政府教育政绩评价指标体系发展和创新的重要前提。同样地,发展性的要求也是推进县级政府教育政绩评价的重要前提,发展性原则成为县级政府教育政绩评价指标体系建构的行动准则。县级政府教育政绩评价指标体系建构中坚持时代性原则的根本原因在于理论和实践的不断发展,这就要求在县级政府教育政绩评价指标体系构建的进程中,要认清变化了的实践形势和评价所需要的理论指导和路径支持,不断探索县级政府教育政绩评价指标体系构建的新方法和新模式。

县级政府的发展战略与规划是明确使命和远景、确定主要目标及发展长远战略的过程,它有利于推进县级政府的未来发展,从长远的筹划方面来确保县级政府的教育职能的有效发挥。因此,发展战略和长期规划对县级政府的基本公共服务评估指标体系、县级政府教育政绩评价指标体系,均产生日益突出的影响。第一,对县级政府教育政绩评价指标体系的构建起到方向性的指导作用;第二,减少不确定因素,保证县级政府教育政绩评价指标体系构建过程中的相对稳定,避免因指标的不定性而出现工作无所适从的尴尬局面;第三,提供县级政府教育政绩评价的标准,减少指标体系构建中的主观随意性,提高对县级政府教育政绩评价的客观性和准确性。"绩效评估指标是标志和指向未来的,具有导向性。"①因此,我们在构建县级政府教育政绩评价指标体系的过程中,要用发展的眼光看问题,从县级政府的发展战略和长期规划出发,找准反映其教育政绩方面的关键指标。

二、构建的具体原则

(一)针对性原则

不同的地区有不同的特点,因此,没有一个放之四海而皆准的不变的具体的指标体系。不同地域间的指标有其具体和灵活的要求,每个地区县级政府的具体指标又是有差别和具有针对性的。同时,所有的指标并

---

① 彭国甫:《地方政府公共管理事业管理绩效评价研究》,湖南人民出版社2004年版,第168页。

非一成不变，它是随着实践和国家的大政方针政策的变化而灵活调整的。这里所谓的针对性是指目标的针对性，也就是说在县级政府教育政绩评价指标体系构建的过程中，始终要围绕着科学评价县级政府的教育职能发挥效率及其推进县级教育发展的最终目标。

一般认为，绩效评估的目的是引导、帮助被评估对象实现其战略目标以及检验其战略目标实现的程度。这就要求我们在设计和选择县级政府教育政绩评价指标时，应从对象即县级政府教育政绩的战略目标出发，根据战略目标的情况来构建县级政府教育政绩评价指标体系。在具体实践中，我们可以运用系统图标分解法将一级指标逐级分解成具有可操作性的更低一级的指标。同时，战略目标的实现是通过层层的层级分目标的实现来保证的。县级政府教育政绩评价的战略目标同样是以分层级的方式来实现的。这就客观要求一定层级的绩效评估指标必须与同一层级的绩效评估目的相一致，要服从和服务于同一层级绩效目的的达成。①

政府作为政治权力的主体，对社会进行必要的政治管理，其权力是人民赋予的，它必须对人民负责。因此，评估县级政府的政绩，不仅要看投入资金的多少、开发资源的多少，更应该看它基于自身的职能，在多人程度上满足了社会和公众的需要，得到民众的认可。在这个意义上说，县级政府角色的科学定位，是科学的组织绩效评估的前提。从本质上说，绩效就是政府基本公共服务功能履行的程度和质量。作为推动政府机关有效履行职责的一种管理技术，县级政府绩效评估的内容和侧重点必须严格围绕组织使命和法定职责。加强劳动力培训、提高农村教育水平、监督与普及义务教育等教育职能是县级政府基本公共服务的重要内容。这就要求县级政府在教育政绩面前合理定位，在合理定位的基础上，让政府的教育政绩评价目标与组织实施评价高度相关和一致，使得县级政府教育政绩评价指标体系具有较强的针对性，才能真正发挥政绩评价的作用。针对性的原则还要求，在构建县级政府教育政绩评价指标体系的过程中，重视公众对县级政府的公信力及进一步对县级政府教育政绩的满意度。

---

① 彭国甫：《地方政府公共管理事业管理绩效评价研究》，湖南人民出版社 2004 年版，第 160 页。

（二）可比性原则

县级政府教育政绩评价指标体系构建的可比性原则，可以归结为"横向比较"与"纵向对接"。具体而言，就是我们在设计和选择指标时，要注意两个方面的可比性，一是横向的可比性，即不同地域、不同行政区间的县级政府教育政绩对比可以评出优与劣；一是纵向的可比性，即通过不同时期、现任与前任领导干部间的教育政绩对比，反映县级政府及其领导干部教育政绩的发展变化和领导水平的高低。

兼顾共时性（横向）可比与历时性（纵向）可比两个方面，实现县级政府教育政绩评价指标体系可比性在时间和空间上的统一。我们既要在设计县级政府教育政绩评价指标体系的构建中，要保证各个指标项之间具有相对的独立性，同一层级的指标不能重叠交叉，否则没有可比性；同时，评价指标体系必须反映县级政府教育政绩的共同属性，即保持质的一致性，这样才能比较两个具体评价对象在这一方面量的差距。需要注意的是，在运用县级政府教育政绩评价指标在不同地域县级政府之间进行横向比较时，要求除指标的口径、范围必须一致外，一般用相对数、比例数、指数和平均数等进行比较才具有可比性。而要保证同一单位不同时间上的纵向可比性，在设计县级政府教育政绩评价指标时，既要充分体现当时当地的实际需要与客观条件的相对稳定性，又要对未来的近期发展有所预见而力求一定的连续性。一言以蔽之，可比性原则要求在县级政府教育政绩评价指标体系的构建中，尽量多地使用相对指标，以便于对不同对象进行比较，但为了反映对象之间规模上的差异，应该选取一些绝对指标，同时确保各个指标的计量范围、口径一致，以进行增值评估。

（三）可行性原则

设计得再完美的指标，如果在现实中不具有可行性，也不能充分发挥出它应有的作用。可行性原则要求评价指标的设置首先要便于进行具体操作。这就要求我们在设计县级政府教育政绩评价指标时，要立足于地方经济社会发展实际，不能贪大求全，防止指标体系过于繁杂，评价成本过高；也不能设计得过于简单，难以反映县级政府教育政绩的绩效水平。县级政府教育政绩的指标体系应当具有较强的可操作性，较易执行和应用，并且作为被考核者也较易按照这一指标去自我衡量。县级政府教育政绩评价指标的设置要明确具体,能量化的指标都要量化,实在不能量化的,要用定性的办法从工作的效果、人民群众的满意程度等方面提出明确的要求,还要有相应的具体考核标准。

具体而言,在构建县级政府教育政绩评价指标体系的过程中,可行性的原则主要包括以下几个方面的内容。首先,县级政府教育政绩评价指标体系要具有现实可行性,也就是实际操作性。可行性的核心思想便是可操作性,主要体现在某一指标能否获得充足的相关信息。如果获取信息的相关渠道不畅通,不能获取充足的相关信息,不管评价指标设计的怎么好,也不过是水中之月,镜中之花。构建评价指标体系的目的是为了对县级政府的教育政绩进行准确的评估。因此,在具体指标的设计和选取上尽量选择具有共性的综合指标及保持口径的统一。指标体系的设置要避免过于繁琐复杂,做到指标含义明确,同时指标体系所涉及的数据资料和资源便于收集,这样才能在运行中具有较强的简易性和可操作性。其次,县级政府教育政绩评价指标体系要具有可测性。所谓可测性,是指评价指标可以用操作化的语言描述和定义所规定的具体内容,并运用现有的工具进行测量,从而获得明确的结论。不可量度一直以来是评价指标体系构建的难点,也是科学构建中需要不断克服的问题。因此,在下一步对县级政府教育政绩评价指标体系的构建中,要坚持所选取指标的可量度性,且能够取得实际的数据。为了达到这一效果,能选用定量指标进行测量的地方尽量采用定量指标,在确实无法使用定量指标进行衡量的地方,再采用定性指标描述。定性描述也应具有直接可测性,不具有直接可测性的内容,应通过可测得间接指标来测量,并且尽量使用如"优、良、合格、不合格、差"等阶段性指标标准,以增强测量结果的准确性和客观性,以便于操作。在本书县级政府教育政绩评价指标体系的构建过程中,我们开发了一套简单易行的评估软件,借助高科技手段,提高县级政府教育政绩评价的科学性、准确性和操作性。最后,县级政府教育政绩评价指标体系的构建要具有可适应性。县级政府教育政绩评价指标体系的构建应该结合当地的实际来制定,凸显县级政府教育政绩的优势与特色,并根据县级政府的实际工作能力和水平来制定评价标准和指标,标准过高或者过低都无法达到县级政府教育政绩评价的预期,从而不具有可行性。

另外,可行性与可比性是紧密联系的。可行性原则要求指标设计过程中,要能进行纵向和横向的比较,单纯的数字表示不出一段时间内某地区的教育发展是全面、协调、可持续的发展,只有通过与其他地区的横向比较和历史数据的纵向比较,才能真正对县级政府的教育政绩作出科学合理的评价。

（四）整体性原则

整体性作为一种辩证的观察原则和分析方法,是把一定的对象、存在视为内容和结构完整的有机整体,坚持整体对于部分的决定性观点。县级政府教育政绩评价指标体系构建的整体性原则的理解和运用可以通过评价指标体系结构的整体性及构建过程中整体性的原则体现等问题来说明。其一,评价指标体系结构的整体性。体系是展示特点、建立关系、发挥作用的技术承载和包容。由多个不同类型的评价指标,囊括在相同的宣传主题或目标下,在相互竞争中逐渐融合,最终形成一个整体性的结构,这就是评价指标体系。尽管每一评价指标都会处于不同等级的整体系统中,但当其处于高级系统结构中时,整体性便是评价指标内在属性。其二,构建中整体性原则的体现。县级政府教育政绩评价指标体系的构建是一个复杂的系统工程,这就需要将评价指标体系看做整体,构建中树立全局观念,才能实现整体构建。

整体性原则要求评价指标体系能够完整、全面、系统地反映县级政府教育政绩评价的数量和质量要求。指标体系必须全面地体现所要达到的目标的整体,指标的内容应该能够全面、系统地反映县级政府教育政绩评价的目标和要求,而不能在任何重要的方面有所纰漏,否则就会导致评价结果的巨大偏差。指标体系必须比较全面、准确、系统地反映县级政府全部行政活动中的教育政绩。选择指标体系,既要考虑体系的完整性,即指标应当较为完整地体现县级政府各方面的教育政绩,既有数量又有质量,既有成绩又有不足,还要考虑指标的代表性,从中选出最能全面反映政绩的优化指标,进而规定指标的含义、分类。

县级政府教育政绩评价指标体系的构建带有多角度、全方位、立体化的特点,其构建的指导性原则亦是复杂而系统的。先进性原则为其提供了理论基点,时代性原则为其提供前提上的准备,科学性原则则始贯穿于建构的整个过程,针对性、可比性和可行性体现了指标体系建构的基本要求,而全面性恰恰表明构建的落脚点与归宿。先进性、时代性、科学性、客观性与针对性、可比性、可行性、全面性之间既互相依存又互相竞争,在相互博弈的过程中形成了一个基本原则与具体原则有效统一的整体,引导和斧正县级政府教育政绩评价指标体系的和谐构建。

第三节 评价指标体系构建的理论路径

县级政府教育政绩目前比较通用的评价模式主要有政绩考核模式、教育督导模式、同行互评模式、上级行政部门评价模式和上级业务主管部门评价模式,这些模式分别从不同评价主体的视角阐述了对县级政府教育政绩的理解,并从不同的侧面丰富了县级政府教育政绩评价的理论体系。然而,我们认为,以上的评价体系所采取的研究范式在强调从某一视角进行探讨的同时,往往忽视了与该视角相联系的其他要素,难免会因顾此失彼而导致一定的片面性,出现挂一漏万的不足。因此,这就需要以系统论(System Approach)作为县级政府教育政绩评价问题研究的哲学基础和研究的基本方法,把县级政府教育政绩评价体系作为一个系统进行分析理解,从整体的角度和联系的观点来揭示县级政府教育政绩评价指标体系的组成要素及各要素的关系,在此基础上分析症结,提出对策,积极构建科学合理的县级政府教育政绩评价指标体系。

由贝塔朗菲(Ludwig Von Bertalanffy)等学者倡导的系统论认为,系统是由若干要素以一定结构形式联结构成的具有某种功能的有机整体。此定义包括了系统、要素、结构、功能四个概念,表明了要素与要素、要素与系统、系统与环境三方面的关系。系统论的基本思想方法,就是把研究对象视为一个系统,分析系统的结构和功能,研究系统、要素、环境三者的相互关系和变动的规律性,进而优化系统功能。据此,可以认为,县级政府教育政绩评价是由一定的评价主体采用特定的评价机制对县级政府的教育政绩进行评价的系统。这个评价系统的指标体系组成要素应包括:评价主体、评价客体、评价机制、评价功能、评价环境。上述要素在相互联系、相互制约过程中发挥系统的功能。从系统论角度分析,我们发现现行评价体系中各要素与系统功能存在如下系统性失范。

第一，评价主体割裂化。县级政府的教育行政职能由县级政府、各级各类学校、教师、学生、家长及社会其他因素等多元主体参与，以履行县级政府的职责和义务来实现教育发展为主要内容的交互作用过程。从根本上来说，县级政府教育政绩评价的主体应该是广大的人民群众，具体执行起来时则是代表人民利益的县级政府的上级政府及其主管部门。而现行评价体系没有从整个系统的角度对各种评价模式进行准确定位，并且由于管理者在思想上对学生评教模式过于推崇，出现上级督导"一股独大"的局面，忽略了评价主体多元化的重要性，没有体现教育政绩体现的多维性，尤其是忽视了社会力量的价值倾向，压制和剥夺了广大人民群众在政府教育政绩评价问题上的话语权；加之作为主要评价主体——上级督导评价的指标体系不健全、认知方面的偏差、主观意愿的影响、样本参数的不足等，都可能带来评价结果可信度低、有效性不强等问题。

第二，评价客体被动化。由于整个评价过程是自上而下、单向式的开展，缺乏评价主体与评价客体的沟通与反馈，评价结果与奖惩挂钩，使评价客体基本处于被动地接受检查和评判的地位，不利于其积极性和主动性的保护，对评价活动不免存在一定程度的应付、反感、恐惧、逃避的消极态度，对评价活动的参与度和认同度不足，未能充分地发挥评价的积极作用。由于片面强调评价结果及其应用的权威性和有效性，造成被评价的县级基层政府无力表达自己的意见和想法，导致沟通渠道的不顺畅。即使对所谓评价结果能够提出质疑或异议，也大多无法改变评价的大局，这种被动使县级基层政府陷入这样一种两难的尴尬境地。明知是个"逻辑怪圈"却无法跳出，貌似面临着两难抉择事实却无法选择。"军规"的存在削弱了县级政府在教育行政及其后的评价中的主体地位，损害了县级政府的职责认同感，政府被迫放弃其在基层教育行政中的主导地位，各级各类的教育机构成为教育契约关系中的"上帝"，政府成为服务上帝的"仆人"，甚至在参与教育活动的过程中逐步沦为"弱势群体"。

第二，评价机制简单化。县级政府教育政绩评价机制的主要内容包括评价的原则、指标体系、方法、组织机构以及对评价信息的收集、处理和分析以及反馈等。首先，评价机制能否收到预期的效果，评价表的设计至为关键。但现行的评价表一般由书斋里的专家学者或者上级监管部门的工作人员制订,设定评价表时随意性较大,并有脱离基层实际的危险。作为评价客体的县级基层政府对于评价表的设计却无权参与,处于被动和"失语"的状态。这样一张充斥着专家学者学术性和行政管理者权势性话语的评价表,因为评价主体和评价客体的表达机制不畅通,必然是一张有先天缺陷的表格。其次,从评价指标体系来看,由于缺乏科学的编制程序对指标体系进行测试和修订,经常是一张评价表通用于各类教育行政行为的效果评价,评价标准被固定化、程序化和测量化,忽视基层教育类型的个体差异和实地背景,用统一的、唯一的标准来衡量所有的县级政府教育政绩,一表多课现象突出,而且一用就是好几年。更有甚者照搬照抄其他省市的评价表,没有建立起权威性的、能够与时俱进的评价指标体系。再次,评价形式单一,统计手段过于落后。目前,对县级政府教育政绩的评价多数采用纸·质评价问卷和评价表的方式对绩效进行终结性评价,评价方法过于强调量化的研究方法,没能很好地运用质性的评价方式获取更为生动和丰富的评价信息;缺乏主客体之间的非正式评价以及形成性评价。最后,评价结果与信息反馈过于简化。评价结果仅用优、良、中、差等几个简单等级进行区分,反馈信息内容过于简化,不足以反映县级政府教育行政绩效的个性差异,无助于县级政府据此评价结果调控与改进教育行政行为。上级主管部门除了依据统计数据进行名次排列、评出优良、中、差等级之外,对评价结果很少进行深入分析。

第四,评价功能异化。正如斯塔弗尔比姆(Daniel L. Stufflebeam)所说:"评价不是为了证明,而是为了改进。"由于现行评价模式中组合各要素的制度设计不合理,使得原本是为了帮助县级政府改进教育行政实践的评价现在却被广泛用于支持人事、财政决策。上级部门从管理、控制的目的出发,过分强调评价的甄别、遴选功能,忽视评价的导向、诊断功能,着眼于对县级政府教育政绩进行资格鉴定和业绩评定。在这种观念的指导下,很多情况下都有将一次性的评价结果与县级政府及其主要领导的人事任用、优秀评定、年终考核、奖金发放,甚至末位淘汰挂钩。这种简单化、功利化使用评价结果的倾向,有使县级政府教育政绩评价结果被误用、误导甚至是异化的危险。很多时候,末位淘汰、职务晋升等人事决策已经成它唯一的用途,其合理性日益受到置疑。

将系统论运用于实践中去,是解决这些问题的有效路径。首先,要有系统的思想,即认识到这些问题并不是孤立出现的,它们之间是相互关联的。其次,只有综合处理好各种要素之间的关系,才能解决好这些问题。然而,这并不是简单地讲用系统论就可以解决问题了,这些要素由于具有各自不同的特性,需要在系统论不同原则指导下采取不同的解决方法。整体性、关联性、等级结构性、动态平衡性、时序性等是所有系统共同的基本特征;相应的,系统论具有整体性、自组织性、层次性、结构功能、开放性等运行原理。也就是说,我们要将县级政府教育政绩评价及其指标体系的建构置于系统论的各个原理中进行考察。

一、运用整体性原理,发挥系统优势

系统整体性原理指的是,系统是由若干要素组成的具有一定新功能的有机整体,各个作为系统子单元的要素一旦组成系统整体,就具有独立要素所不具有的性质和功能,形成了新的系统的质的规定性,从而表现出整体的性质和功能不等于各个要素的性质和功能的简单加和。[1]

我们置身于其中的世界是一个系统的多层次的世界,同时也是一个表现出多层次整体性的世界。一般系统论的创始人贝塔朗菲这样写道:"亚里士多德的论点'整体大于它的各个部分的总和'是基本的系统问题的一种表述,至今仍然正确。"[2]从事物存在的方面看,系统具有的整体性,是这一系统区别于其他系统的一种规定性。简言之,如果系统不能作为整体事物而存在,系统也就不复存在了,系统整体也就不存在了;从事物演化的过程来看,系统具有整体性,也就成为这一系统能在运动中得以保持的一种规定性。一个系统,只有得以保持,才有这一系统的演化。如果在演化之中这一系统的整体性消失了,等于说这一系统在演化之中走向了消亡、走向了崩溃。特定的系统,总是伴随着特定的整体性。随着系

---

① 魏宏森、曾国屏:《系统论——系统科学哲学》,清华大学出版社1995年版,第201页。

② 贝塔朗菲:《普通系统论的历史和现状》,《科学学译文集》,科学出版社1980年版,第309页。

统的演化,系统的整体性也要发生变化。特定系统消亡时,该系统的整体性也就消亡了。

而且,系统具有整体性,才有系统的整体变化,才有系统的整体突变。否则,系统就仅仅具有量变,仅仅具有逐一发生的系统要素的渐变。而这是与实际情况不符合的。从相互作用是最根本原因来看,系统中要素之间是由于相互作用联系起来的。系统之中的相互作用,是非线性相互作用,这就使得系统具有整体性。对于线性相互作用,线性相互作用的各方实际上是可以逐步分开来讨论的,部分可以在不影响整体的性质的情况下从整体之中分离出来,整体的相互作用可以看做是各个部分的相互作用的简单叠加,也就是线性叠加。而对于非线性相互作用,整体的相互作用不再等于部分相互作用的简单叠加,部分不可能在不对整体造成影响的情况下从整体之中分离出来,各个部分处于有机的复杂的联系之中,每一个部分都是相互影响、相互制约的。这样,每一个部分都影响着整体,反过来整体又制约着部分。而从整体与部分的关系来看,这恰恰是说,系统具有整体性是必然的、普遍的和一般的。

系统的整体性原理,总是在系统和要素、整体和部分的对立统一之中来把握系统的整体性的。系统是由要素组成的,个体是由部分组成的,要素一旦组合成系统,部分一旦组合成整体,就会反过来制约要素,制约部分。所谓的"整体大于部分",也是这种情况的概括。就整体有别于部分而言,这种区别是客观的,是不以人的意志为转移的,因而也就是绝对的、无条件的,否则就无所谓整体和部分区别的客观性了。但是,系统和要素、整体和部分的影响又是有条件的、相对的。总之,系统与要素、整体与部分是互相区别的。但是,这样的互相区别是有条件的,在一定的情况下可以发生转变。

对于县级政府教育政绩评价指标体系的构建来讲,整体性的原理具有重要的指导意义。在系统论视阈下,县级政府教育政绩评价指标体系就是一个完整的系统体系,其中每个具体的评价指标是构成这一评价指标体系整体的分要素。总言之,指标是构成指标体系的要素,指标体系是由指标构成的系统。可以说,县级政府教育政绩评价指标体系的内容非常庞杂和丰富,既包括硬性的指标内容,也包括软性的指标内容;既有对客观政策评价的指标内容,也有以人为考察对象的指标项目,不一而足。正是由这样一个个相对简单而又具体的指标要素的相互结合、相互作用、相互影响、相互统一,才最终形成了我们所要构建的县级政府教育政绩评价的指标体系。每一个评价指标在县级政府教育政绩评价指标体系这一大系统中扮演着自己不可或缺的重要角色。在整体的概念下,正确处理各指标要素之间的关系是构建县级政府教育政绩评价指标体系的首要问题。另外,不同评价模式各有其独特作用,但也有各自的局限性,割裂使用无法客观评价县级政府的教育政绩,还会导致评价有效性不强等问题。如果综合采用各种评价模式,发挥各自比较优势,则多渠道集中起来的反馈信息可为公正的决策提供基础。例如,通过同行评价,在明确自身特点的前提下,借鉴不同地域的优秀做法和先进经验,消化、吸收形成自身一套行之有效的方案,帮助被评价的县级政府在下一步的教育职责履行中合理安排人事、财政、监管等工作,以利地方教育的大发展、大繁荣。当然,我们追求的并非平均主义和"各打五十大板"的中庸思维。需要指出的是,每一评价模式和每一指标元素在整个评价体系中的权重是不一样的。正如美国学者阿里莫里(L. M. Aleamoli)所指出的:学生是教学过程的主体,他们的观察比其他突然出现的评价人员更为细致周全。因此,学生评教应当是课堂教学质量评价系统中的主要组成部分,其权重也应当是最大的。同理可知,系统论视野下县级政府教育政绩评价主体的构成及其所倚重的指标体系权重也是一个需要认真斟酌的问题。

除了要求妥善处理要素之间的关系外,还要妥善处理要素与系统的关系。换句话说,县级政府教育政绩评价的整体性构建便是追求功能的最大限度发挥,不仅追求每一个要素平台最大功能"1"的发挥,更加注重整体性功能发挥"1 + 1 > 2"效果的实现。将各个指标要素的作用与地位放到大的指标体系中去考察,顾全大局和整体,系统的整体性原理还要求发挥系统的整合作用,激发系统优势。系统论认为,要素与系统的关系是辩证统一的,二者相互区别,在一定的条件下又可以相互转化。在县级政府教育政绩评价指标体系构建的语境下,指标与指标体系便是要素与系统的关系,二者相互区别。指标具有单一性、片面性等特点。指标体系是从众多指标中选取部分或者全部指标经过一定的整合构成的,它能够反映不同的关注焦点,具有一定的内在逻辑结构,具有全面性、系统性、科学性、客观性的基本特征。作为系统存在的指标体系,具有各个指标所不具有的整体功能,也不是各个构成指标之间的简单加和,系统优势十分突出。当然这种系统及其系统优势都是相对而言的,这取决于要素与系统辩证关系的另一个方面,即要素与系统在一定条件下相互转化。一般而言,指标体系纵向上都是以一级指标、二级指标、三级指标等多级指标的结构存在的。当二级指标作为一级指标的构成要素时,它不具有整体性的系统优势,但当它作为由若干三级指标构成的整体系统时,便具有整合后的系统优势。这种逐级存在并不断加强的系统优势源于系统具有的整体性。

二、运用自组织性原理,提高合理性与操作性

现实的系统,都处在自我运动、自发形成组织结构、自发演化之中。系统的自组织原理指的是,开放系统在系统内外两方面因素的复杂非线性相互作用下,内部要素的某些偏离系统稳定状态的涨落可能得以放大,从而在系统中产生更大范围的更强烈的长程相关,自发组织起来,使系统从无序到有序,从低级有序到高级有序。①

从一种组织状态自发地变成为另一组织状态,是系统的自组织。系统的自组织,作为一种客观的、普遍的现象,体现在世间万事万物都处在自发运动、自发地组织起来,自发地形成结构的过程之中。所谓的系统的他组织,也称为系统的被组织,与系统的自组织恰恰相反,表示的是系统的运动和形成组织结构是在外来特定的干预下进行的,主要是受外界指令的结果,在极端的情况下,就完全是按外界指令进行运动、进行组织的。当然,系统的自组织和他组织也是相对的,系统的自组织原理实际上是在自组织与他组织的对立统一中来把握系统的自组织性对于一个自组织系统的意义。这个系统是自组织的,就是说这个系统整体上是由若干个序参量制约的,这时就意味着作为这个系统的部分的系统在运动、组织总是受到特定的制约的,不可能有完全自由的自发运动和自我组织。由于系

---

① 魏宏森、曾国屏:《系统论——系统科学哲学》,清华大学出版社 1995 年版,第 265 页。

统的层次性,这里已经表现了自组织的相对性。对于一个基本层次之间的联系非常紧密的自组织系统而言,情况就更是如此了,系统的整体性很强,系统整体就会强烈地制约系统中低层次子系统的行动自由。这就意味着,对于该系统之中的低层组织而言,这些低层组织受到了作为更高层次的系统整体的干预,显得是受系统高层次的特定指令而组织起来的。这里也存在系统自组织的相对性。大千世界是一个错综复杂地结合起来的系统整体,在这个大系统中的所有系统都在相互联系、相互作用之中,绝对自由自在的系统实际上是不存在的。系统的自组织,总是在与其他系统的相互作用之中实现的,也总是在不同程度上受到作为其环境的其他系统的制约的。推动系统自组织的力量——一只无形的手,正是在这种系统与环境、系统与系统的互相牵制之中形成的。因此,对于一个具体的系统,对于其自组织,也不能作绝对的理解,决不能理解为自以为是。系统的自组织就是系统进化的过程。但是,一般说系统的进化时主要是指明系统发展的趋势,而说系统的自组织时则要进一步指出系统进化的机制。

普里高津(Prigogine)的耗散结构理论认为,我们周围世界的宇宙万物都处于非平衡状态的开放环境中,开放意味着与外界环境有物质、能量和信息的交换,外界环境的变化会引起系统特性的改变,相应的引起系统内各部分相互关系和功能的变化,系统内部结构也在发生着方向性的动态变化,而系统的自组织性是其得以存在的核心所在。系统作为一个整体对内部变化和外界环境变化会作出反应和调适,从而具有自我调节性、自律性和自我生成性。为了保持和恢复系统的原有特性,系统必须具有对环境的适应能力,例如,反馈系统、自适应系统和自学习系统等。这种自组织性是系统内各子系统和要素协同作用的结果。县级政府教育政绩评价同样面临着一个具有复杂性和随机性的开放环境,要建立一种具有普适性和绝对合理的县级政府教育政绩评价体系几乎是不可能的。因此,设计评价机制的指导思想应当是设计一种具有相对合理且可操作性的评价指标体系。相对合理性表现为:评价标准不宜只采取简单同一、一成不变的评价指标构成,应当充分考虑地域环境、财政状况、教育基础、文化背景之间的差异以及县级政府与各类教育部门的认知水平的差异;制定科学的评价指标编制程序,摒弃由专家学者在书斋中"闭门造车"的模式,要"开门纳谏",吸纳评价主体与评价客体参与评价指标设计。可操作性表现为:在设计评价指标时,要抓住主要因素,使指标体系简洁易行。选取在县级政府教育行政活动中能够观察和掌握的行为特征作为评价指标,尽量避免选择难以实际感受、观察和直接测量的指标项目,以便于评价主体的实际操作和结果的客观有效;要对指标进行多级分类,即一级指标、二级指标、三级指标……直到多级指标,将硬性指标和软性指标结合起来使用;指标之间要有紧密的关联和明显的逻辑层次,后面的指标要比前面的逐步细化,使评价要求更为明确。要运用科学的权重确定法,按照影响县级政府教育政绩评价的重要程度的差异,确定权重。在评价方式上,可以创新评价方式,综合采用专家会议法、特尔斐法、层次分析法等新型方法,分专题进行考核评价,涉及专门的县级政府教育政绩财政投入指标体系、县级政府教育政绩人事组织指标体系、县级政府教育政绩监管指标体系等,做到针对性与全面性的统一。

三、运用层次性原理,促进多层次参与和认同

系统的层次性原理指的是,由于组成系统的诸要素的种种差异包括结合方式上的差异,从而使系统组织在地位与作用、结构与功能上表现出等级秩序性,形成了具有质的差异的系统等级,层次概念就反映这种有质的差异的不同的系统等级或系统中的等级差异性。①

我们知道,系统是由要素组成的,系统具有层次性,层次性是系统的一种基本特征。一方面这一系统又只是上一级系统的子系统——要素,而这上一级系统又只是更大系统的要素;另一方面,这一系统的要素却又是由低一层的要素组成的,这一系统的要素就是这些低一层次要素组成的系统,再向下,这低一层的要素又是由更低一层的要素组成的,这低一层的要素,就是这更低一层要素所组成的系统。系统被称之为系统,实际上只是相对于它的子系统即要素而言的,而它自身则是上级系统的子系统即要素。客观世界是无限的,因此,系统层次也是不可穷尽的。客观世

---

① 魏宏森、曾国屏:《系统论——系统科学哲学》,清华大学出版社1995年版,第213页。

界是不可穷尽的,人们对于系统层次性的认识,无论是深度上还是广度上,都是没有尽头的。

　　高层次系统是由低层次系统构成的,高层次包含着低层次,低层次从属于高层次。首先,高层次和低层次之间的关系是一种整体和部分、系统和要素之间的关系。高层次作为整体制约着低层次,又具有低层次所不具有的性质。低层次构成高层次,就会受制于高层次,但却也会有自己的一定的独立性。一个系统,如果没有整体性,这个系统也就崩溃了,不复存在了。相反的情形,一个系统,如果系统中的要素完全丧失了独立性,那也就变成了铁板一块了,其实系统同样也就不存在了。其次,系统的层次区分是相对的,相对区分的不同层次之间又是相互联系的。往往可以看到这样的情况,不仅是相邻上下层之间受到相互影响、相互制约,而且是多个层次之间发生着相互联系、相互作用。有时甚至是多个层次之间的协同作用。系统发生自组织时,系统中出现了的众多要素、多个不同的部分、多个层次的相互行为,它们一下子全都被动员起来,使得涨落得以响应、得以放大,造成整个系统发生相变,进入新的状态。最后,系统的层次性具有多样性。人们可以按照质量来划分系统的层次,可以按照时空尺度来划分系统层次,可以根据组织化程度来划分系统层次,可以根据运动状态来划分系统层次,也可以从历史长短的角度来划分,总之要与实践的要求联系在一起。

　　层次性具有普遍的哲学意义。恩格斯在《自然辩证法》中,根据当时的科学认识指出:"物质是按质量的相对的大小分成一系列较大的、容易分清的组,使每一组的各个组成部分互相间在质量方面都具有确定的、有限的比值。"①任何系统都是由不同等级系列的子系统按照一定的序列有机组成,因而表现出纷繁的多样性和多层次性。层次性是一切系统最普遍的基本特征之一。系统及其结构的层次性特征反映了系统本身的规定性,即反映了系统从简单到复杂、从低级到高级的发展历程。所处的层次不同,其属性、结构、功能、行为等均不相同。任何系统都身兼系统与要素两个角色,因而,且级政府教育政绩评价指标体系的层次性构建可以从内

———————
　　①　恩格斯:《自然辩证法》,人民出版社1971年版,第248页。

系统和外系统两个方面来理解。一是内系统。所谓内系统也就是系统内部,具体是指构成这一系统下一级的各个子系统。二是外系统。所谓外部系统,主要是指系统整体所处的外部环境系统以及它们之间的内在联系。

在县级政府教育政绩评价指标体系构建的语境下,层次性原理的方法论启示主要表现在两个方面,宏观方面是指县级政府教育政绩评价的层次性及其评价主体的多层次参与与认同;微观方面是指县级政府教育政绩评价指标体系内部的层次性评价结构。

宏观方面,关于县级政府教育政绩的评价,我国在精英教育阶段主要推行自我评价模式,教育政绩的评价基本上由县级政府在自我总结、自我评定等级的前提下,向上级主管部门汇报最终结果备案。这种评价模式存在结论不客观、缺乏激励性等缺陷。步入大众化教育阶段以后,或许是由于对原模式弊端的深恶痛绝,评价模式出现了戏剧性的逆转:自我评价模式被许多地方完全抛弃而不再使用。作为评价客体,县级政府在对评价指标的设计、评价结果的反馈等方面都处于被动和"失语"的状态。县级政府意愿表达机制的不畅通,是县级政府对评价认同度、参与积极性低及重视程度不足的根源所在。因此,应当重视县级政府在评价体系中的重要地位,促进县级政府积极参与到评价中并体现不同县级政府的个体差异与特色。美国的地方政府教育政绩评价过程中重视评价者与被评者的互动与交流,倡导在平等、和谐、交流、沟通的宽松氛围中开展评价,通过反思式的自我评价、互相信任基础上的同行间评价以及专家评价、主观部门评价等多向评价模式,为督促地方政府改进教育政绩提供了明确的指向;同时,通过多元化的评价模式,在使评价内容涵盖地方政府主要教育行政行为的同时,兼顾各自的特色性指标,因此,评价结果具有较高的可信度。

微观方面,在县级政府教育政绩评价指标体系的实际构建中,要注意层次性。比如,根据评估机制的实际需要,我们将县级政府教育政绩评价指标体系可以划分为若干个一级指标,在这些一级指标之下又可以分出若干个二级指标,同样的道理,二级指标之下还能包含若干项的三级指标。逻辑性是层次性的基础,层次性、调理性是逻辑性的具体展现。既要把握指标体系构建中的分层、分类思维,这是正确构建的前提条件,也是实践构建的思想准备,同时还要注重不同层次的不同特点,根据不同的要求采用不同的建构方法。更为重要的一点是,要牢牢把握各个层次之间的关系,无论层次的高低,各个具体指标都是置于县级政府教育政绩评价指标体系之中,它们之间必定是紧密相连、相互作用的关系。

当县级政府教育政绩评价指标体系成为高一级的系统时,其内部所包含的教育投入指标、教育资源指标、教师队伍建设指标、教育普及率指标及教育服务质量指标等就成为低一级形式存在的子系统。这时的层次性主要体现在各个子系统平台地位的差异上,按照它们对指标体系这一高一级系统贡献的大小,将教育投入指标、教育资源指标、教师队伍建设指标、教育普及率指标及教育服务质量指标等子系统分为不同的等级和层次。有时候,教育投入指标是构成县级政府教育政绩评价指标体系居于主要层级,成为考核关注的重点,而其他形式的平台则居于次要的层次。同样的道理,当把县级政府教育政绩评价指标体系下的教育投入指标、教育资源指标、教师队伍建设指标、教育普及率指标及教育服务质量指标等任一子系统看做更高一级的系统时,这些系统下属更低一级的系统则成为子系统。以教育投入指标为例,当它成为更高一级的系统结构时,像人均教育经费、教育支出占财政总支出比重、生均公用经费、教师工资水平等具体的指标便成为更低一层次的子系统,囊括在教育投入指标这一更高一级的指标系统内。最终在指标体系的构建过程中,通过这样的方式形成了以一级指标、二级指标直到多极指标的层次性构建。因此,县级政府教育政绩评价指标体系外部系统的层次性,是相对于其所担负的要素角色而言的。系统与要素、高级系统与低级系统的角色转换,正是体现了县级政府教育政绩评价指标体系构建的层次性原理。

而评价主体的多层次参与和评价结果的普遍认同是指标体系评价功能发挥的基本诉求。它是指通过指标体系的设计和完善,使县级政府教育责任和教育政绩的评价成为易于操作的简单程序和显而易见的直观结果。众所周知,县级政府教育政绩评价的主体主要包括上级政府、本级党委的考核和人民群众的监督。其中,人民群众的概念是十分宽泛的,既包括与县级教育紧密联系的学生、家长、教师,也包括社会人士、专家学者等。需要说明的是,县级政府在教育政绩评价中的身份是双重的,大多数时候它是被评价的客体,又是自评阶段的评价主体。这可以说明,县级政府教育政绩评价的主体构成是庞大和复杂的,包括几个不同的层次。因此,评价指标体系的设计和运用成为县级政府教育政绩评价的关键环节。在层次性原理的指导下,通过指标体系的层次性设计,满足不同层次评价主体的不同要求,从而实现多层次的参与和认同。

四、运用结构功能原理,推进结构整合与功能优化

结构和功能是系统普遍存在的两种既相互区别又相互联系的基本属性,揭示结构与功能相互关联和相互转化就是结构功能相关律。① 结构是指系统内部各个组成要素之间的相对稳定的联系方式、组织秩序及其时空关系的内在表现形式。按照这里的定义,系统的结构就取决于系统之中的要素、由这些要素联系形成的关系及其表现形式的综合,并由这样的综合导致了系统的一种整体性规定。

系统的结构反映系统中要素之间的联系方式、组织秩序及其时空表现形式。因此,结构反映系统的内部关系,是系统的一种内在的规定性。系统是由要素有机联系组成的整体,要素的有机联系就成为系统结构的基础。任何系统,总是具有一定的结构的,无结构的系统是不存在的。如果说一个系统是没有结构的,无异于说一个系统是没有内在联系和规定性。正如没有要素之间的相互作用的系统是无法想象的,没有结构的系统也是无法想象的。

功能是指系统与外部环境相互联系和相互作用表现出来的性质、能力和功效,是系统内部相对稳定的联系方式、组织秩序及时空形式的外在表现形式。系统的功能是与系统的结构相对应的范畴。我们讲功能是系统内部的相对稳定的联系方式、组织秩序及其时空形式的外在表现形式,是从关系的角度来划分的,以此来表明系统结构的内在性以及系统关系的外在性。我们所讨论的功能,就是从系统之间关系的角度来讨论的功

---

① 魏宏森、曾国屏:《系统论——系统科学哲学》,清华大学出版社1995年版,第287—288页。

能。作为表现于系统的功能,必须是与环境相联系的。这就是说,一个系统,只有对于环境、对于其他系统开放,才有功能可言。没有内部的联系,就不会形成系统的结构;而没有外部的联系,就谈不上系统的功能。严格意义上的封闭系统,对于外界来说实质上就是"无",毋宁说是没有环境可言的,因而是没有功能可言的。不过,严格意义上的封闭系统只是一种理论上的抽象,并非是现实的系统。现实的系统都是开放系统,因而保证了现实的系统都是具有一定功能的系统。系统开放程度和开放方式的多种多样,系统环境的千差万别,使得系统的外在的规定性在反映系统的内在规定性时,有多种多样的可能性,即系统的功能表现具有多种多样的可能性。

系统论中有一个著名的公式:功能 = 要素 + 结构。即当要素不变时,结构决定功能;结构、要素都不同也可以有相同的功能;同一结构可能有多种功能。因此,要实现系统 1 + 1 > 2 的效果,或者说保证 1 + 1 = 2 的底线,可以采取两种方法:一是改变具体要素;二是改变整体结构。改变要素的前提是在开放式系统中,一个系统可通过有选择地吸收所需的元素和排出不必要的废物实现系统进化。但在要素不能改变的情况下,就只能运用结构功能原则,通过改变要素的结构和组合状况来优化系统功能,而改变结构又必须为系统确定一个最佳目标来牵引结构的改变。因此,在县级政府教育政绩评价指标体系这样一种要素相对明确的封闭式系统中,确定合理的系统目标和改变结构不失为一种优化系统功能的最佳选择。然而,怎样的目标才是合理的目标? 美国教育管理协会常务副院长雷德芬(G. B. Redfern)经过多年实践后指出:每个人都希望他们的工作更加有效,促进他们改进工作和促进他们的成长与发展比只接到一份判定他们工作的等级报告是他们更能接受的目标。日本在导入新的地方政府教育政绩评价制度中明确,评价结果公开但不与地方官员的待遇、聘任挂钩。因此,我国要充分发挥评价指标体系对县级政府及其教育政绩的激励功能,实现"以评促改",就必须改变现行评价模式"重结果性评价、轻形成性评价""重甄别性功能、轻诊断性功能"的错误倾向,实现评价功能的"归位"。即应当把重心从对县级政府的等级甄别、决定人事决策转到对县级政府教育政绩不足的诊断和改进上来,评价的目的不是为了

"给县级政府及其负责人分个三六九等"或者"方便人事管理",而是要通过建立有效的结果运用和信息反馈机制来帮助县级政府认识自我,通过整改督促机制帮助政府持续改进以后的教育行政行为,担当自身的教育责任。

系统的结构对于系统的功能具有决定性的意义,一定的系统结构就具有一定的系统功能。换言之,系统的结构相同,则系统的功能也就相同。这就是系统的同构同功能。当然亦存在异构同功能。系统的结构与系统的功能之间的影响实际上是双向的,即一方面系统的结构对于系统的功能具有决定性作用;另一方面系统的功能可以反作用于系统的结构,仅仅看到其中的一个方面则是片面的。系统的结构对于系统的功能具有决定性作用,而且系统的功能又可以反作用于系统的结构。而且,尽管一定的系统结构就具有一定的功能,但功能的实际表现则是与具体的环境条件相关的,环境条件的不同,系统可以表现出不同的功能,这就有了同样的结构可以表现出不同的功能,不同的结构也可以表现出同样的功能。系统的结构与系统的功能之间的关系并非是简单的一一对应的线性关系,而是错综复杂的非线性的关系。因为系统的结构是系统功能的基础,所以只有系统的结构合理,系统才能具有良好的功能,系统的功能才能得到好的发挥。在系统理念中,系统的功能是第一位的,结构必须为功能的最大化服务。因此,指标体系的构建必须对县级政府教育政绩评价功能的发挥及其最大化负责,在指标体系的具体设计和选择上,要注重内在逻辑的统一,以功能优化为导向来推进指标体系的结构整合。也就是说,在县级政府教育政绩评价指标体系的结构设计上应当更人性化,以指标体系结构的最优整合达到评价功能的最优化效果,使评价不应当成为选拔、分等、淘汰和激化利益冲突的过程,而是激励和改善并提高教学质量的过程,以促进创造性思维的发展和县级教育整体水平的提升。

五、运用开放性原理,实现可持续发展

系统的开放性原理指的是,系统具有不断地与外界环境进行物质、能量、信息交换的性质和功能,系统向环境开放是系统得以向上发展的前提,也是系统得以稳定存在的条件。①

　　我们生活的世界是一个系统的世界,现实的系统都是开放的系统。我们所面对的世界是一个开放的世界,形形色色的各种系统,无论它是物理的、化学的,还是生物的,乃至是社会的,都处在开放之中。不与环境接触的、不向环境开放的系统是不存在的。事实上,因为客观世界是一个多层次的世界,任何系统都是相对的,即系统都是具有环境的,因而也就都是按一定程度向环境作某种开放。

　　系统的开放,通常说的是向环境的开放。实际上,由于系统层次的相对性,那么从系统的层次性角度来看,这种向环境的开放即意味着系统的低层次向高一层次的开放。这同时也就意味着,正如系统的层次具有相对性,系统的环境也就具有相对性。反过来看,我们甚至可以说,系统的开放,同时也指系统向自己的内部的开放。系统向高层开放,使得系统可以与环境发生相互作用,可以发生与环境之间的既竞争又合作。而系统向低层开放,使得系统内部可能发生多层次的在差异之中的协同作用,更好地发挥系统的整体性功能。这样来理解的开放,就更为全面了,就不再把开放仅仅理解为外在的东西,而成为内在的东西了。

　　系统开放,系统与环境的作用是相互的,这就同时意味着,内因和外因的作用也是相互的,看不到系统内因的根据作用不行,看不到系统外因的条件作用也不行,仅仅只强调其中的任何一个方面都是片面的。现实世界中的系统,总是存在不同程度开放性的系统,因而总是发生着系统与环境的相互联系和相互作用,总是存在着内因和外因的相互作用、相互转化,从而系统总是处于发展演化之中。通过系统与环境的交换,内因可以利用外因提供的可能性,从而把自己转化为现实性。交换不是单方面的,而是双方面的,正是在这种双向的联系和交换中,内因可以利用外因,外因反过来也可以利用内因,从而在这种双向的互利互惠中,系统与环境都得以优化。系统与环境的共同进化,正是系统对于环境开放的结果。由于系统的开放,系统的结构和功能的关系也就成为现实的关系。人们

---

① 魏宏森、曾国屏:《系统论——系统科学哲学》,清华大学出版社 1995 年版,第 224 页。

早已认识到,系统的结构决定了系统的功能,而系统的功能又反作用于系统的结构,系统的结构和功能是互相联系的、互相制约的辩证关系。一系统的质总是在与他系统的作用之中才得以表现,也就是通过系统的功能表现出来的。一个封闭系统,对于外界而言,是没有功能可言的,毋宁说是没有功能的。功能是一系统对于另一系统的作用,系统封闭起来,没有相互作用,也就谈不上功能。这恰恰是说,系统的功能只存在于系统与环境的相互作用之中,而系统只有开放,才有现实的相互作用,因此,也只有开放才有现实的系统的功能。

世界是普遍联系的,现实中的系统都是开放的系统。系统的开放性表现为两个方面的要求,具体是指"在外部与社会环境系统进行着物质、能量和信息交换,即与其发生相互作用;在内部是各层次不断地发生相互作用,进行更迭代谢"①。

县级政府教育政绩评价指标体系是一个内外兼修的开放体系,故步自封和闭门造车只能导致系统的萎缩和死亡。系统向环境开放是系统可以向上发展的前提,而系统的内部开放则是维持平衡和稳定的需要。1945 年,贝塔朗菲在《德国哲学周刊》发文指出,"开放系统的特性正是有机体具有不断做功能力的根据所在"②。评价内容开放性的基本特质决定了其评价指标体系的开放性基本特征。

就县级政府教育政绩评价指标体系的理论构建来分析,指标体系构建的过程就是一个不断进行能量交换的过程。作为一个系统的指标体系,其形成必定处于一个开放性的环境。这就需要指标体系及其构建与所处的外部环境进行交流和置换,以达到可持续发展的目的。如果指标体系及在其构建的进程中,始终"故步自封、闭门造车",不进行实地的调研和考察,即使设计出来的指标体系有完美的形式,其内容一定也会和评价的主题——县级政府教育政绩相脱节。当然,我们在构建县级政府教育政绩评价指标体系过程中所要遵循

① 李喜先等:《科学系统论》(第 2 版),科学出版社 2005 年版,第 17 页。
② [奥]贝塔朗菲著,朴昌根译,戴鸣钟校:《关于一般系统论》,《自然科学哲学问题丛刊》1984 年第 4 期。转引自魏宏森、曾国屏:《系统论——系统科学哲学》,清华大学出版社 1995 年版,第 228 页。

的开放性原理,不单单指如何处理指标体系这一系统与所处环境的关系,也是指导指标体系内部各具体指标之间处理相互关系的基本原理。也就是说,我们在选择和确定县级政府教育政绩评价指标内容时,也要注意不同等级指标之间及各个具体指标之间的开放与融合的关系。具体而言,县级政府教育政绩指标体系的一级指标,教育投入指标、教育资源指标、教师队伍指标、教育普及率指标、教育服务质量指标之间,需要开放与发展的原则。另外,一级指标与二级、三级指标之间,各个等级指标体系内部的具体指标之间都是以开放性原理,实现可持续发展的价值诉求,以期推进整个县级政府教育政绩指标体系的可持续发展。一言以蔽之,县级政府教育政绩评价指标体系既要保持系统整体与所处环境间的能量交换和信息畅流,其内部指标等级之间也需要相互交流、互通有无,以实现共同的发展和各自要素功能的最大限度发挥。外部的开放性能够吸收先进的经验和创新的动力,内部的开放性能够创造更加和谐的关系模式和运行机制,从而全面促使指标体系在评价县级政府教育政绩过程中功能发挥的最大化。

需要注意的是,开放性原理并非是对外来事物一味地吸收与消化。所谓有所为有所不为,在县级政府教育政绩评价中还须注意选择性在指标体系构建中的应用,将开放性的"博"与选择性的"专"紧密结合起来。指标的选择性即指对数量庞大的指标进行精简,从众多的指标中选择核心指标和最有价值、最能反映人们关注焦点的指标构成体系。当前,能够反映县级政府教育政绩评价的具体指标琳琅满目、鱼龙混杂,而我们力图建立的是简明、实用的指标体系,对这些指标不可能一一罗列。或者说,在指标体系构建的过程中,问题的关键不是指标体系数量多一个还是少一个,重要的是能在当前县域教育存在巨大差异的客观前提下,选取核心的和最有价值的指标,能够对县域教育及其县级政府的教育责任进行描述、诊断和预测,提供教育发展的数据和信息。[1]

整体来看,系统论及其相关原理是县级政府教育评价指标体系构建

---

① 任士君、孙艳霞:《义务教育发展指标研究》,《教育科学》2005 年第 25 期。

的理论基础和哲学支撑,为构建县级政府教育政绩评价指标体系提供了科学的理论原则和合理的理论路径。因此,在理论上的深入思考,是实际构建和实践运用县级政府教育政绩评价指标体系的理论前提和重要环节。

第五章　县级政府教育政绩评价指标体系构建的实践创新

政绩评价是根据一定的指标和标准对政府管理过程、管理成本、管理效率、管理效果的测评。构建一个科学合理的指标体系是政绩评价工作的核心环节。本研究基于政府对教育的"投入—管理—成效"的内在逻辑,建立评价模型,力求全面体现政府教育工作实绩,客观测量不同经济条件、教育基础之下县区教育发展的增值,以期形成有较强的针对性和客观性,易于操作,方便应用的县级政府教育政绩评价指标体系。

本章主要包含体系构建和实践创新两个方面的内容。构建指标体系主要是解决评价什么的问题,从哪些维度、选取哪些具体的观测点描述县级政府的教育政绩。实践创新主要解决如何评价的问题,包括指标如何测量、权重如何设定、结果如何量化等。

第一节　县级政府教育政绩评价的体系构建

政府对教育的管理属于宏观管理,因此在实施政绩评价的时候,要把握三个原则:一是立足于政府的责任;二是突出重点;三是关注实绩。立足于政府的教育责任主要是把政府要做的事、学校要做的事、教师要做的事区别开来。政府的主要职责是教育投入、物质保障、统筹规划、宏观管理和环境营造,不能越俎代庖,具体去抓教育教学;不能误导教育,片面追求升学率。突出重点就是要在纷繁复杂的工作中提炼出体现全局、具有宏观统领作用的核心指标,不迷失于微观。指标数量越少,越易于理解、便于操作,对政府教育工作的导向性就越强。关注实绩主要是努力体现一届政府工作的成绩。县区之间经济基础、教育基础条件、民风民情不同,教育发展的水平也有很大差别,要重点考核政府工作之下教育事业在原有基础上的增值和发展,不能用教育水平的静态评价代替政绩评价。

一、体系的构架

评价指标体系不是指标的简单罗列。科学的指标体系要基于一个逻辑完整的理论模型,以阐明众多指标之间的关系,使各指标形成一个有机的整体。根据政府教育工作的特点,本研究提出"投入—管理—成效"的评估模型,并依据该模型构建县级政府教育政绩评价指标体系(如下图)。

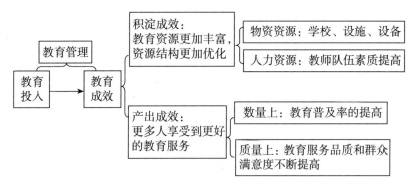

县级政府教育政绩评价的体系构架

投入是前提,也是衡量政府对教育工作重视程度的标尺;管理是核心,体现政府管理教育的工作过程;成效是结果,最直观的反映政府工作的实绩。政府教育工作的成效体现在内向积淀和外向产出两个方面。积淀成效是指在教育投入和有效的管理之下,教育资源更加丰富,资源品质不断优化。这里的教育资源,可以细分为物化的资源(学校、设施、设备)和人力资源(教师队伍)两类。产出成效在数量上体现为教育普及率提高;在质量上体现为提供教育服务质量和人民群众满意度不断提高等方面。

基于此,对县级政府的教育政绩评价可以从以下五个维度展开。

(一)教育投入

《教育法》对政府教育投入有"三增长一提高"的规定,即"各级人民政府教育财政拨款的增长应当高于财政经常性收入的增长,并使按在校学生人数平均的教育费用逐步增长,保证教师工资和学生人均公用经费逐步增长",“各级财政支出总额中教育经费所占比例应当随着国民经济的发展逐步提高"。这些都从法律层面上对政府职责提出了明确的要求。当然,政府在教育方面的投入除了财力外,还包括人力、物力、政策、措施等,但评估工作要求抓住核心的、可测定的指标,而政府在教育上花了多少钱,最能反映政府对教育工作的重视程度、度量县域内群众享受教育服务水平。因此,在设计县级政府教育投入评估指标体系时,我们仅选取了教育经费的投入这一个核心指标。

(二)教育资源

这里的教育资源主要指物资资源,即学校、设施、设备等。教育资源的增加、教育基础的改善是一个逐年积淀的过程。任何一届政府都不可能通过一次性的投入,很快改变本地的教育面貌。同时,每一届政府都应当持续不断地加强教育资源建设,经历逐年量的积累,才会有教育发展质的变化。教育资源的积累不仅表现在量的变化上,如学校数的增加、设施设备的添置等,更体现在质的提升上,即资源布局更趋合理,优质资源比例提高,教育现代化水平不断提升等。

(三)教师队伍

教师队伍是教育发展的人力资源。教育要发展,关键看教师。评价一个地区教师队伍建设的成就,一要看数量。教师够不够用,各类教育的师生比如何。二要看质量。教师的学历情况,名优骨干教师的比例,教师科研创新能力等。当然,职业道德水平也是衡量教师队伍素质的重要指标,而道德评价最终要反映到人民群众的对教育满意度上,因此在这一部分不重复作为一项指标列入。

(四)教育普及率

这是从经济学角度衡量教育工作的成效。具体说就是培养教育了多少人。在经济社会和教育发展的不同阶段上,教育普及率提升的重点难点也不尽相同。经济欠发达地区的重点是义务教育完成率。高水平高质量普及九年义务教育的地区面临的主要任务是提升高中阶段教育的入学率,基本普及高中阶段教育的地区开始加快学前三年教育的普及。随着国家和省、市教育政策的调整，一些地区同时面临着各类教育普及率提升的问题，教育发展任务更加艰巨。

(五)教育服务品质

这是从社会学教育衡量教育工作的成效。教育是一种公共服务，服务的质量如何，关键要看人民群众满意不满意。针对当前教育发展的实际，教育服务的质量要重点从三个角度去评价。一是教育公平。教育公平是社会公平的基础，体现政府发展教育的指导思想是否端正，能否为区域内所有居民提供大致均衡的教育资源，能否保障弱势群体的受教育权利。二是素质教育。深入实施素质教育是当前我国教育改革与发展的一面旗帜，既是国家的要求，也是全面提高本地区人口素质的现实需要。三是社会满意度。这虽然是一项主观评价，但在指标体系中是不可缺少的。

二、指标的选择

框架是评估体系的逻辑基础，提供了如何选择指标的理论模型。指标是评估体系的细化，为评估提供了一个个具体的观测点。选择指标要体现合理性，要符合框架要求，能够科学客观地体现政府教育工作的成绩。选择指标更要重视可行性；要符合县级政府工作实际，在评估过程中易于操作、方便应用。据此我们提出指标选择的四条原则：

(一)抓住关键

在设定政绩评价时，可以借鉴关键绩效指标法(Key Performance Indication,KPI)。关键绩效指标法的基础是"二八原理"，即80%的工作任务是由20%的关键行为完成的。因此，必须抓住20%的关键行为，对之进行分析和衡量，这样就能抓住评价工作的重心。政府工作千头万绪，指标太多容易迷失于细节，不能对工作产生积极的引导作用。本研究确定的评估框架包括五个部分，每部分设计三到四个指标，就为县级政府的评价提供了二十多把尺子。因此在选择指标时，我们一是把重复的指标排除在外，例如《教育法》提出县级政府教育投入"三增长一提高"的要求，其中"教育投入的增长要高于财政经常性收入的增长"，"教育支出占财政总支出的比例逐步提高"分别是从收入和支出两个角度要求教育投入逐年增加，在实际操作中只要做到了后者，前者一般都可以达到。因此，在本研究中我们只保留了教育支出占财政总支出的比例一项。二是把过程性的指标排除在外,在投入和成效之间,是政府积极的管理,但管理的办法各有不同,管理的结果均在成效中体现。所以,在本评价体系中未列出涉及管理过程的指标。三是把均已实现的指标排除在外。例如,经过努力,各地义务教育学生均能按时入学,故义务教育入学率不作为指标列入。另外,微观的属于教育行政部门和学校管理职能的指标也未列入考核指标体系。

（二）体现发展

政绩是政府工作的成绩,是评估时段内由政府努力带来的教育的发展变化。教育政绩评价不同于教育发展水平的评价。后者是对截至某一时间节点县域教育发展水平的静态描述,前者则重在描述评价时段内通过政府努力形成的教育工作的发展变化,其实质是一种增量的评价,即评估时段终点的教育水平相对于起点的增量。例如,某县区原有 5 所优质普通高中,在评估时段内经过努力又创建了两所。具有 7 所优质普通高中是对县域普通高中教育发展水平的静态描述,而新建两所优质普高才是对县级政府政绩的描述。县域人均教育经费是评估教育发展水平的指标,而人均教育经费的增长比才是政绩评价的指标。

（三）易于操作

各地在实施教育政绩评价时存在的主要问题是指标的客观性差,定性的评价多。评价者在短时间内很难作出准确的判断,尤其对存在的问题吃不准,很难落笔形成结论。因此,在形成报告的时候很多问题被掩盖。所以,在设计指标时,我们突出了指标的客观性和数据的可采集性两个特征。本指标体系中没有主观的对县域教育情况和政府工作政绩的描述,绝大多数为可以量化的数据,唯一的主观指标是社会对政府教育工作的满意度,这项指标也通过问卷调查的形式予以数据化。评估人员只需要按照程序采集数据,并将数据带入固定的计算公式即可,避免陷入模棱两可的主观判断之中。例如,"政府关心支持教育发展"、"各项教育事业和谐发展"、"建立了教职工激励竞争机制"等对工作的主观描述性指标均未选入。指标体系中所列的数据多数是公开的法定数据,可以从教育事业统计年报和政府公报中获得,对于由政府提供的数据,也规定了抽样核实的办法,使评价工作简便易行。

(四)便于比较

政绩评价具有鉴定和激励功能,通过县与县之间成绩的比较,鉴定不同县区政府教育政绩优劣程度、水平高低,以达到激发内在动力,调动内部潜力,提高其工作的积极性和创造性的目的。要把不同经济条件、教育基础的县区可以放在同一个测量体系中比较,就要提供一个大致公平的起点和测量公式,努力排除差异因素的干扰。不同的县区人口不同,投入的教育经费、教育资源总量也不相同,用人均享有教育资源多少来描述政绩,就可以过滤掉因人口数量不同造成的差异。不同县区经济基础存在差异,用增长的绝对数比较,对经济薄弱县区就显失公平,而用增长率比较,就可以过滤掉因基数不同造成的差异。

三、指标体系的内容

基于以上两个方面考虑,可以从五个部分评价县级政府教育政绩,各部分之间互相联系,其中教育投入是教育事业发展的物质基础,也是现阶段政府抓教育需要首先解决的问题,占30%的权重,教育资源、教育普及情况、教育服务质量各占20%,教师队伍占10%,以此设计县级政府教育政绩评价指标体系如下:

A1. 教育投入(30%)

A1B1. 人均教育经费

A1B2. 教育支出占财政总支出的比重

A1B3. 生均公用经费

A1B4. 教师工资水平

A2. 教育资源(20%)

A2B5. 教育资源增量

A2B5-1. 人均教育建筑面积

A2B5-2. 人均教育固定资产

A2B5-3. 按人数平均教育机构、场所拥有的计算机

A2B5-4. 按人数平均教育机构、场所藏书

A2B6. 各类教育班额

A2B6 - 1. 班额达标率

A2B6 - 2. 小班化比率

A2B7. 学校布局调整情况

A2B7 - 1. 学校平均服务半径

A2B8. 优质资源占比

A2B8 - 1. 优质幼儿园占比

A2B8 - 2. 义务教育阶段合格学校占比

A2B8 - 3. 优质高中教育资源占比

A3. 教师队伍(10%)

A3B9. 生师比

A3B10. 高一级学历教师占比

A3B11. 名优骨干教师占比

A3B12. 每100名教师发表论文数

A4. 教育普及情况(20%)

A4B13. 学前教育毛入园率

A4B14. 义务教育巩固率

A4B15. 初中毕业生升学率

A4B16. 19周岁人口高等教育入学率

A4B17. 从业人员年培训率

A5. 教育服务质量(20%)

A5B18. 教育公平情况

A5B18 - 1. 义务教育择校生比例

A5B18 - 2. 义务教育学校中考平均成绩标准差

A5B18 - 3. 残疾儿童接受教育比例

A5B19. 素质教育实施情况

A5B19 - 1. 小学、初中、高中学生平均睡眠时间

A5B19 - 2. 普通高中高考二本以上达线人数占比

A5B19 - 3. 职业学校学生参加技能大赛获奖情况

A5B20. 社会满意度

A5B20 - 1. 学生满意度

A5B20 - 2. 教师满意度

A5B20 - 3. 家长与社会满意度

四、指标的测量

指标体系为县级政府政绩评价提供了不同视角的观测点,要较为准确地描述政府教育工作情况,还要采取科学合理的方法。县级政府教育政绩评价可以通过数据采集、抽样调查和问卷调查等方式进行。

(一)数据采集

在实施评价之前,要向被评价单位提出自评要求,要求如实填报指标数据。宏观的数据可以直接利用官方发布的统计数据作为依据。一是编印成册的统计年鉴、教育经费预算报表、决算报表、教育事业统计年报等。例如,教育经费投入数可从财政、教育部门编制的经费决算报表、每年初政府向人大提供的财政预算执行情况报告取得。学校、班级、教师、学生及教育固定资产等数据可从教育事业统计年报中获得。二是政府网站上发布的统计公报,教育局网站上发布的教育统计信息。例如,人口和经济社会发展情况可以从政府网站上获得,教育管理的有关文件可以从地方教育局网站上获得,但由于各地电子政务工作推行力度不同,政府及各部门信息的透明度还不够,很多地方网站信息陈旧,不能作为评价的依据,需要其他材料的佐证。微观的信息可以由当地政府或教育行政部门提供,也可以从当地教育部门的统计报表、花名册上获得,具体学校的学生数、教师数、名特优教师情况,学生作息时间表、学校总课表也可以从学校网站上获得。由于这些数据是由评价对象自己提供的,因此需要通过抽样调查的方式加以印证。

××县(市、区)政府教育政绩评价数据采集表

填报单位(盖章)_____

　　年　　月　　日

指标		所需数据	编号	上年度	本年度	数据来源
A1B1. 人均教育经费		县域常住人口数	1			人口普查数据
		财政教育拨款	2			教育经费决算报表
A1B2. 教育支出占财政总支出的比重		财政教育支出	3			教育经费决算报表
		财政总支出	4			教育经费决算报表
A1B3. 生均公用经费	幼儿园	学生数	5			教育事业统计年报
		公用经费总额	6			教育经费决算报表
	小学	学生数	7			教育事业统计年报
		公用经费总额	8			教育经费决算报表
	初中	学生数	9			教育事业统计年报
		公用经费总额	10			教育经费决算报表
	普通高中	学生数	11			教育事业统计年报
		公用经费总额	12			教育经费决算报表
	职业学校	学生数	13			教育事业统计年报
		公用经费总额	14			教育经费决算报表
A1B4. 教师工资水平	义务教育	教师数	15			教育事业统计年报
		工资总额	16			教育经费决算报表
	其他类教育	在编教师数	17			教育事业统计年报
		财拨工资总额	18			教育经费决算报表
		民办教师数	19			教育事业统计年报
		民办教师工资总额	20			教育行政部门调查汇总
A2B5－1. 人均教育机构场所建筑面积		教育机构场所建筑面积	21			从教育事业统计年报各类教育中汇总
A2B5－2. 人均教育固定资产		教育固定资产总额	22			教育事业统计年报
A2B5－3. 人均教育用计算机		教育用计算机台数	23			教育事业统计年报
A2B5－4. 人均学校藏书		学校藏书数	24			教育事业统计年报

（续表）

指标		所需数据	编号	上年度	本年度	数据来源
A2B6－1.班额达标率 A2B6－2.小班化比率	小学	班级数	25			教育事业统计年报
		45人以下班级数	26			教育事业统计年报
		35人以下班级数	27			教育事业统计年报
	中学	班级数	28			教育事业统计年报
		50人以下班级数	29			教育事业统计年报
		40人以下班级数	30			教育事业统计年报
A2B7. 学校布局情况		小学学校数	31			教育事业统计年报
		初中学校数	32			教育事业统计年报
		高中学校数	33			教育事业统计年报
A2B8－1. 优质幼儿园占比		在省优质园就读幼儿数	34			教育局统计数据
A2B8－2. 义务教育阶段合格学校占比		在合格学校就读的义务教育学生数	35			教育局统计数据
A2B8－3. 优质高中教育资源占比		在优质高中就读的学生数	36			教育局统计数据
A3B10. 具有高一级学历教师占比		具有高一级学历教师数	37			教育局统计数据
A3B11. 名优骨干教师占比		名优骨干教师人数	38			教育局统计数据
A3B12. 教师发表论文数		教师发表市级以上论文数	39			教育局统计数据
A4B13. 学前教育毛入园率		3—5周适龄儿童数	40			人口普查数据
A4B14. 义务教育巩固率		义务教育巩固率	41			教育事业统计年报
A4B15. 高中阶段教育入学率		初中毕业生升学率	42			教育事业统计年报
A4B16. 19周岁人口高等教育入学率		19周适龄人口数	43			人口普查数据
		19周人口接受高等教育人数	44			教育事业统计年报
A4B17. 职业教育学校年毕业人数		本地职业教育毕业人数	45			教育局统计数据
A4B18. 从业人员年培训率		从业人员人数	46			劳动与人事部门统计数据
		从业人员培训人数	47			教育部门统计数据

（续表）

指标		所需数据	编号	上年度	本年度	数据来源
A5B19－1.义务教育择校生比例	小学	一年级招生数	48			教育部门统计数据
		择校生人数	49			教育部门统计数据
	中学	一年级招生数	50			教育部门统计数据
		择校生人数	51			教育部门统计数据
A5B19－2.义务教育学校中考平均成绩标准差		中考成绩按学校统计标准差	52			教育部门统计数据
A5B19－4.残疾儿童接受教育比例		残疾儿童人数	53			民政部门统计数据
		残疾儿童接受教育人数	54			教育部门统计数据
A5B20－1.学生平均睡眠时间		小学	55			问卷调查
		初中	56			问卷调查
		高中	57			问卷调查
A5B20－2.普通高中高考二本以上达线人数占比		普通高中毕业人数	58			教育部门统计数据
		普通高中二本以上达线人数	59			教育部门统计数据
A5B20－3.职业学校学生参加技能大赛获奖情况		职业学校参加市以上技能大赛获奖人数	60			教育部门统计数据

（二）抽样调查

对于没有明确的官方数据支撑的考核指标,可以通过两种方式来测量:一是抽样验证。要求政府组织报送数据,并提供佐证材料,通过对佐证材料的抽样,验证报送数据的真实性。例如,教师发表论文数,可要求县区提供当年度教师发表在市一级刊物以上的论文数和清单,从清单上随机抽取 20 位教师及其论文名称,在教师花名册上验证教师身份的真实性,在中国知网上验证论文及其发表刊物级别的真实性。误差率小于 5%,可以用实报数 ×（1－误差率）计算结果;误差率大于 5%,可以要求县区重新填报数据。二是抽样调查。即在具域内按照随机方式选取一定量的样本,通过对样本情况的研究来推算整体的情况。例如义务教育阶段合格学校占比。可以随机抽取一定数量的初中和小学,对学校办学情况进行实地考核,判断其中达到合格标准的学校数量,以此推算全县义务教育阶段合格学校占比。

（三）问卷调查

学生平均睡眠时间、社会满意度等数据可通过问卷调查的方式获得。被问卷人员的抽取要有代表性，能涵盖县镇、农村的不同类型的学校；抽取方式要统一，在 A 县抽取 50 名高二学生和 50 名初二学生，在 B 县也要按照同样的标准抽取，以便于县与县之间的数据比对。

五、分数的计算

指标仅为县级政府的政绩评价提供了观测视角，从这些视角可以测量出反映教育政绩的一系列数据。但是政府的政绩好与不好，优劣到什么程度，还需要进一步地分析认定。按照量化评估的原理，要选择一定的参照标准，把测定数据与参照标准对比，依据两者之间的差距计算该项指标得分。如前所述，县级政府的政绩评价是一种增值评价，既要反映一个地区的教育工作水平，又要能反映出在原有基础上的发展，因此，在计算分数时可选择两个参照系：一是规定标准，即国家、省、市的基本要求。以此测定该区域教育发展的实际水平，记为政绩考核的基础分。二是自身发展，即以上年度工作情况作为参照，重点考核在原有基础上的发展，记为政绩考核的发展分。基础分和发展分各占一定权重，合计可得该县政府教育政绩评估最终的得分。

基础分的参照标准可以分为四类：一是法定的指令性要求。例如：《教育法》规定的政府教育投入要达到"三增长一提高"的要求，《教师法》规定"教师工资不低于当地公务员的平均水平"，《江苏省中小学管理规范》规定"小学每班不超过 45 人，初中和高中每班不超过 50 人"等。二是省、市政府或教育行政部门提出的县域教育的评估标准。以江苏省为例，教育现代化评估细则中规定了各类学校服务半径，教师高一级学历达标比例。三是计算以同类县区平均水平为标准，达标可计 80% 的分值，超过标准按比例加分，反之则减分。例如生均计算机、名优骨干教师比例等指标。四是以 100% 为满分值，达到同类县区平均值计 60% 的分值，按比例计分。如各类教育普及率。发展分是与上年度的工作作比较，有提高则按比例加分。

县级政府教育政绩评价计分标准

评价指标			分值		基础分参照标准
A 级指标	**B 级指标**		基础分	发展分	
A1. 教育投入（30%）	A1B1. 人均教育经费		8	–	教育经费投入增长高于财政经常性收入的增长
	A1B2. 教育支出占财政总支出的比重		8	–	教育支出占财政总支出的比例逐步提高
	A1B3. 各类教育生均公用经费		7	–	生均公用经费逐年增长
	A1B4. 教师工资水平		5	2	教师平均工资不低于当地公务员的平均工资水平
A2. 教育资源(20%)	A2B5. 教育资源增量	1. 人均教育场所建筑面积	1	1	各学段生均占地面积不低于省定标准
		2. 人均教育固定资产	1	1	同类型县市区人均教育固定资产
		3. 生均教育用计算机数	1	1	同类型县市区生均计算机数
		4. 生均学校藏书量	1	1	各学段生均拥有图书数不低于省定标准
	A2B6. 班额情况	1. 班额达标率	1	–	班额标准:小学每班不超过 45 人,初中高中每班不超过 50 人
		2. 小班化班级占比	–	1	小班化标准:小学每班不超过 35 人,初中高中每班不超过 40 人
	A2B7 – 1. 学校平均服务半径		2	1	小学服务人口为 1.5 万人/所,初中服务人口为 5 万人/所,普通高中服务人口 10 万人/所
	A2B8. 优质资源占比	1. 优质幼儿园占比	1	1	以 100% 为满分值,达到同类县区平均值计 60% 的分值,按比例计分
		2. 义务教育合格学校占比	1	1	
		3. 优质高中教育资源占比	2	1	

（续表）

评价指标		分值		基础分参照标准
A 级指标	**B 级指标**	基础分	发展分	
A3. 教师队伍(10%)	A3B9. 各类教育师生比	2	1	各类学校师生比不低于省定标准
	A3B10. 高一级学历教师占比	2	1	小学教师具有专科及以上学历的比例达 70%，初中教师具有本科及以上学历的比例达 60%，高中教师具有研究生学历的比例达 5%
	A3B11. 名优骨干教师占比	1	1	不低于同类县区平均水平
	A3B12. 教师发表论文数	1	1	
A4. 教育普及情况(20%)	A4B13. 学前教育毛入园率	3	2	以 100% 为满分值，达到同类县区平均值计 60% 的分值，按比例计分
	A4B14. 义务教育巩固率	4	1	
	A4B15. 高中阶段教育入学率	3	2	
	A4B16.19 周岁人口高等教育入学率	2	1	
	A4B17. 从业人员年培训率	1	1	
A5. 教育服务质量(20%)	A5B18. 教育公平情况 / 1. 义务教育择校生比例	1	1	不高于同类县区的平均水平
	2. 中考平均成绩标准差	2	1	
	3. 残疾儿童接受教育比例	1	1	以 100% 为满分值，达到同类县区平均值计 60% 的分值，按比例计分
	A5B19. 素质教育实施情况 / 1. 学生平均睡眠时间	2	—	小学、初中、高中学生每天睡眠时间分别不少于 10 小时、9 小时、8 小时
	2. 高考二本以上达线人数占比	2	1	不低于同类县区的平均水平
	3. 职业学校学生参加技能大赛获奖情况	1	1	
	A5B21. 社会满意度 / 学生满意度	2	—	以 100% 为满分值，达到同类县区平均值计 60% 的分值，按比例计分
	教师满意度	2	—	
	家长满意度	2	—	

注：①人均建筑面积满分标准计算公式为：

[（4—6 岁人口数）×9m² +（7—12 岁人口数）×5.74m² +（13—15 岁人口数）×7m² +（16—18 岁人口数）×13m²/2 +（16—18 岁人口数）×15m²/2]/县总人口数。

②人均图书满分标准计算公式为：

[（4—6 岁人口数）×10 本 +（7—12 岁人口数）×15 本 +（13—15 岁人口数）×25 本 +（16—18 岁人口数）×35 本]/县总人口数。

③生师比满分标准：

小学师生比为 1∶27；教辅人员按学生数 1∶300 配备。初中师生比为 1∶20；教辅人员按学生数 1∶150 配备。高中师生比为 1∶18；教辅人员按学生数 1∶120 配备。

第二节　教育投入指标评估与计分方法

教育投入是支撑一个地区长远发展的基础性、战略性投资，是发展教育事业的重要物质基础，是公共财政保障的重点。2001 年，我国实行"以县为主"农村义务教育管理体制，2008 年，落实义务教育免费政策，2009 年推行义务教育教师绩效工资改革以后，县级政府的教育责任凸显。不断增加教育投入，是履行公共财政职能，加快财税体制改革，完善基本公共服务体系的一项紧迫任务，也是县级政府贯彻党的教育方针，落实教育优先发展战略的重要举措。

教育经费是教育发展必不可少的物质条件，占30%的权重。具体包含四项指标：人均教育经费从宏观上衡量一个地区的教育经费保障水平，占8%的权重；教育支出占财政总支出的比重指标从财政支出结构上衡量政府对教育工作的重视程度，占8%的权重；生均公用经费是衡量教育运行水平的重要指标，占7%的权重；教师工资水平是体现县级政府尊师重教水平的重要指标，占7%的权重。

一、人均教育经费

（一）指标诠释

人均教育经费是衡量一个地区总体教育经费保障水平的基本指标，也能够反映地域之间教育投资的差异。

其基本计算公式为：人均教育经费 = 教育经费总额/区域人口总数。

（二）政策依据

《教育法》第 55 条规定："各级人民政府的教育经费支出,按照事权和财权相统一的原则,在财政预算中单独列项。各级人民政府教育财政拨款的增长应当高于财政经常性收入的增长,并使按在校学生人数平均的教育费用逐步增长,保证教师工资和学生人均公用经费逐步增长。"

《国家中长期教育改革和发展规划纲要（2010—2020 年）》第五十七条要求："进一步明确各级政府提供公共教育服务职责,完善各级教育经费投入机制,保障学校办学经费的稳定来源和增长。各地根据国家办学条件基本标准和教育教学基本需要,制定并逐步提高区域内各级学校学生人均经费基本标准和学生人均财政拨款基本标准。"

（三）考查要点

第一,两年度政府财政预决算报告。

第二,两年度财政经常性收入年度统计。

第三,两年度政府教育财政拨款明细统计。

第四,两年度教育费附加、地方教育附加、地方教育基金征收、支出情况统计表。

第五,第六次人口普查公报。

（四）统计口径

教育经费具体包括财政教育拨款、个人和社会捐资助学、教育贷款等。财政教育拨款是除了本级财政划拨用于教育的经费外,还包括上级财政部门的转移支付和各类专项经费,以及教育费附加等三项教育税费用于教育部分,但这里的教育经费应界定为以货币的形式支付的教育费用,不包括政府为教育发展划拨土地、提供劳务等。对县域教育而言,财政拨款应当是教育经费的主要来源,社会和个人捐资助学是教育经费的有益补充,捐资助学应当按照自愿原则、合法途径取得,应当剔除用不合理的途径征收,把政府责任转嫁给学生家长的部分。

（五）计分办法

标准化评价:教育经费投入增长高于 GDP 的增长得满分,每低 1 个百分点,扣除 10% 的权重分。

发展性评价:人均教育经费较上年度每增加 1 个百分点,增加 2% 的权重分,加满 20% 为止;每减少 1 个百分点,扣除 10% 的权重分,此项分数扣完为止。

（六）实践中存在的问题

把全社会教育投入作为评价县级教育保障水平的标志。各地在制定对县级政府教育工作评价标准时,往往只着眼于政府财政性拨款部分。从教育事业发展的实际需要看,财政投入并不足以支撑各级各类教育的快速、协调发展。因此,必须创新全社会各方激励相容的投入机制,发挥政府和市场两只手的互补作用,调动政府和社会两方面的积极性,鼓励企业、社会团体和私人等非政府的多渠道投入教育。所以,江苏省在《中长期教育改革和发展规划纲要》中提出确保"全社会教育投入增长比例高于 GDP 增长比例"的要求,体现了多渠道筹措教育经费的导向和思路。另外,把教育投入和 GDP 挂钩,也起到了正确引导政府工作方向,克服片面追求 GDP 的错误的政绩观。

二、教育支出占财政总支出的比重

（一）指标诠释

这是具体体现教育优先发展地位的指标,从财政支出角度体现政府对教育工作的重视程度。

计算公式为:本年度教育总支出/本年度财政总支出。

（二）政策依据

《教育法》第 54 条规定:"国家财政性教育经费支出占国民生产总值的比例应当随着国民经济的发展和财政收入的增长逐步提高。具体比例和实施步骤由国务院规定。全国各级财政支出总额中教育经费所占比例应当随着国民经济的发展逐步提高。"

（三）考查要点

第一,两年度政府财政预决算报告。

第二,两年度教育部门财务支出报表。

（四）统计口径

教育经费支出分为事业性经费支出和基建支出两部分。

1. 事业性经费支出

事业性经费支出分为"个人部分支出"和"公用部分支出"两部分。

(1)个人部分支出:指用于人员经费方面的支出,包括:

基本工资:指一般预算支出目级科目的"基本工资"。

补助工资:指一般预算支出目级科目的"津贴"。其中,民师补助指国家预算支出科目中用于民办教师的补助费。

其他工资:指一般预算支出目级科目的"奖金"和人员支出中的"其他"。

职工福利费:指一般预算支出目级科目的"福利费"、"退职(役)费"、"就业补助费"、"抚恤金"、"医疗费"、"生活补助"及对个人和家庭的补助支出中的"其他"。

社会保障费:指一般预算支出目级科目的"社会保险缴费"、"离休费"、"退休费"、"购房补贴"。

奖、贷、助学金:指一般预算支出目级科目的"助学金"。

(2)公用部分支出:指用于公务费、业务费、设备购置费、修缮费及其他属于公用性质的经费支出,包括:

公务费:指一般预算支出目级科目的"办公费"、"劳务费"、"水电费"、"邮寄费"、"取暖费"、"物业管理费"、"交通费"、"差旅费"、"租赁费"、"会议费"。

业务费:指国家一般预算支出目级科目的"专用材料费"、"印刷费"。

设备购置费:指一般预算支出目级科目的"办公设备购置费"、"专用设备购置费"、"交通工具购置费"、"图书资料购置费"。

修缮费:指一般预算支出目级科目的"维修费"。其中,校舍建设费主要反映事业性经费支出——"维修费"中用于基本建设的经费,包括新建、改建、扩建等列入基本建设项目的支出。

其他费用:指一般预算支出目级科目的"招待费"、"培训费"及公用支出中的"其他"。

2. 基建支出

基建支出指属于基本建设投资额度范围内的,并列入各级计划部门基建计划,由学校经批准用教育基建拨款和其他自筹资金安排的基本建设,并专存银行基建专户的支出。

其中,自筹基建支出指财政或上级主管部门安排的机动财力、企业自有资金、各项税收附加、城市维护费、社会捐(集)资、校办产业、勤工俭学、社会服务、自有资金按规定用于教育自筹基本建设投资的各项资金。

(五)计分办法

标准化评价:本年度教育投入占财政总支出的比例逐步提高得满分,每低1个百分点,扣除5%的权重分。

发展性评价:该指标既是国家的政策要求,又体现了教育投入和经济社会的协调发展,所以,发展性评价与标准化评价的计分方法相同。

(六)实践中存在的问题

教育支出占财政总支出的比例逐步提高是《教育法》的基本要求,这里的逐步提高与逐年提高有所不同。逐年提高要求当年的教育支出占比高于上年,从政策层面上看,与《教育法》的要求有所偏差;从实践层面上看,存在两个方面的问题:有些县区由于建校、调资或者重点工程建设等因素,导致某些年度教育投入比例激增,如果用比例逐年提高的要求评价其下一年度的教育支出水平则显失公正。有些县区为规避教育支出比例增长的问题,会在某些教育发展较差的年度通过大幅调低教育支出占比,为以后几年的增长提供空间。这些都不利于公平地体现政府教育政绩,也不利于教育事业本身的发展。《教育法》规定的逐步增长是指教育支出占财政总支出的比例应当呈增长趋势。在操作层面上,也可以用当年度教育支出占比是否高于前三个年度的平均水平来表示。

三、生均公用经费

(一)指标诠释

生均公用经费是保证中小学校正常运转所需经费。其范围包括:学校维持正常运转所需开支的业务费、公务费、设备购置费、修缮费和其他属于公用性质的费用等。人员经费和基建投资等方面的开支不包括在内。它既是描述各类学校运转质量的重要指标,也是描述学生享受到的教育服务水平的基础指标。

(二)政策依据

《教育法》第55条要求学生人均公用经费逐步增长。

江苏省 2008 年义务教育公用经费的基准是小学 230 元、初中 350 元;2009 年为小学 300 元,初中 500 元;2010 年又增加到小学 450 元,初中 650 元。对于财政困难的县区,省以转移支付的方式帮助承担一定比例的公用经费,以确保义务教育学校运转正常。

(三)考查要点

评价县域公用经费保障情况,可以从经费的划拨和使用两个方面进行。经费的划拨主要查看财政和教育部门编制的教育经费预算和决算报表,财政向教育、教育行政部门向学校的拨款单。查看公用经费的管理和使用情况,可以抽查样本学校,查看会计账册、公用经费使用明细。

(四)统计口径

公用经费的列支范围。公用经费中的业务费是指为开展教学活动所发生的各项业务费用,包括教学业务费、实验实习费、文体维持费、宣传费等;公务费是指为开展教学活动所发生的办公费、水电费、取暖费、公用差旅费、会议费、邮电费、机动车辆燃料费等;设备购置费是指因教学和管理需要购置的仪器设备、文体设备、图书及其他设备;修缮费是指教学和管理用房屋、建筑物和各类设备维修所发生的人工、材料费用,以及不够基建立项的零星土建工程费用;其他费用是指上述费用以外的有关支出,包括按规定提取的职工教育经费等。

(五)计分方法

标准化评价:义务教育公用经费低于省定基本标准,此项分数为零分,达到标准的计 80% 的权重分。在此基础上,公用经费实现逐年增长的,每提高 1 个百分点,增加 5% 的权重分,分数加满为止。

发展性评价:该指标既是国家的政策要求,又体现了教育投入和经济社会的协调发展,所以,发展性评价与标准化评价的计分方法相同。

(六)实践中存在的问题

首先,很多经济发达的地方也以省定最低标准划拨公用经费,导致公用经费保障水平下降。尤其是主城区学校,消费水平高,按照省定最低标准不够学校正常使用。其次,对于学生人数不足 100 人的小规模学校,公用经费总额较少,不足以维持学校正常运转。有的县区用平衡大规模学校的公用经费的办法解决这些学校的现象,造成被平衡学校公用经费低于省标的现象。最后,有的县区不划拨设备添置、项目建设费用,却要求校长完成相应的创建任务,导致公用经费被挪作他用;有些校长用公用经费发放教师福利,聘用代课教师,违反了公用经费的列支规定,降低了学校的运转水平。

四、教师工资水平

（一）指标诠释

教师工资是教师的劳动报酬,也是衡量县级政府尊师重教的一杆标尺。工资待遇的高低决定了教师职业的社会认可度,合理的工资待遇是稳定教师队伍、提高教师专业化程度的重要途径之一。

（二）政策依据

《教育法》第55条要求教师工资应逐步增长。

《教师法》第25条、第26条和第31条规定:"教师的平均工资水平应当不低于或者高于国家公务员的平均工资水平,并逐步提高;建立正常的晋级增资制度,具体办法由国务院规定。""中小学教师和职业学校教师享受教龄津贴和其他津贴,具体办法由国务院教育行政部门会同有关部门制定。""各级人民政府应当采取措施,改善国家补助、集体支付工资的中小学教师的待遇,逐步做到在工资收入上与国家支付工资的教师同工同酬,具体办法由地方各级人民政府根据本地区的实际情况规定。"

（三）考查要点

教育工资取自财政部门编制的年度《教育经费决算报表》,教师数取自教育部门编制的《教育事业统计年报》。此项评价除了查看报表外,还应当抽样调查部分教师,抽样应涵盖公办与民办,县城与农村,幼儿园、小学、初中、普高和职高等各种类型。以全县全体教师工资/教师数得到全县教师平均工资,这里的全体教师既包括编制内的,也包括编制外的。在编教师工资总额可从财政报表中获得,不在编教师工资水平通过抽样调查方式获得。

（四）统计口径

根据1993年国务院发布《关于机关和事业单位工作人员工资制度改革问题的通知》,我国教师的工资结构分为四部分:一是基本工资,即国家应发的工资及各种政府补贴,由国家财政统一发放;二是岗位工资,是根据干部、教师工作量及职工岗位职责折算成的;三是职务工资,即按照职务或兼职工作量及责任大小发给的津贴;四是奖励工资,由全勤奖、学期奖、教学奖、竞赛辅导奖、教育教学竞赛奖、教科研奖等组成。义务教育实施绩效工资改革后,教师工资结构也做了相应调整:绩效工资分为基础性绩效工资和奖励性绩效工资两部分。基础性绩效工资主要体现地区经济发展水平、物价水平、岗位职责等因素,占绩效工资总量的70%。一般设立岗位津贴、生活补贴两项。奖励性绩效工资主要体现工作量和实际贡献等因素,占绩效工资总量的30%。奖励性绩效工资在项目设置上可由学校根据实际情况,设立班主任津贴、一线骨干教师津贴、超课时津贴、教育教学奖励等项目,也可自主设立其他项目,并制订具体发放办法。除班主任津贴按月发放外,其他项目在年度考核后发放。

(五)计分方法

标准化评价:义务教育教师工资低于当地公务员平均工资水平的,此项分数为零分,达到标准的计80%的权重分,在此基础上,教师工资平均实现逐年增长的,每提高1个百分点,增加5%的权重分,分数加满为止。

发展性评价:教师工资较上年度每提高1个百分点,增加5%的权重分。

(六)实践中存在的问题

绩效工资改革提高了义务教育教师工资水平,基本落实了义务教育"教师工资不低于或高于当地公务员的平均工资水平"的法定要求。但就教师队伍的整体而言,仍存在下列问题:第一,非义务教育工资改革尚未进行,教师总体工资水平仍然低于公务员平均工资水平,《教师法》的规定未全部得到落实。同时,由于仅进行了义务教育的工资改革,导致非义务教育教师队伍新的不稳定。第二,幼儿教师工资偏低。据统计,2008年我国幼儿园专任教师有89.86万,其中有事业单位编制的幼儿教师比例很低,他们的起薪每月仅800—900元,工作年限较长的一般也不会超过1500元,比这些城市的保姆、月嫂等家政服务人员还要低。由于教师收入普遍偏低,造成幼儿教师的流动性非常大,影响到幼儿教师队伍的专业化建设。第三,民办教师工资得不到保证。除幼儿教育外,普通高中、职业学校也使用部分未进入编制的教师,他们的工资多数由学校自己筹措发放,工资水平偏低,也给学校发展带来了沉重负担。

第三节　教育资源指标的评估与计分方法

教育资源是开展教育工作的基本物质条件。教育资源的积累是一个长期的过程,每一任政府都有责任不断加大投入,优化教育资源。这里的教育资源主要指校园校舍、设施设备等物质条件,具体从四个方面进行评价,共计占有20%的权重,其中教育资源增量8%,各类教育班额2%,教育布局调整3%,优质教育资源占比2%。对于不同地区而言,由于教育发展阶段和重点任务不同,可以适当调整各部分的权重。

一、教育资源增量

按照政绩看增量的评价原则,这里的四项三级指标都从教育资源增加的角度进行考察。其中人均建筑面积、教育固定资产是从总体上衡量教育资源情况,人均计算机数量是从教育现代化角度、人均占有图书数量是从校园文化建设角度衡量教育资源的积累情况。

对于教育发展水平较低的地区,面临的主要问题是加快学校建设、增添设施设备,因而从资源增量的角度评价政绩,得到的分值相对较高。而教育发展水平高、资源充裕的地区,工作的重点应当是加强内涵建设,优化资源结构,在计算指标分值时,应当充分考虑这一因素。为了加快教育发展,各省都颁布了优质幼儿园、小学、初中、普通高中、中等职业学校的办学标准,按照各类教育适龄人口数×优质教育资源建设标准可计算出当地教育资源评价的上线,达到此上线标准的该项指标可得满分,未达到上线标准的按照资源的增量情况计分。例如,江苏省分别颁布了《优质幼儿园评估标准》《小学基本实现教育现代化标准》《初中基本实现教育现代化标准》《三星级普通高中评估指标体系》《三星级中等职业学校评估指标体系》,对生均占地面积、生均建筑面积、计算机数量、图书数量都有明确的规定,结合第六次人口普查公布的各地适龄人口数,可计算出当地实现教育资源优质化的标准。

（一）人均教育机构、场所建筑面积

1. 指标诠释

即按县域居民人数平均教育机构、场所建筑面积。

计算公式为：县域内教育机构、场所建筑面积/县域内常住人口数量。

2. 政策依据

《江苏省优质幼儿园评估标准》规定幼儿园生均建筑面积不低于 9 平方米。

《江苏省小学基本实现教育现代化标准》规定小学生均建筑面积不低于 5.74 平方米。

《江苏省初中基本实现教育现代化标准》规定初中生均建筑面积不低于 7 平方米。

《江苏省三星级普通高中评估指标》要求三星级以上普通高中（省优质高中）建筑面积不低于 13 平方米。

教育部《中等职业学校设置标准》要求中等职业学校生均建筑面积不低于 15 平方米。

3. 考查要点

第一，教育事业统计年报。

第二，抽查部分学校，核实生均建筑面积是否达到规定标准。

4. 统计口径

这里的教育机构、场所包括幼儿园、小学、初中、普通高中、中等职业学校、专门为学生社会实践服务的青少年校外活动中心等。不包括隶属于省或市管理的高职和高等学校和各类社会办培训班。前六类教育机构场所占地面积、建筑面积以《教育事业统计年报》公布数字为准。人口数以当地统计局公布的年报为准。

人均建筑面积满分标准计算公式为：

$$[（4—6 岁人口数）\times 9m^2 + （7—12 岁人口数）\times 5.74m^2 + （13—15 岁人口数）\times 7m^2 + （16—18 岁人口数）\times 13m^2/2 + （16—18 岁人口数）\times 15m^2/2]/县总人口数。$$

5. 计分方法

标准化评价：达到标准的以满分计算；达不到标准的，每低 1 个百分点,扣除5%的权重分。

发展性评价:人均教育建筑面积较上年度每增加1个百分点,增加2%的权重分,加满20%为止;每减少1个百分点,扣除10%的权重分,此项分数扣完为止。

(二)人均教育固定资产

1. 指标诠释

即按县域居民人数平均教育固定资产数额。

计算公式为:(幼儿教育固定资产＋小学固定资产＋中学固定资产＋职业教育固定资产＋特殊教育固定资产)/县域内常住人口数量。

2. 考查要点

第一,教育事业统计年报。

第二,抽查部分学校,核实与年报数字是否吻合。

3. 统计口径

教育固定资产是完成政府提供教育服务的物质条件和保障,也是一个地区教育资源是否充足的重要标志。概括地讲,教育固定资产可以分为六大类:一是土地、房屋、建筑物:包括运动场地、道路、供电设施、给排水管道等;二是一般设备:交通设备、生活设备、家具等;三是专用设备:教学仪器、医疗卫生、艺术、文体、电教设备等;四是文物和陈列品;五是图书类:图书室、阅览室的图书、有关软件资料及音像资料;六是其他固定资产。教育固定资产主要有学校自购和政府调拨两个来源。

教育固定资产总额由教育部门编制的《教育事业统计年报》公布的幼儿园、中小学、职业教育、特殊教育固定资产累加获得。

4. 计分方法

标准化评价:达到同类县市区人均教育固定资产均值计80%的权重分,每提高1个百分点,增加1%的权重分,加满20%为止;每低一个百分点,扣除2%的权重分,分数扣完为止。

发展性评价:人均教育固定资产较上年度每增加1个百分点,增加2%的权重分,加满20%为止;每减少1个百分点,扣除10%的权重分,此项分数扣完为止。

（三）中小学生均计算机台数

1. 指标诠释

计算机数量是衡量一个地区教育现代化水平的重要标志。本指标考核按县域内中小学生人数平均教育用计算机。

计算公式为:学校等教育机构拥有计算机台数/中小学生总人数。

2. 政策依据

《江苏省县(市、区)教育现代化建设主要指标诠释》中提出:教育城域网与辖区内大部分学校实现光纤连通,网上资源丰富,利用率高;中心小学、初级和高级中学校校建有校园网络、教学辅助系统和教育管理系统。具体要求"网络终端数与学生数之比不少于 11∶15"。

3. 考查要点

第一,教育事业统计年报。

第二,抽查部分学校,核实与年报数字是否吻合。

4. 统计口径

这里的计算机应界定为小学、初中、高中、中等职业学校、特殊教育学校使用的计算机,具体数额可以由《教育事业统计年报》获得。

5. 计分方法

标准化评价:计算机与学生人数之比达到 11∶15 的要求得满分,每低 1 个百分点,扣除 5% 的权重分,分数扣完为止。

发展性评价:生均用计算机台数较上年度每增加 1 个百分点,增加 2% 的权重分,加满 20% 为止;每减少 1 个百分点,扣除 10% 的权重分,此项分数扣完为止。

（四）生均学校藏书量

1. 指标诠释

藏书量的多少是体现一个地区、一所学校文化底蕴的重要标尺。国家对各类学校藏书量有明确的要求,每年为学校添置一部分书籍,不断提高学校的文化品位,是每一任政府义不容辞的责任,也是评价政府政绩的重要内容。本指标考核按县域内中小学生人数平均学校藏书量。

计算公式为:中小学校藏书总量/中小学生总人数。

2. 政策依据

《中小学图书馆(室)藏书量标准》(教基[2003]5 号):

图书馆(室)藏书量

	完全中学		高级中学		初级中学		小学	
	1 类	2 类	1 类	2 类	1 类	2 类	1 类	2 类
人均藏书量(册数)	45	30	50	35	40	25	30	15
报刊种类	120	100	120	100	80	60	60	40
工具书、教学参考书种类	250	200	250	200	180	120	120	80

3. 考查要点

第一,教育事业统计年报。

第二,教育部门购买书籍单据,新书清单。

第三,实地考察学校。

4. 统计口径

这里的藏书是指中小学幼儿园的纸质图书,不包括电子书籍。藏书量以《教育事业统计年报》公布的幼儿园、中小学、职业教育、特殊教育藏书量累加获得。同时,可以通过抽查乡镇学校的方式加以验证。

人均图书满分标准计算公式为:

[(4—6 岁人口数)×10 本 + (7—12 岁人口数)×15 本 + (13—15 岁人口数)×25 本 + (16—18 岁人口数)×35 本]/县总人口数。

5. 计分方法

标准化评价:达到标准的以满分计算;达不到标准的,每低 1 个百分点,扣除 5% 的权重分。

发展性评价:生均图书较上年度每增加 1 个百分点,增加 2% 的权重分,加满 20% 为止;每减少 1 个百分点,扣除 10% 的权重分,此项分数扣完为止。

二、中小学幼儿园班额

班额即班级的规模,直接反映本地教育资源是否能满足人民群众子女接受教育的需要。班额与提高教学质量密切相关:班额越大,学生表现、展示、被老师关注、与教师交流的机会越少,教育管理、校园安全等方面的问题越多。因此,班额是反映生均占有教育资源多少、享受教育服务质量的重要指标。

班额过大是我国基础教育存在的普遍问题。对于教育基础较差的地区,造成班额过大的原因是教育资源总量不足,校舍、教师和各种设施设备不能满足适龄儿童就学的需要,部分地区农村学校班级人数超过 100人。对于教育资源基本能够满足需要的地区,班额大主要是教育发展不均衡造成的,学生拥挤到城区学校、热点学校,造成有的学校生源不足,教育资源浪费;有的学校人满为患,教育质量受到影响。

(一)中小学、幼儿园班额达标率

1. 指标诠释

达到规定标准的班级比例。

2. 政策依据

《教育部幼儿园建设标准》规定:幼儿园大班 35—30 人,中班 30—25人,小班 25—20 人。

《江苏省中小学管理规范》规定:小学每班 45 人,初中、高中每班50 人。

3. 考查要点

第一,教育事业统计年报中关于班额的统计。

第二,实地考察学校。

4. 统计口径

《教育事业统计年报》中有幼儿教育大班、中班、小班人数,据此可测算出各类班级平均班额,分 30 人以下、30—40 人、40—50 人、50—60 人、60 人以上五个层次统计小学、初中、高中班级数,据此可以计算出中小学、幼儿园班额达标率。

5. 计分方法

标准化评价:达标率 100% 计满分,每低 1 个百分点,扣除 5% 的权重分。

发展性评价:中小学、幼儿园班额较上年度每减少 1 个百分点,扣除5% 的权重分,分数扣完为止;每增加 1 个百分点,增加 2% 的权重分,加到 20% 为止。

（二）中小学、幼儿园小班化比率

1. 指标诠释

随着教育事业的发展，一些教育资源丰裕的地区开始试行小班化改革，为适龄儿童提供更高质量的教育服务。"小班化"班额较小，一般为小学每班 35 人以下、中学每班 40 人以下。"小班化"教学更有利于教师与学生进行沟通，注重对学生个性的培养。在经济发达地区，推行"小班化"教学，是现代化教育的重要标志之一。

2. 计分方法

标准化评价：小班化班级达到同类县区均值得满分，每增加 1 个百分点，增加 5% 的权重分，加满 20% 为止；每低 1 个百分点，扣除 5% 的权重分，该项分数扣完为止。

发展性评价：小班化班级比例每增加 1 个百分点，增加 5% 的权重分。加到权重分 20% 为止。

三、学校布局调整情况

农村中小学布局调整是指从各地区的自然条件和经济社会发展需要出发，将比较分散的农村中小学校和教学点适当集中起来，重新进行区域内中小学网点布局和规划，以提高农村中小学办学质量和规模效益的一项工作，也是政府教育工作的重要职责。它是优化教育资源配置，提高教育服务水平的重要途径，也是教育与经济社会协调发展，与社会主义新农村建设同步推进的必然要求。从教育本身来看，学校布局调整使教育资源流向集中，有利于完善学校内部配套设施，提高了办学规模效益。改变了学校规模小、师生数量少、教育质量差的状况，为学校管理向规范化、精细化、特色化方向发展创造了条件。缩小了城乡办学差距，促进了教育均衡发展，进一步满足了群众共享优质教育资源的愿望。从社会效益来讲，通过学校布局调整，大量学生归集到城镇，加快了城镇化建设步伐。学生在城市生活环境的熏陶、感染下，加深了对社会进步和发展的切身体验，有力地推进了乡风的文明和进步，推动了农村精神文明建设和社会主义新农村建设。

（一）指标诠释

该指标重点考核中小学校平均服务半径,用人口数/学校数即可得该类别学校的平均服务半径。

（二）政策依据

2001年,《国务院关于基础教育改革与发展的决定》提出:"按照小学就近入学、初中相对集中、优化教育资源配置的原则,合理规划和调整学校布局。农村小学和教学点要在方便学生就近入学的前提下适当合并。"

随着城镇化的进程,各地学校布局调整工作不断深化,原则和标准更加明确。江苏省提出"高中向县城集中、初中向中心镇集中、小学向镇和中心村集中"的工作思路和"定点学校中,小学服务人口为1万人/所、初中服务人口为3万人/所、普通高中服务人口为10万人/所"的要求。

（三）考查要点

第一,教育事业统计年报。

第二,第六次人口普查公报。

（四）计分办法

标准化评价:达到"定点学校中,小学服务人口为1.5万人/所、初中服务人口为5万人/所、普通高中服务人口为10万人/所"标准的计满分。每低1个百分点,扣除5%的权重分,该项分数扣完为止。小学、初中、高中按照41∶41∶2的比例计分。

发展性评价:较上年度学校服务半径每提高1个百分点,增加5%的权重分,加满20%为止。

四、优质资源占比

上得起学的需求满足以后,上好学渐渐成为人民群众主要的教育需求。提高优质教育资源占比,既是办人民满意教育的需要,也是政府教育政绩的重要体现。为了提高教育发展水平,各省制订了优质幼儿园、优质普通高中和优质中等职业学校标准。对于义务教育而言,各地不断提高合格学校的标准,努力做到义务教育的高位均衡发展。这里的优质教育资源,主要指获得省优质教育评估认定的学校或幼儿园,占比是指在优质资源学校或幼儿园就读的学生比例。

（一）优质幼儿园占比

1. 指标诠释

获得省优质幼儿园认定的即可视为优质幼儿园。例如,江苏的幼儿园评估标准分两个层次,一是合格园标准。达标方可以在教育行政部门注册,得到办园许可。二是优质园标准。每年由省评估院组织人员评估一次,对达标者予以认可。

2. 考查要点

第一,省市教育部门颁发的优质园评估文件。

第二,县教育行政部门提供的幼儿园名单。

第三,实际抽查乡镇幼儿园。

3. 计分方法

标准化评价:在省优质园就读幼儿比例达到60%即可得满分,每超1个百分点,增加0.5%的权重分;每低1个百分点,扣除1%的权重分。

发展性评价:在省优质园就读幼儿比例较上年度每提高1个百分点,增加2%的权重分,加满20%为止。

4. 实践中存在的问题

有的县区把办学条件较差的幼儿园列为优质园的办学点,以提高优质园占比。因此在抽查时应考察办园点的条件。办园点必须具备以下基本条件(参照江苏省优质园标准):

（1）人员配备保证两教一保,专任教师均具备幼儿教师资格,50%以上达大专学历。

（2）幼儿人均用地、建筑、绿化面积分别达到 $15m^2$、$9m^2$、$2m^2$;户外幼儿活动场地生均 $6m^2$ 以上。

（3）活动室、寝室、卫生间、储藏室配套,有草坪、沙池,有足够的软地,有饲养场和种植园。

（4）有大型玩具和体育运动器械、器具和阴雨天活动的场地或设备。

（5）班班有符合幼儿身高、配套的桌椅;有开放式玩具橱、图书架、钢琴、电视机等;有良好的照明、通风、消防、防寒、降温设备。

（6）幼儿图书生均10册以上,教工图书人均20本以上,订有5种以上省级学前教育报刊。

（二）义务教育阶段合格学校占比

1. 指标诠释

对于开展义务教育合格学校达标验收活动的地区，可以以省或地级市颁的验收合格文件为依据确定该县义务教育合格学校数，以县教育事业统计年报为依据计算在合格学校就读的学生比例。对于未开展达标验收活动的地区，可以抽取部分样本学校，依据省颁标准进行评价。

2. 政策依据

均衡发展是义务教育的办学方向。因此，各地要把缩小义务教育阶段区域、城乡、校际差别，努力实现"校园环境一样美、教学设施一样全、公用经费一样多、教师素质一样好、管理水平一样高、学生个性一样得到弘扬、人民群众一样满意"作为义务教育学校的发展方向，通过不断提升合格学校标准，整体促进义务教育优质均衡发展。

3. 考查要点

第一，省市教育部门颁发的合格学校评估文件。

第二，实际抽查乡镇学校。

4. 计分方法

标准化评价：在合格学校就读学生比例达到100%即可得满分，每低1个百分点，扣除5%的权重分，此项分数扣完为止。

发展性评价：在合格学校就读学生比例较上年度每提高1个百分点，增加2%的权重分，加满20%为止。

5. 实践中存在的问题

对未开展合格学校评估的地区，可以参照如下标准对学校进行抽样考察。

（1）校舍完好、安全、够用。生均占地：小学不低于$18m^2$，初中不低于$23m^2$，生均校舍建筑面积：小学不低于$4.5m^2$，初中不低于$6m^2$。

（2）校园布局合理，环境整洁，排水通畅，道路平整，绿化充分。

（3）教室通风、采光良好，照明符合要求，讲台、课桌椅完好、整齐、适用。

（4）学校有满足师生就餐需要的卫生食堂，有安全卫生的冷、热饮用水。

(5)学校厕所能满足学生课间集中如厕的需要,并有水冲设施。

(6)寄宿制学校学生宿舍安全、卫生、够用,住宿及消防、报警设施齐全。每生一张床。

(7)学校有平整、适用的操场。体育设施、器材满足教学和活动的需要。

(8)有图书馆(室),配有书架、书橱等设备,图书资料生均小学不少于 20 册,初中不少于 50 册。

(9)学校有计算机网络教室。学校有教学用琴、音响设备、适量的乐器等音乐器材。实验仪器、美术教学器材能满足教学需要。

(10)教师均具有相应的任职资格,教师配备能开齐开足规定课程。

(三)优质普通高中和优质中等职业学校占比

1. 指标诠释

优质高中阶段教育资源以省级教育行政部门认定为准。该指标用在优质教育资源就读的学生数/该类别教育学生总数求得。

2. 政策依据

江苏省教育现代化县市区评估指标要求:在三星级以上普通高中就读的比例不低于80%。县域职业教育中心均应建成三星级以上学校。

3. 考查要点

第一,省教育行政部门颁布的优质高中阶段教育资源评估文件。

第二,实际抽查学校。

4. 计分方法

标准化评价:在省优质高中就读学生比例达到80%即可得满分,每超 1 个百分点加1%的权重分,每低 1 个百分点,扣除1%的权重分。

发展性评价:在省优质高中就读学生比例较上年度每提高 1 个百分点,增加2%的权重分,加满20%为止。

第四节　教师队伍指标的评估与计分方法

教师队伍是教育的人力资源,为教育发展配备数量充足、素质较高的教师队伍,是县级政府的重要职责。随着"以县为主"农村义务教育管理体制的落实和义务教育绩效工资改革,教师的工资待遇逐步得到保障,稳定教师队伍、提高教师素质的问题正逐步得到解决。但教师队伍建设与教育事业发展和人民群众需求相比仍存在不相适应之处。主要体现在:一是数量不足,尤其是幼儿教师严重不足。各地尚无幼儿教师编制标准,公办幼儿教师数量不足,民办教师队伍不稳定。二是结构性缺编。小学教师超编,高中教师缺编,音、美、体等学科专任教师不足。三是民办教师待遇得不到保障。幼儿教育、高中段教育和义务教育民办学校仍有一定数量的民办教师,随着公办教师工资待遇的落实,提高待遇、稳定民办教师队伍成为亟待解决的问题。四是教师队伍整体素质仍需进一步提升。目前仍存在农村教师老龄化,中年教师职业倦怠,师德师风水平亟须提高等问题。

教师队伍的评价可以从数量和质量两个方面进行。师生比是考核教师数量的重要指标。高一学历教师比例和名优骨干教师占比是评价教师队伍质量的重要指标。这里还选取了每一百名教师发表市级以上论文数,作为评价教师队伍科研和创新能力的指标。本项目共计占有10%的权重,其中师生比和高一级学历教师比例各占3%,名优骨干教师比例和教师发表论文数各占2%的权重。

一、师生比

(一)指标诠释

计算该类教育教职工人数与学生人数之比。

(二)政策依据

《江苏省人民政府关于加快基础教育改革与发展的意见》(苏政发[2001]68号)规定:小学师生比为1:27;教辅人员按学生数1:300配备。初中师生比为1:20;教辅人员按学生数1:150配备。高中师生比为1:18;教辅人员按学生数1:120配备。另外,按教职工总编的3%适当安排一定数量的编制用于教师进修、病休等需要。

《省编办、省教育厅、省财政厅关于核定中小学教职工编制的实施意见》(苏政办发[2002]113号)规定中小学教职工编制标准为:

学校类别		教职工与学生比
普通高中	城市	1：12.5
	县镇	1：13
	农村	1：13.5
职业高中	城市	1：11
	县镇	1：11.5
	农村	1：12
初中	城市	1：13.5
	县镇	1：16
	农村	1：17.5
小学	城市	1：19
	县镇	1：21
	农村	1：24.5

（三）考查要点

第一，教育事业统计年报。

第二，教职工花名册。

第三，抽查学校资料。

（四）计分方法

标准化评价：按照城市、县镇、农村三个层次分学段统计计算。每学段达到编制标准即可得满分，未达到编制标准每低1个百分点扣10%的权重分。

发展性评价：按编制配足配齐学科教师是政府工作的基本要求，此指标发展性评价与基础性评价计分方式相同。

（五）实践中存在的问题

在实际评价过程中，幼儿教师的管理和统计规范性较差，幼儿教育按照合格幼儿园一教两保教师配备和大班35—30人、中班30—25人、小班25—20人的班额要求，测算专任教师按幼儿数1：30配备，保健员按学生数1：15配备。这里的幼儿教师既包括公办教师，也包括民办教师。

二、高一级学历教师占比

（一）指标诠释

幼儿园和小学专任教师具备大专学历、初中教师具备本科学历、普通高中和中等职业学校教师具备研究生学历均视为具备高一级学历教师。

（二）政策依据

《江苏省教育现代化县市区评估指标》要求：小学教师具有专科及以上学历的比例达 70%，初中教师具有本科及以上学历的比例达 60%，高中教师具有研究生学历的比例达 5%。

（三）统计口径

参加课程班学习，未取得学历或学位证书的、已经参加高一级学历学习，尚未毕业的均不视为获得高一级学历。获得专业硕士学位，但没有研究生学历的亦可视为高一级学历教师。

（四）考查要点

第一，教育事业统计年报。

第二，实际抽查乡镇学校。

（五）计分方法

标准化评价：在高一学历教师比例达到省教育现代化标准即可得 80% 的权重分，每增加 1 个百分点，增加 2% 的权重分，加到 100% 为止；每低 1 个百分点，扣除 5% 的权重分，此项分数扣完为止。

发展性评价：较上年度每提高 1 个百分点，增加 2% 的权重分，加满 100% 为止。

三、名优骨干教师占比

（一）指标诠释

名优骨干教师是区域教师队伍的中坚力量，是教师队伍素质、教师精神风貌的集中体现，在教师队伍建设中发挥着示范、引领和带动作用。

计算公式为：名优骨干教师占比 = 名特优教师数/县域教师总数。

（二）统计口径

这里的名优骨干教师是指由市或市以上教育主管部门确认的优秀教

师。各地在名称上有所区别。例如,江苏省每三年评选一次特级教师。各市为提高教师队伍素质,均制订了地方特色的名师评选办法和青蓝工程培养对象评选办法,市级优秀教师具体分两个层次。一是名师、名校长、学科带头人;二是青年名教师和青年优秀骨干教师。这些称号由市级教育行政部门认定,主要是对教师专业素质的认可。各市教育、人事等部门根据年度考核情况评选的优秀教育工作者、模范教师等,以及在教育部门的专项活动中表彰的优秀教师,例如,师德标兵、十佳教师等,这些都是对教师一段时间内工作成绩的表彰,因此,不能列入名优骨干教师的统计范围。

(三)考查要点

第一,教育部门提供的名优骨干教师统计表。

第二,省、市教育行政部门文件。

第三,实际抽查乡镇学校。

(四)计分方法

标准化评价:在名优骨干教师比例达到同类县区平均水平即可得80%权重分,每增加1个百分点,增加2%的权重分,加到100%为止;每降低1个百分点,扣除5%的权重分,此项分数扣完为止。

发展性评价:较上年度每提高1个百分点增加2%的权重分,加满100%为止。

四、每100名教师年发表论文数

(一)指标诠释

论文发表是教师队伍科研与创新能力的重要指标。

计算公式为:教师发表市级以上论文数×100/教师数。

(二)统计口径

教育教学研究论文是教师在教育教学实践活动中形成的对提高教学水平和教育质量,实现培养目标有积极作用的各类论文。论文主要包括在国内外公开发行的教育类及相关学科专业类报、期刊上发表的教育教学研究论文;在省、市教育行政部门直属单位主办的教育类期刊上发表的教育教学研究论文,以及在省、市(州)教育行政部门、教研部门、电教部门和教育学会组织的教育教学研究成果和论文评选中获奖的教育教学研究论文成果,对中等职业学校的教师,还应包括以本学科专业类公开发行的报、期刊(正刊)上发表的研究论文成果。

(三)考查要点

第一,由县级教育行政部门提供教师发表论文清单。

第二,在论文检索系统上抽样核查结果。

第三,实际抽查乡镇学校。

(四)计分方法

标准化评价:每100名教师年发表论文数达到同类县区最高值即可得80%权重分,每低1个百分点,扣除5%的权重分,此项分数扣完为止。

发展性评价:较上年度每提高1个百分点,增加2%的权重分,加满100%为止。

第五节　教育普及率指标的评估与计分方法

教育普及率是从量的角度衡量本地区教育服务水平的重要指标,即每年培养了多少人,能否满足本地人民群众接受教育的需要,能否适应全面建设小康社会对人的素质的要求。按照县级政府的职能,这里选择了学前教育毛入园率、义务教育巩固率、初中毕业生升学率、19周岁人口高等教育毛入学率、从业人口年培训率五项指标。本项共占有20%的权重,其中学前教育毛入园率、义务教育巩固率、高中阶段教育入学率各占5%,19周岁人口高等教育毛入学率占3%,从业人员年培训率占2%。

一、学前教育毛入园率

(一)指标诠释

学前教育毛入园率是指学前教育机构在园人数与适龄人口数之比,即在园人数与4—6岁年龄组人口数之比。

(二)政策依据

江苏省教育现代化评估指标要求对学前教育毛入园率达90%以上。

(三)考查要点

第一,教育事业统计年报。

第二,第六次人口普查公报。

第三,实际调查乡镇幼儿园。

(四)统计口径

各省对幼儿园的办园资格有明确的要求,主要涉及场地、师资水平、设施设备等,以确保幼儿教育质量和孩子的安全,达到标准的方可取得办学许可。但农村地区尚有大量未取得办学许可证的幼儿园存在,这些幼儿园办学条件差、教育和管理水平低,但由于收费低廉,也吸引了相当比例的家庭把孩子送去就学。这使得幼儿教育的质量得不到保证,幼儿安全存在隐患。在此仅统计在取得办园许可证的幼儿园就读的学生。

在园人数和适龄人口数均指本地户籍,教育事业统计年报上统计的在园幼儿还包含非本地户籍幼儿,因此要抽样调查10%的幼儿园,计算非本地户籍的幼儿比例,按比例这届部分数字应当从全县在园幼儿统计数字中剔除。

(五)计分办法

标准化评价:学前教育入园率达90%即可得80%权重分,每增加1个百分点增加2%的权重分;每降低1个百分点,扣除5%的权重分。

发展性评价:较上年度每提高1个百分点,增加2%的权重分,加满100%为止。

(六)实践中存在的问题

学前教育是当前教育发展的重点和难点,资源不足、质量不高、入学率偏低是当前学前教育存在的突出问题。农村地区部分居民缺乏对学前教育重要性的认识,加上学前教育不属于义务教育,要缴纳一定数额的学费,很多人往往把孩子交给家中老人看管,从一定程度上影响了农村孩子的基础文明习惯的养成,影响农村人口文明程度的整体提升。

二、义务教育巩固率

(一)指标诠释

义务教育是由国家立法保证的,要求是"一个都不能少"。县级政府除了要为人民群众接受义务教育保障条件外,还要做好《义务教育法》的宣传,保证每一个适龄儿童都能接受九年义务教育。控制义务教育辍学是政府教育工作的主要职责,经过多年的努力,义务教育巩固率不断提高,但离"一个都不能少"的要求还有很大的距离。2009 年起,国家实施免费义务教育,要求各级财政对义务教育公用经费予以保证,对财政困难的县区,省财政给予一定比例的转移支付,同时还要求对家庭困难寄宿生予以生活补助。这些措施的实施,从根本上减少了学生因贫失学的现象。目前,义务教育辍学的主要原因是义务教育质量不高,学校和老师对后进学生关心爱护不够,个别学生由于跟不上教学进度,感受不到在校园中求学的快乐,加上社会上大学生分配困难,新的读书无用论在个别家庭中产生影响,导致辍学率不能得到有效控制。

(二)政策依据

《义务教育法》第 2 条规定:"义务教育是国家统一实施的所有适龄儿童、少年必须接受的教育,是国家必须予以保障的公益性事业。"

第 5 条规定:"各级人民政府及其有关部门应当履行本法规定的各项职责,保障适龄儿童、少年接受义务教育的权利。"

(三)考查要点

第一,教育事业统计年报。

第二,教育部门提供的统计报表。

第三,实地调查学校。

(四)统计口径

以教育行政部门提供的统计报表为依据,九年义务教育巩固率应按小学和初中分别计算。小学巩固率是指某届小学毕业生人数与该届一年级时学生数的百分比;初中巩固率是指某届初中毕业生人数与该届初一学生数的百分比。另外,抽样调查部分学校,核实其学籍资料,计算抽样调查与统计数字的误差,把误差比例乘入统计数字以确定最后数字。

(五)计分办法

标准化评价:义务教育巩固率达 100% 计满分,每降低 0.1 个百分点,扣除 2% 的权重分。

发展性评价:义务教育是国家必须予以保障的教育,应当坚持"一个也不能少"的原则,这项指标发展性评价和基础性评价的计分方式相同。

（六）实践中存在的问题

随着经济社会的发展,农村流动人口增多,青壮年劳动力外出打工,子女随父母到打工城市就读的现象增多,这给义务教育巩固率的统计带来一定的困难。有的县区为了达到省定巩固率要求,把辍学学生一并纳入流动转学学生统计。因此,要加强对学校借读、转学、休学资料的抽样调查,尽可能获得义务教育辍学的真实情况。

三、初中毕业生升学率

（一）指标诠释

初中毕业生升学率是衡量一个地区教育普及情况的重要指标,指初中毕业生中升入高一级学校的人数与毕业生总数的百分比。江苏省把它作为小康社会和教育现代化的指标之一,在教育现代化评估标准中,要求初中毕业生升学率不低于95%。

（二）考查要点

第一,教育事业统计年报。

第二,教育部门提供的统计报表。

第三,实地调查学校。

（三）统计口径

高一级学校包括普通高中、职业高中、五年制高职、中等专业学校、技工学校等招收应届初中毕业生的全日制学校(含异地上学的)。

（四）计分办法

标准化评价:初中毕业生升学率95%计80%权重分,每提高1个百分点,增加4%的权重分;每降低1个百分点,扣除5%的权重分。

发展性评价:较上年度每增加1个百分点,增加5%的权重分;每减少1个百分点,扣除10%的权重分。

四、19周岁人口高等教育入学率

（一）指标诠释

体现学校高中阶段教育质量的重要指标,该年度适龄青年接受高等教育的比例。

计算公式为:高等教育入学人数/19周岁本地户籍人数。

(二)考查要点

第一,人口普查19周岁人口统计。

第二,近两年高考各类学校录取人数统计。

第三,近两年自考、成人高考等情况统计。

(三)统计口径

19周岁人口是指当年本地户籍人口。升入全国各类普通高等学校的人数是主要数据,接受函授、自学考试、远程教育和开放教育等各类成人高等教育的人数单独统计。

(四)计分办法

标准化评价:19周岁人口高等教育入学率达到50%计满分,每提高1个百分点,增加1%的权重分,加满20%为止;每降低1个百分点,扣除2%的权重分,分数扣完为止。

发展性评价:较上年度每增加1个百分点,增加2%的权重分,加满20%为止;每减少1个百分点,扣除5%的权重分。

五、从业人员年培训率

(一)指标诠释

从业人员年培训率是考察县域社区教育、成人教育水平的指标。

(二)考查要点

从业人员培训情况可查看从业人员培训统计。并抽样调查考察社区教育基地、信息传输网络、图书等社区教育基础设施,以及样本地区的培训情况。

(三)统计口径

这里的从业人员包括工、农、商、教、卫等各行各业人员。年度培训时限以相应岗位的要求为准,没有具体要求的,一般年满40小时计入"已接受过培训"人员基数。培训包括岗前培训、岗中培训、转岗培训、实用技术培训等各类有组织的或自发的培训。"已接受过培训"人员占总从业人员的百分比为年培训率。

(四)计分办法

标准化评价:从业人员年培训率达到50%计满分,每提高1个百分点,增加 1% 的权重分,加满 20% 为止;每降低 1 个百分点,扣除 2% 的权重分,分数扣完为止。

发展性评价:较上年度每增加 1 个百分点,增加 5% 的权重分,加满 20% 为止;每减少 1 个百分点,扣除 5% 的权重分,分数扣完为止。

第六节　教育服务质量指标的评估与计分方法

教育是政府提供的公共服务,服务的效果如何,一方面体现在量上,即多少人接受了教育;另一方面体现在质上,即服务的质量与水平。教育服务的质量和大家日常所说的教育质量不是同一个概念。人们常说的教育质量核心是教育教学质量,考核的主体是学校和教师,考核的标准是学生的成绩。教育服务的质量是指地方政府为当地人民群众提供的教育服务的水平,考核的主体是政府,根本的标准是人民群众是否满意。片面的追求学生成绩,给学校和老师排位次、加压力是政府工作的错位。在这里我们设置了三个二级指标:一是教育公平;二是素质教育;三是满意度,以此导向地方政府的正确定位,促进教育健康和谐发展。

一、教育公平情况

教育公平是社会公平的起点,也是政府提供教育服务的出发点和归宿。政府提供公共产品有两个原则,平等和向弱势群体倾斜。反映在教育上,就是均衡配置教育资源,加大对贫困地区、薄弱学校和困难学生的投入力度,为每个适龄儿童接受义务教育创造平等的机会。因为在自然状态下,任何个体、群体或地区,一旦在某一个方面获得成功和进步,就会产生一种积累优势,就会有更多的机会取得更大的成功和进步。反映在教育上,学校办得越好,吸引的优质资源越多,学校取得成功的机会就越大。政府通过对公共资源的再分配,可以排除各种因素对教育的制约和干扰,推动教育资源向薄弱学校流动,从而防止出现"马太效应",促进教育发展的均衡化。

同样,政府不能很好履行教育责任,也是当前教育发展不均衡、教育不公平的主要原因。由于政府履责不力,影响教育公平的问题主要存在于两个方面:一是办学思想问题。重视窗口学校、"面子工程",把有限的教育资源集中于少数"重点学校",忽视儿童少年平等接受教育的权利。二是教育投入的问题。投入总量不能满足教育发展基本要求,默许或者鼓励通过"名校办民校"的方式收取择校费,以弥补教育经费之不足。

（一）义务教育择校生比例

1. 指标诠释

择校生是指不在施教区公办学校就读的学生。

计算公式为:(义务教育当年招生数 - 施教区内公办学校入学学生数)/义务教育当年招生数。

2. 考查要点

第一,教育事业统计年报。

第二,学校招收辖区内外学生人数统计表。

第三,实地调查部分学校。

3. 计分办法

标准化评价:择校生比例低于10%计满分,每提高1个百分点,扣除2%的权重分。

发展性评价:择校生比例较上年度每降低1个百分点,增加2%的权重分;每增加1个百分点,扣除2%的权重分。

4. 实践中存在的问题

择校是家长对教育资源校际间的不均最直观的反映,也是群众反映较大的热点问题。各地降温择校热的具体措施包括两个方面:一是管住义务教育招生的入口。义务教育阶段学校实行免试就近入学,对服务区学生数超过学校接纳能力的学校通过电脑排位方式录取新生,避免优势学校通过考试对优质生源的直接掠夺。二是发挥义务教育学生升学的出口导向作用。将重点高中招生名额拿出一定的比例分配到初中学校,使那些愿意留在条件较差学校学习的学生,获得更多的考入重点高中的机会,以此引导生源流向,弱化学校之间的应试竞争,遏止义务教育阶段的择校倾向,改善薄弱学校的生源质量,促进义务教育阶段生源的均衡。但是在实践过程中,上述政策在多数地区并没有得到很好的落实。有的地区招生工作不规范、不透明,自由裁量空间过大,缺乏社会监督,"条子生"、"关系生"越来越多,免试入学变成了凭"关系"入学。有些地区不能做到令行禁止,优势学校通过提前摸底、举办各种名目的竞赛、招收特长生等手段进行变相考试,选择招收优质生源。

（二）义务教育学校中考成绩标准差

1. 指标诠释

中考是由教育行政部门统一组织,是学生毕业升学的重要依据,学校和学生都十分重视,其成绩能够比较客观地反映一个地区的教育质量。标准差是各数据偏离平均数的距离的平均数,能反映一个数据集的离散程度。标准差越大,说明该县校际间教育教学质量的差别越大,教育发展越不均衡。

2. 考查要点

第一,教育行政部门提供的中考成绩。

第二,实地调查部分学校。

3. 计分办法

标准化评价:计算该地区各学校上年度中考的平均分,统计校际间中考平均分的标准差,标准差等于区域内各县区平均值,计100%的权重分,每降低1个百分点,增加5%的权重分,每提高1个百分点,减5%的权重分。择校生比例低于10%计满分,每高1个百分点,扣除2%的权重分。

发展性评价:该项指标发展性评价与基础性评价计分方法相同。

（三）残疾儿童接受教育比例

1. 指标诠释

特殊教育是我国国民教育体系的重要组成部分。近年来,随着社会进步和经济发展,特殊教育事业取得长足发展,特殊教育学校数量不断增加,办学体系进一步完善,残疾少年儿童受教育权利进一步得到保障。但是同普通教育相比,我国特殊教育仍然存在许多问题。发达国家接受特殊教育服务的少年儿童数量占到同龄人总数的10%—20%。我国2007年246万残疾少年儿童中有41.74万在特殊学校和普通学校就读,只占学生总数2.4%左右。尤其是残疾儿童接受学前教育和高中阶段教育的比例偏低。我国目前学前特殊教育几乎是空白。而科学研究表明,幼儿（0—6岁）早期科学教育至关重要,需要专业人员科学培养。开展学前特殊教育是提高特殊教育水平的迫切需要,也是提高特殊教育质量的重要保证。

2. 考查要点

第一,民政部门提供的残疾儿童人数。

第二,教育部门提供的残疾儿童入学人数。

3. 计分办法

标准化评价:残疾儿童入学可以分为两种情况:一是在特殊教育学校就读,二是在普通类学校随班就读,这两类情况可以在教育事业统计年报上获得。分别计算学前教育、义务教育、高中阶段教育入学率,义务教育残疾儿童入学率不低于 90%,计 80% 权重分,每降低 1 个百分点,扣除 5% 的权重分,在此基础上,学前教育和高中阶段教育较上年度每增加 1 个百分点,增加 5% 的权重分。加满 100% 为止。

发展性评价:不区分类别,整体计算残疾儿童入学率,较上年度每增加 1 个百分点,增加 2% 的权重分,加满 100% 为止。较上年度每降低 1 个百分点,扣除 5% 的权重分,分数扣完为止。

二、素质教育实施情况

素质教育是"面向全体学生的教育、是促进学生全面发展的教育"①。把素质教育实施情况作为政府考核的指标之一,就是要进一步端正政府抓教育的指导思想,克服片面追求升学率的做法,通过规范的教育教学行为,全面提高学生素质。在此项指标之下有三个观测点:一是学生平均睡眠时间。来考察学校规范办学行为,切实减轻学生过重的课业负担。二是普通高中可以以高考二本以上每万人口上线人数,来考察中小学教育教学质量、教育教学成绩。三是职业技能大赛获奖情况,重点考察职业教育教学质量。

(一)学生平均睡眠时间

1. 指标诠释

2011 年 5 月 7 日,中国青少年研究中心发布了《中国少年儿童十年

① 《李岚清教育访谈录》,人民教育出版社 2004 年版,第 304 页。

发展状况研究报告(1999—2010年)》。此研究报告基于对1999年、2005年和2010年10个省46个区县184所中小学校的5000多名小学一年级至初中三年级的学生的3次对比调查。调查显示:在学习日,中小学生平均睡眠时间为7小时37分钟,比国家规定的最低时间9小时低了1小时24分钟,比2005年减少了1小时22分钟,睡眠时间低于国家规定的9小时以上的比例达78.1%;而在周末,中小学生平均睡眠时间也只有7小时49分钟,比国家规定最低时间9小时还是低了1小时12分钟,比2005年减少了1小时47分钟,睡眠时间低于国家规定时间的9小时以上的比例达71.8%;不论学习日还是周末,中小学生每天平均睡眠时间不到8小时,低于2005年平均睡眠时间1个多小时。没有充足的睡眠,就难以保证健康成长。长期睡眠不足会造成免疫力低下,影响身心和智力发育,给孩子的未来幸福埋下隐患。

2. 政策依据

江苏省《关于切实加强青少年体育 增强青少年体质的意见》规定:小学、初中、高中学生每天在校集中学习时间(寄宿生除外)分别不超过6小时、7小时、8小时,睡眠时间分别不少于10小时、9小时、8小时。

3. 考查要点

采取问卷调查的方式,随机抽取城区、乡镇和村小等不同类型的学校,其中小学、初中、高中各两所,抽查小学五年级、初二和高二学生各50人,对平均睡眠时间进行统计。分别计算各学段学生睡眠时间的平均值。

4. 计分办法

标准化评价:学生睡眠时间达标率每低降1个百分点,扣除5%的权重分,此项分数扣完为止。

发展性评价:该项指标发展性评价与基础性评价计分方法相同。

(二)每万人口高考二本以上上线人数

1. 指标诠释

计算公式为:本年度高考二本以上上线人数×10000/本地户籍人数。

2. 考查要点

第一,本年度高考二本以上上线人数。

第二,县域人口数。

3. 计分办法

标准化评价:上线人数达到同类县区最高值计满分,每降低1个百分点,扣5%的权重分。

发展性评价:较上年度每提高1个百分点,增加2%的权重分,加满20%为止;每降低1个百分点,扣除5%的权重分,此项分数扣完为止。

4. 实践中存在的问题

实施素质教育与提高教育教学质量是相辅相成、互不矛盾的。抓素质教育离不开教学质量,没有教学质量的教育不能称其为素质教育。人民群众评价一个区域、一所学校、一个老师好还是不好的首要条件就是看它的教育教学质量。实施素质教育、推进学校发展,就必须全面提高教育教学质量。在设计教育工作考核指标时,不能回避教育教学质量,同时也不能把学校、教师引导到片面追求升学率的老路上去。一是要注意如何考核的问题。要建立无记名的质量抽测制度,不要把对大区域的质量调研压力传递给学校和学生。二是要有所侧重,普通高中是升学预备教育,孩子上普高的目的就是考一所理想的大学,因此,普通高中考核的重点还应当是高考的升学情况。职业教育的重点是学生专业技能的培养,所以需要重点考核的是学生技能大赛获奖情况。三是要实施综合考核,不把教育教学质量作为唯一的指标,注重教育工作的全面协调发展。

(三)职业学校学生参加职业技能大赛获奖人数

1. 指标诠释

计算职业学校学生参加市级以上职业技能大赛获奖人数。

2. 考查要点

有关学生职业技能大赛获奖文件。

3. 计分办法

标准化评价:职业学校学生参加职业技能大赛获奖人数达到同类县区最高值计满分,每降低1个百分点,扣除5%的权重分。

发展性评价:较上年度每提高1个百分点,增加2%的权重分,加满20%为止;每降低1个百分点,扣除5%的权重分,此项分数扣完为止。

三、社会满意度

政府的教育工作做得好不好,关键是人民群众满意不满意。这里的社会满意度,可以从三个层面来体现:一是学生,他们是教育工作最直接的对象;二是教师,一线的教育工作者;三是家长和其他社会人士,从社会的角度来评价政府的教育。

(一)学生满意度

随机选取初中、高中、职高学生各 40 人,采取问卷调查的方式了解对政府教育的满意度。为了便于区域间的比较,一般选择同一年级的学生作为调查的对象,比如统一选择初中二年级和高中二年级的学生作为调查对象。问卷可以从受教育对象享受教育服务的主观感受着眼,具体包括:一是安全感,包括交通安全、校园安全、设施设备安全、活动安全等。例如,你感觉上学放学和校园生活中的安全感如何? 二是幸福感,包括学业压力、师生关系、学校活动等。例如,你感到每天来学校读书快乐吗? 三是价值感,包括课程开设、学校管理、教育教学质量等。例如,你感觉学校在你个人的成长与发展中起到的作用大不大? 四是舒适感,这里既包括校内教育资源,也包括校外教育资源(少年宫、青少年活动基地等)。例如,你感到校内外的教育教学设备能否满足教育教学和你个人成长发展的需要,计算学生满意度的平均分,100% 计满分,每降低 1 个百分点,扣除 5% 的权重分。

(二)教师满意度

随机选取幼儿园、小学、初中、高中、职业学校家长代表各 20 人作为调查对象。问卷从教育发展、设施设备、教育收费、教育教学质量、教师待遇、教师发展、教育公平等角度设计,每个问题分 5 个档次,分别计 5 分、4分、3 分、2 分和 1 分。计算问卷调查满意度的平均分,100% 计满分,每降低 1 个百分点,扣除 5% 的权重分。

(三)社会满意度

选取人大代表、政协委员共 10 人,政府、教育、财政、人事等各部门工作人员共 10 人,随机选取幼儿园、小学、初中、高中、职业学校家长代表各20 人作为调查对象。问卷从教育发展、设施设备、教育收费、教育教学质量、教师队伍素质、教育公平等角度设计,每个问题分 5 个档次,分别计 5 分、4 分、3 分、2 分和 1 分。计算问卷调查满意度的平均分,100% 计满分,每降低 1 个百分点,扣除 5% 的权重分。

第六章　县级政府教育政绩评价
指标体系的运用

由于县级政府担负着统筹管理县域内义务教育、幼儿教育、普通高中教育、中等职业教育和成人教育的重要责任,其工作水平直接关系到我国整个教育事业的健康发展。因此,县级政府教育政绩督导评估制度对于落实政府的教育职能、监督教育政策的实施等方面的作用必须得到高度重视。但是,由于县级政府教育政绩评价指标体系发展尚未完全成熟,在具体运用过程中还存在着一些亟待解决的问题,有必要进一步深入探究。本章拟从运用关系、运用方法及运用程序三个层面对此展开论述。

第一节　评价指标体系的运用关系

评价指标体系在运用关系上,主要涉及两个层面:一是在运用过程中评价主体与上级政府的关系,包括国家、省、地(市)对县级教育的考核。二是广大人民群众在运用过程中对政府教育的监督作用。

一、上级政府对县级政府的考核

在我国的行政区划中,国家、省、地(市)均属于县级政府的上级政府,评价指标体系在运用过程中由省级政府对县级政府的教育政绩进行考核,这是上级政府对县级政府考核的主体,属于执行形式层面。在具体执行过程中,各上级政府的做法有所不同。2003年,教育部《关于建立对县级人民政府教育工作督导评估制度的意见》中明确指出:"对县级人民政府教育工作的督导评估由省级人民政府负责。省级人民政府根据本地教育发展和改革实际,突出重点,因地制宜地制订本地督导评估的实施方案和指标体系,并开展对县级人民政府教育工作的年度重点督察和任期内综合性评估。地(市)级人民政府根据省级人民政府的要求,每年具体组织对所属县(市、区)的督导检查。国家教育督导团负责宏观指导和监督检查。对县级人民政府教育工作的督导评估工作,要在省级和地(市)级人民政府的领导下组织开展,各有关职能部门参加,教育督导部门具体实施。督导评估的范围包括全国所有的县、不设区的市、市辖市、旗和其他县级行政区划单位,对象是县级人民政府及其有关职能部门。"该文件对各级政府的具体职能作出了明确的界定。各省、地(市)也建立了自己的评估考核制度,如《河北省人民政府关于建立对县级人民政府教育工作督导评估制度的通知》中明确要求:"督导评估从 2006 年开始,市级督导评估每年进行一次;省级督导评估每四年一轮,按规划、分年度进行。"此外,如江西省吉安市、湖南省衡阳市等地也都制订了相应的县级政府考核制度。本文以第五章所建立的县级政府教育政绩评价指标体系为主要考察对象,以全国各地省级政府及地(市)级政府的县级政府教育政绩评价指标体系为参照,研究其运用中存在的具体问题。

关于上级政府对县级政府考核的主要内涵,教育部发布《关于建立对县级人民政府教育工作督导评估制度的意见》指出:"我国实行'在国务院领导下,地方政府负责,分级管理,以县为主'的农村义务教育管理体制,县级人民政府担负着统筹管理县域内义务教育、幼儿教育、普通高中教育、中等职业教育和成人教育的重要责任,县级人民政府的教育水平直接关系到我国整个教育事业的健康发展。"可见,国家的教育职能更多地落实到县级政府的施政行为中,上级政府在教育管理实践中的角色主要是督导评估者。1991 年,原国家教委发布的《教育督导暂行规定》指出:"教育督导的任务是:对下级人民政府的教育工作,下级教育行政部门和学校的工作进行监督、检查、评估、指导,保证国家有关教育方针、政策、法规的贯彻执行和教育目标的实现。"1992 年,经国务院批准颁布的《中华人民共和国义务教育法实施细则》规定:"各级人民政府、教育行政主管部门以及有关行政部门应当建立实施义务教育的目标责任制,把实施义务教育的情况作为考核有关责任人政绩的重要内容。""市和区、县人民政府应当建立对实施义务教育的工作进行监督、指导检查的制度。"

2006年6月重新颁布的《中华人民共和国义务教育法》进一步明确规定：
"人民政府教育督导机构对义务教育工作执行法律法规情况、教育教学
质量以及义务教育均衡发展状况等进行督导，督导报告向社会公布。各
地在具体制定督导评估方案时候，为了实现考核的明确性和有效性，应采
取具体的措施以保证评估工作的开展实施。"具体到不同的省份，应用措
施有所不同。一般来说，上级政府在考核县级政府教育政绩工作时应从
以下几个方面重点落实。

（一）思想重视

教育政绩评价是实现我国教育科学现代化的一项重要而长期的工
作，必须从思想上高度重视起来。党的十七大提出"优先发展教育，建设
人力资源强国"的战略目标，各级政府要认真贯彻落实党和国家的教育
方针，全面推进素质教育，全面提高青少年的文化素质水平。因此，国家
制定了县级政府教育督导评价制度，强化县级政府教育政绩评价工作，这
是党和国家从中国特色社会主义事业兴旺发达、中华民族伟大复兴的大
局出发而做出的重大决策，并且已经成为国家法律法规的重要内容。

近年来，党中央、国务院先后颁布了《普通中小学校督导评估工作指
导纲要（修订稿）》、《关于深化教育改革　全面推进素质教育的决定》、《关
于进一步加强和改进未成年人思想道德建设的若干意见》、《关于加强青
少年体育　增强青少年体质的意见》等重要文件。国务院作出了《关于基
础教育改革与发展的决定》、《关于大力发展职业教育的决定》等一系列
重要决定，并转发了教育部《关于建立对县级人民政府教育工作进行督
导评估制度的意见》。各地政府也相继制定了教育督导的有关法规制
度，体现了对教育督导工作的高度重视。

在具体落实过程中，各级政府也应服从大局，从促进教育事业整体繁
荣的角度高度重视督导评估工作，认真准备评估材料，接受、配合督导团
的工作。坚持客观公正地开展评估工作，确保评估的严肃性和客观性，尤
其要避免的是麻痹大意、弄虚作假、虚报材料。这既不利于督导评估工作
的顺利开展，也有损于国家教育事业的发展。

（二）要求明确

在督导评估的过程中，要明确要求，使得整个评估工作有章可依，按

部就班地进行,从而保障整个评估工作的顺利开展,保障评估结果的有效性。

首先,要明确相关的法律法规及指导性文件的具体要求和工作原则,按规定办事。教育部《关于建立对县级人民政府教育工作进行督导评估制度的意见》要求:"督导评估要坚持实事求是,坚持公开、公平、工整,坚持督政与督学相结合,坚持鉴定性评估和发展性评估相结合,坚持经常性检查和综合性督导评估相结合,重在落实责任,推动工作。"这是对工作原则的总体要求,要认真把握和领会。对于具体的分项负责的评估人员,应重点学习有关的政策依据。如对"人均教育经费"这一指标的评估,应学习《教育法》第55条的有关规定,以及《国家中长期教育改革和发展规划纲要(2010—2020年)》第57条的要求。对"学校布局调整情况"的评估,应学习《国务院关于基础教育改革和发展的决定》中的有关要求。

其次,研究评估方案,按照《评价方案》指标体系各项指标的要求,明确计分标准。督导评估千头万绪,需要翻阅大量的文献资料,统计大量数据,必须按照统一的标准衡量,以保证计分的客观性与科学性。

在本文所建构的指标体系中,大多数都是客观指标,共计60项,需要采集大量信息进行评估,实现量化评分。而且,要得出这60项计分,还需要查询大量的资料以获取数据进行精确的计算。可以说我们所面对的实际数据是非常庞大的,尤其是对于一个县级单位、数百所学校而言,难度更是不言而喻的。因此,必须要明确评价标准,精密、细致地采集数据。如对"人均教育经费"这一指标的考查,涉及"两年度政府财政预决算报告"、"两年度财政经常性收入年度统计"、"两年度政府教育财政拨款明细统计"、"两年度教育费附加、地方教育附加、地方教育基金征收、支出情况统计表"、"第六次人口普查公报"等,共15项数据。如果不明确统计要求,进行大量耐心细致的信息采集工作,很难获得满意的统计结果,直接影响评价的真实性。再如"人均教育场所建筑面积",需要根据省级政府确定的标准,分不同的年龄段,细致地计算人均教育用地满分标准,并与前一年进行比较,从而登入计分。每一个数据的差错都会导致结果失真。因此,面对如此繁杂而又要求极高的评估统计工作,明确要求并严格执行是必不可少的。必要时,可以在上岗前或评估初期组织督导人员培训,以打造一支素质精良、业务过硬的督导队伍。①

最后,应制订督导评估工作制度,明确组织纪律。可以将有关督导评估的文件印制成册,发给所有的评估人员,以便在工作中参照执行。要建立相应的表彰奖励和责任追究制度,对于在督导评估过程中违纪违规人员,制订相应的处理意见。这些纪律要求,可以印制后专门组织学习,务求所有参加评估人员认真掌握,并落实到实践中去。

(三)机构健全

原国家教委颁布的《教育督导暂行规定》专门就"机构"问题作出明确规定:"根据国务院的有关规定,国家教育委员会行使教育督导权,并负责管理全国督导工作。"并指出"国家教育委员会设置督导机构,负责教育督导的具体工作",要求"地方县以上均设教育督导机构"。《规定》第二章第6条还规定:"地方县以上教育督导的主要形式及其机构的职责,由各省、自治区、直辖市人民政府确定。"

从目前情况看,我国的督导机构可以分为四个层次:国家、省、地(市)和县级,前三级的督导机构主要是开展宏观督导,大量的具体工作需要县级督导机构来完成。县级政府实施教育督导评估工作应在省政府领导下,由地(市)级政府教育督导室具体组织实施,各有关职能部门参加。各县要建立健全政府主管领导为组长、政府教育督导室等相关部门领导参加的"教育督导评价工作领导小组",研究本区县贯彻执行《评价指标体系》的重要事项,抓住关键环节,突出工作重点,精心组织实施,发挥自身优势,形成督导特色。县级教育督导机构要配备适应需要的督导人员,并提供督导工作条件保障。充分发挥监督、检查、评估、指导的职能,认真履行法律职责,督促指导《评价指标体系》的贯彻执行。

迄今为止,虽然各级各地基本上都已成立教育督导机构,但仍存在着一些问题,有的地方在教育行政机构内部设立一般处室来开展督导工作,没能很好地解决政府监督问题,关系未能理顺。仅限于教育系统内部的督导,而不是上级政府对下级政府教育行为的督导,不适应当前督导工作的需要,亟待改善。再者,乡级教育督导由于没有设置具体的督导机构,

① 参见第五章第一节《××县(市、区)政府教育政绩评价数据采集表》。

难以快速、直接、有效地完成督导任务,这一方面也是值得继续探讨的。

(四)程序规范

程序规范是确保县级政府教育督导评估工作顺利进行的必要条件,教育部《关于建立对县级人民政府教育工作进行督导评估制度的意见》对此作出了明确要求,即分四步走:县级自评、地(市)级复查、省级督导评估、结果反馈。这一程序保证了上级政府对县级政府教育评估工作的有效监督,各地应当按照这一程序设置相应的评估机构,执行评估功能。

各地在具体执行的过程中,一般都对考核程序作出明确规定。如江苏省教育厅2011年在《关于印发〈江苏省县级人民政府教育工作督导考核标准〉的通知》中要求:"请各县(市、区)人民政府对照标准进行自查,抓紧落实相应要求、达成相应目标;市级政府教育督导机构要据此开展年度督导考核工作;省人民政府教育督导团、省教育厅将在每年上半年组织省级督导考核。"既明确了各级政府教育督导机构的工作内容,又对执行程序作出了宏观要求,起到了很好的指导作用。

二、人民群众对政府教育的监督

在中国这样一个人口大国,政府要办好教育离不开人民群众的监督。各级政府既要制定出能够保障人民能群众受教育权利的政策法规,还要能够倾听人民群众的呼声,接受人民群众的监督,并不断调整和修正既有政策的不足,以保证教育事业平稳快速发展,提高全民族素质,实现促进社会主义物质文明和精神文明建设的最终目标。相对于世界发达国家的教育发展水平而言,我国的教育总体水平仍然处于一个较为落后的发展阶段,尤其是广大人民群众的受教育水平整体偏低,提高教育质量、扩大教育规模成为当前教育事业发展的重中之重。而县级政府是落实国家教育政策的主要执行者,对提高人民群众的受教育程度责无旁贷。这既符合广大人民群众的需要,也是我们建设快速发展的社会主义教育事业的需要。离开了群众的监督,政府的教育就会成为无本之木,无源之水,就会迷失方向。

但是,当前教育的发展与人民群众的需求之间仍然存在着一定的差距,我国的教育科技含量依然有待提高,农村教育水平尚不能满足建设现代化新农村的需要,教育发展还存在着不均衡的现象。《我国国民经济和社会发展十二五规划纲要》针对教育现状与存在的问题指出,在"十二五"期间,要"全面贯彻党的教育方针,保障公民依法享有受教育的权利,办好人民满意的教育。按照优先发展、育人为本、改革创新、促进公平、提高质量的要求,推动教育事业科学发展,提高教育现代化水平"。"提高教育现代化水平,增强自主创新能力",实现"科技教育水平明显提升。九年义务教育质量显著提高,九年义务教育巩固率达到93%,高中阶段教育毛入学率提高到87%","提高农村义务教育质量和均衡发展水平,推进农村中等职业教育免费进程,积极发展农村学前教育"。可以看出,国家对教育发展的规划整体上仍在向新的台阶迈进,努力加快教育改革发展,实现教育的现代化,为社会经济的发展提供可靠的智力资源。因此,激发人民群众的教育参与意识,积极发挥对政府教育政绩的监督职能,可以使我们的教育事业获得更大发展和有力的保障,同时,坚持走群众路线,也体现了我们党和国家长期一贯的工作作风。可以说,人民群众是教育监督必不可少的重要组成部分。

就目前情况而言,群众对政府的教育政绩监督功能已经取得了一定的成绩。各县级信访部门积极开展工作,了解民意,调查民情,搜集广大人民群众对教育管理问题的意见和建议,并及时做出处理和答复。县级教育主管部门也建立督导室,配备人员,制定督导制度,深入教学第一线了解群众对教育工作的看法,考察教育教学效果,以指导县级教育行政工作的顺利开展。县级人大、政协也积极发挥参政议政功能,就教育问题反馈民意,为县级政府的施政行为提供可资参考的借鉴。

在这些常见的形式之外,我们可以发现,人民群众对教育的监督职能整体看来仍存在一些需要解决的问题,在某些方面甚至有亟待加强的必要。首先,群众监督的组织管理是一个难度较大的问题。如果仅仅是通过形式建设来实现对政府教育的监督,那么难以成为真正的监督,缺乏内容,则形式也会成为一种摆设。群众监督需要形成制度化、规范化、长期化的一种常规工作内容。其次,是群众监督的周期性。教育行为具有明显的周期性和阶段性,与之相应地,教育监督也应具有周期性,这样长期坚持执行下去,有利于更好地发挥群众的监督职能,使群众对政府教育的监督无处不在、无时不在。第三,是群众监督的有效性。对于群众的监督要分门别类,定期反馈,及时处理,增强透明度,保证群众监督得到有效的落实,这样才能提高广大人民群众的监督积极性,提高群众监督的效能。

具体而言,人民群众发挥对县级政府教育监督的内涵应包括以下几个方面:一是明确教育监督的重要性。人民群众作为监督主体,要牢固树立较强的教育监督意识,认识到教育监督是我们国家教育行政体制的一个重要组成部分。而县级教育主管部门也应当放下身段,增强民主意识,主动接受群众的教育监督,不能排斥或回避群众监督。二是增强监督制度建设。目前的教育监督机制更多地体现在政府机构的运作层面,缺乏群众监督机制和相应的组织机构,尤其是监督意见处理机制。三是建立健全关于教育监督的相关法规政策,切实保障群众的监督权得到有效的施行。四是丰富群众监督渠道,实现教育监督路径的畅通,便于民情上达。

第二节 评价指标体系的运用方法

采取正确的方法开展教育评价,关系到评价结果的有效性。在具体操作过程中,按其程序可以分为信息采集、真实性验证以及数据分析三个方面。

一、信息有效采集

县级政府教育政绩评价指标体系本身是一个综合的系统,它不是单方面的考核,而是对县级行政单位辖区内教育发展状况的综合考察,因此,注意评价指标体系的系统性,努力建构能够反应当地教育发展现状的系统是必不可少的一步,具有重要的方法论意义。

信息采集直接关系到评价指标体系的有效性,因此,在采集信息的过程中要坚持科学谨慎的态度,既不能遗漏重要信息,也无需面面俱到,要将与教育政绩评价指标体系密切相关的信息准确无误地搜集到一起,纳入评价体系中去。要做到这一点,我们必须明确的是,教育政绩指标评价体系需要搜集哪些信息。

在第五章的论述中,我们已经探讨了指标体系在五个方面的实践创新,即教育投入、教育资源、教师队伍、教育普及情况和教育服务质量,这五个方面可以概括信息的主要来源。具体的评估指标还更细致地划分为二级指标和三级指标。在本文的评价指标体系中,共有 21 个二级指标和18 个三级指标。

对照教育部《关于建立县级人民政府教育工作督导评估制度的意见》,各地的评估体系,在具体评价指标的设置上,存在着共性和差异,在督导评估的主要内容上有所取舍。以这两种类型的方案为参照系,我们能够总结出县级政府教育政绩评价指标体系所需要的信息类型,在此基础上将尚未包含进去的其他教育所需评价指标补充进去,就可以将县级政府所负责管辖的"县城内义务教育、幼儿教育、普通高中教育、中等职业教育和成人教育"中需要的评价指标全部纳入进去,建立完善的、具有可操作性的指标体系。这样,明确了指标体系所包括的全部评价要素,就可以探究其来源,为进行有效的信息采集工作奠定基础。

在教育部颁发的文件《关于建立对县级人民政府教育工作督导评估制度的意见》中,信息采集具体可分为以下几个不同的方面:一是领导职责;二是教育改革与发展;三是经费投入与管理;四是办学条件;五是教师队伍建设;六是教育管理。这六大类涵盖的内容是颇为全面的,再参照各省制定的指标,我们可以据此分析具体信息的采集方法。这里首先要明确的是,探究信息有效采集的方法,其最终目标是要把所有能够体现县级政府教育政绩的重要因素全部纳入评价指标体系中去,从而实现评价效果的最大化。

分析当前教育部的《关于建立对县级人民政府教育工作督导评估制度的意见》,其中对"督导评估的主要内容"分六个方面阐述,这六个方面构成了一个重要的参照系,其他各省基本上都是在这一参照系的基础上制定细则,并有所变通。因此可以说,《关于建立对县级人民政府教育工作督导评估制度的意见》这　文件精神是建构系统过程中最为重要的基点,小能脱离这个文件的基本精神,另起炉灶。

从该文件所反映的要点看,一是"领导职责"。对县级政府的基本职能和主要领导的职责履行情况作出了具体的分析和列举,可以宏观地反映一地的教育行为在"领导职责"方面的业绩。二是"教育改革和发展"。教育改革是教育发展的基础,不改革,固守成规,教育的发展就成为一句空话。因此,教育改革的力度和教育发展的水平息息相关。教育部作为国家级的教育主管部门,负有决定教育改革方向和厘定教育发展重心的重要责任,因此,这一具有前瞻性内容具有决定路线的作用。三是"经费投入与管理"。教育作为应当优先发展的社会事业,经费投入决定着教育发展的成熟程度,因此,没有经费投入,就难以产生高速发展的教育,甚至可以说,经费投入为教育的发展提供动力,没有投入的教育是没有发展的教育。在这个问题上,各地各级政府要按照当地经济发展水平,统筹安排教育经费的投入,并努力做好经费的监管工作,不能将教育经费移作他用。在教育评价体系中,这一内容的纳入也是适当和必须的。四是"办学条件"。从所列的内容细则看,包括了宏观的教育结构和学校布局,微观的硬件设施,以后者的内容为主。随着教育现代化进程的不断迈进,办学条件是不容忽视的一个显性因素,在教育观念不断更新、教育内容与时俱进的同时,没有一定的办学条件作为保障,办学实效就会受到很大的影响,甚至阻碍教育的发展。五是"教师队伍的建设"。教师队伍是教育工作的主力军,是教育改革的实践者,一支素质优良、技能过硬、基础扎实的教师队伍是我们教育事业发展的有力保障,是教育事业不断推进的取之不尽、用之不竭的动力。尤其是随着教育事业的发展,教师队伍的政治思想、师德建设直接关系到教师队伍的稳定,关系到教师队伍的健康和谐发展。六是"教育管理"。教育管理的质量如何,是关系到能否高效率地发挥教师队伍活力的重大问题。为了规范办学行为,打造全面、高效、充满生机的教师队伍,必须实施依法治教,加强教育管理的整体水平。以上六个方面构成一个有机整体,从领导职责到学校发展,从教育改革到教师队伍建设,从教育保障到办学条件,各个层面的评估要素基本上都涵盖在这个指标体系中。

本文按照"投入—管理—成效"的评估模型建构评价指标体系,将教育部文件中的六个方面融合为五个 A 级指标,即教育投入、教育资源、教师队伍、教育普及率、教育服务品质。A 级指标下进一步细化为 21 个 B 级指标,必要时,再分类列出下一级指标。如 A2B8"优质资源占比",分为"优质幼儿园占比"、"义务教育和各学校占比"、"优质高中教育资源占比"。

　　这一指标体系并非是不可变通的。在各地具体的执行过程中,指标体系应体现出地域差异、文化差异及发展水平的差异,可以具有一定的灵活性。如《福建省县级人民政府教育工作督导评估标准和计分方法》依据中央的文件精神,除将评价指标分为"领导职责"、"经费投入与管理"、"办学条件"、"教师队伍建设"、"教育管理"、"教育事业发展"6 个一级指标外,又在每个指标下共细分出 26 个二级指标,并分别制定评估标准、评分权重、计分方法。江西省制定的评价指标与福建省的指标体系有相同和相异之处,《2008 年江西省县级人民政府教育工作督导评估评分细则》中分出 4 个一级指标,即"领导职责"、"经费投入与管理"、"办学条件"、"教育发展",各个指标下共制定了 28 个评估要点和评分细则。这些差异体现在整个体系中,有的是具有补充意义的要素,有的是具有地区独特性的要素,对评价指标体系的整体有效性没有损害。相反,为了实现评价的有效性,应当兼顾到采集信息时的地方特色。这在教育评价体系中是应该予以体现的。

二、数据真实验证

　　教育评价的目的是为了促进我国教育发展水平的提高,监督各县(市、区)教育的发展现状,为国家进一步制定新的教育规划提供依据。因此,数据的真实性对地区评价结果乃至国家的教育决策都具有重要的意义。这里所谓的"数据真实性",是指评估机构所获得的数据和真实情况的一致性,它对评价的整体信度具有决定作用。在教育评价过程中搜集到的信息存在着真、伪、粗、细的区别,需要通过一定的方法手段来衡量指标的可靠性、客观性和可鉴别性,这直接关系到教育评价的质量。

　　数据真实验证的方法多种多样,主要有以下几种:

　　(一)核对法

　　核对法是指通过所提供数据与真实数据之间的比对,以确定其有效性的验证方法。核对法是教育政绩评价过程中最常用的方法,它的使用范围非常广泛,除在统计年鉴、教育经费预算报表、决算报表等官方数据外,关于学校、班级、教师、学生及固定资产等方面的数据均可以通过核对的方法验证其真实性。核对法的主要关注对象,一是对原始数据的核查。

通过原始数据与统计数据的核对,确保其真实性。如对"学生人均教育用计算机"这一评价指标,虽然可以在《教育事业统计年报》中获取,但还可以通过原始材料的核对验证其真实性。这里特别要强调的是使用原始数据,而不是其他参考数据,否则会影响核对的有效性。包括对相关证件、财务账目的验证,都应查看原始材料。二是对运算过程的核对。在第五章中对不同的评价指标按其权重提供了计算公式,在真实性验证过程中也要重新核对,以确保其正确性。核对需要投入大量的人力,是一项颇为细致的工作,在具体评价过程中往往和其他方法配合使用。

(二)抽查法

抽查法也是教育评价常用方法中的一种,是指从全部评价指标中抽取样本验证其有效性的一种评价方法。抽查法可以分为随机抽查和重点抽查。随机抽查没有明确的目的性,旨在验证数据是否客观真实。而重点抽查法则是对需要特别关注的评价指标予以专门验证时使用。随机抽查的优点在于可以通过个案的检测,对评价的结果得出初步判断,但这种判断不能代表总体的特性。而重点抽查在可信度上高于随机抽查,随着选取样本的增加,验证的可信度也逐渐提高。

在具体评价活动中,抽查法的使用可以在不同层面上展开。一是省级政府在对县级政府的教育评价中,可以采取抽查部分县市的评价情况。省级部门的主要职责是监督评估工作的开展,而不是具体操作。通过抽查部分县级自评和地(市)级复查结果,既可以达到重点督导的目的,也可以为其他地方的评价工作提供指导。二是对具体评价指标采取抽查的方式进行。省级政府根据评估工作的需要,对个别数据和信息进行抽查,既查数据,又查原始文件,以检验数据的可靠性和评估的真实性。

(三)问卷调查法

问卷调查法也是一种在验证数据的真实性方面有着广泛应用的方法。调查问卷的内容可以根据调查目的设置,并兼顾地区差异。问卷调查对象包括人大代表、政协委员、民主党派人士、学校校长和群众代表等,具体人员的选择,根据调查目的确定。问卷调查的实施可以随机开展,无需事前通知,以避免少数学校有针对性地隐瞒实情,影响调查结果的可信度。问卷调查要求所选择的人员要对相关调查内容高度熟悉,具有一定的典型性,这样才能如实反映真实情况。一般来说,问卷调查应包括如下步骤:明确调查目的;设计调查问卷;选定调查人员;组织完成问卷;问卷统计。问卷调查法对于数据的真实性验证具有较强的可操作性和针对性,适用于以下评估指标的验证:政策文件的落实情况、管理工作的到位情况、职责履行情况、制度实施情况、群众满意度以及意见反馈等方面的数据验证。

(四)谈话法

在数据验证过程中,不仅要听取领导汇报、查阅相关资料,还要深入到教育一线,与有关人员进行直接面对面的交流,以谈话的方式验证数据的真实性。谈话应当由教育评价小组负责人或成员主持,并认真做好谈话记录。在组织过程中,可以分不同层次召开,如政府部门负责人座谈会,政协委员、人大代表座谈会,学校教育管理人员座谈会,教学人员以及家长、学生座谈会。形式上既可以是集体座谈,也可以个别访谈,或者实地走访。谈话法具有更强的目的性,因此,谈话对象的选择更加明确,同时,在谈话中还应留意收集其他信息。谈话法可以和问卷调查等方法结合进行。

此外还有测试法、观摩法、听课法等,在具体应用中,按照实际需要可以单独选用或结合使用。

三、数据综合分析

评价指标体系通过有效采集真实可靠的数据信息,形成了一个大规模的数据系统,完成了以量化的方式反映县级政府教育工作实绩的重要一步。为了实现对县级教育现状的宏观把握,需要在量化的基础上对教育问题进行分析,以实现从定量到定性的提升。通过评价指标体系,可以综合分析各县区域内教育的发展水平、普及程度等教育实绩,也可以集中分析某一类指标的达标情况以及与之相关指标的发展状况,可以预测今后教育发展的需要及其发展的趋势,可以分析教育事业发展计划的执行情况。

(一)数据综合分析的价值

第一,有利于上级政府的教育部门根据县级政府教育政绩评价的结果,系统总结分析各地的教育实效、办学水平和教育质量,进行综合评价,提出有针对性的指导意见。同时,上级教育部门还可以根据历年来的评价结果,进行横向和纵向的对比分析,比较县级政府教育实绩工作的优劣,将综合性评估结果作为教育工作先进区县评选的重要依据。

第二,这一评价过程不仅是一次综合性的评价,还可以反映县级人民政府在解决教育发展过程中存在的重点、难点。评价指标体系搜集了大量的数据,通过综合分析,对于普遍执行较好的指标,可以继续保持原有的政策;而对于那些普遍得分较低,实施情况不好的指标,则是下一阶段工作的重点和难点,要进行综合整改。

第三,可以通过数据综合分析,评价县级政府教育管理工作。对于落后的县级单位,要提出整改意见,责令限期制订方案,积极提高。同时,通过对政府教育职能的评价,激励后进,表扬先进,整体促进教育水平的提高。

(二)应用数据综合分析的注意事项

数据综合分析可以在不同的层面上展开,在具体分析中应注意以下三个结合:

1. 注意综合分析与专项分析相结合

在评价指标体系中,可以按照总的得分情况,判断县级政府的教育政绩。同时,也可以按 A 级指标的各项得分,分析教育投入、教育资源、教师队伍、教育普及情况、教育服务质量这五个方面的发展概况。专项分析是对不同的专项进行个案分析,或者以个案分析的方式形成整体评价的一种分析方法。

2. 注意纵向分析和横向分析相结合

采取纵向分析的方法,可以让我们看到单项指标在不同地区的差异。横向分析,我们可以得出同一地区不同指标的发展是否均衡。

3. 注意重点分析与一般分析相结合

对需要特别予以关注的项目或近年来教育发展中的薄弱项目,应进行重点分析,寻找问题的症结所在。对于常规检查性质的指标,则可以进行一般分析。

第三节　评价指标体系的运用程序

在明确评价指标体系的运用关系和掌握基本的运用方法之后,就进入了评价指标体系的具体运用程序阶段。在具体实施运用过程中,主要包括自评、他评和结果运用三种程序。自评和他评都是参照我们构建的指标体系,对县级政府的教育政绩作出评价,然后将结果应用到对县级政府政绩的考核中,最终实现促进教育发展的目的。

一、自评

所谓自评,就是自我评价,主要是指县级人民政府运用评价指标体系对自身的教育政绩作出科学合理的评价。需要明确的是,自评并不是只指迎接上级督导的自查自评,主要是指县级政府依据评价指标体系对辖域内教育发展水平进行的自我判定。自评的实质就是发挥县级人民政府作为教育负责者的主体作用,建立起自我判定的制度,对自身的工作进行自觉的分析和评价。

(一)自评的意义

自评是县级人民政府教育政绩评价指标体系运用程序中的重要一环,在对县级政府的教育政绩评价中占有重要的位置。运用评价指标体系开展自评工作,具有重要的意义。

1. 自评可以为他评提供参照

在自评过程中,由于评价的主体县级人民政府同时也是评价的客体,可以有条件地提供更深入、更充分和更确切的信息资料,所以能增强他评的可信度和有效性。自评还具有他评不可替代的重要作用,它不仅能够反映出教育政绩的现象,还能触及本质问题。因为他人很难深入到被评价者的某些思想动机和内在的活动,而自评者往往来自教育第一线的干部和群众,所以最了解实际情况和现实问题。由于自评者所提供的材料都是来自实际,并且对自身在评价指标体系中所达到的等级最为清楚,对其真正原因也最为理解。所以,建立在自觉和主动精神基础上的自评,具有较强的客观性和现实性,可信度也最大。通过自评,可以形成自评报告和较为充分的支撑材料,自然会为进行他评时提供重要的参照。

2. 自评可以强化被评价者的主体意识和责任感

由于自评本身就具有一定的教育性,所以,可以使县级人民政府对所负责的教育事业时刻保持清醒的头脑,及时了解自身工作的现状和可能发展的趋势,克服工作中的盲目性,按照教育规律办事,主动采取科学的对策。自评的过程也是县级人民政府自我教育、自我调节和自我完善的过程,这种自我评价的主动性和自觉性,必然会提高其负责教育工作的主体意识和积极性。

3. 自评可以形成自查制度,督促自身提高

开展自评有助于充分调动县级人民政府负责教育的自觉性和主动性,弥补他评的不足,使教育政绩评价工作做到深入、经常和广泛,扎根于基层的教育工作。自评还可以改变那种只为迎接他评而搞的突击应付局面,形成大家都积极参与评价的局面。并能使自评演化为评价客体的自查制度,定期开展自查,督促县级人民政府提高教育管理水平,最终实现促进教育科学发展的目标。

(二)自评的步骤

开展自评工作必须掌握一定的步骤和方法。本章第二节已经对评价指标体系的运用方法进行了初步的解析,在此主要是详细分解运用评价指标体系进行自评的基本操作步骤。

1. 收集资料

这是自评工作能否正常开展和是否取得成效的关键环节,所以,资料收集的有效性和广泛性是基础步骤。具体操作方法就是由县级政府组织相关人员对照评级指标体系认真收集各项数据资料,宏观性的数据可以直接利用官方的统计数据,比如针对教育经费投入这些指标可以从财政、教育部门编制的经费决算报表和其向人大提供财政经费预算执行情况报告等官方文献中获取数据。微观性的数据,比如具体学校的学生数、教师数、课程表、藏书量等,都可以从当地教育部门的统计报表、花名册甚至是该学校的网站上获取。针对这些收集到的材料,还需要做真实性的验证工作。这些及其他没有官方数据支撑的材料,都可以采用抽样调查和问卷调查的方式来完成。比如对各学校提供的教师论文发表情况,可以通过中国知网(CNKI)进行抽样验证,对于学生平均睡眠时间、社会满意度等数据,可以通过问卷调查的方式获得。

2. 自评打分

材料收集齐备之后,县级政府就可以参照评价指标体系中的赋分权重进行打分,获得的分数将成为教育政绩评价的重要依据。本课题所构

建的县级政府教育政绩评价体系中,详细说明了计算的公式和权重,照此方法可以得出最终的分数,作为下一步结果分析的量化依据。

3. 分析结果

在县级政府教育政绩评价指标体系中,一共由教育投入指标、教育资源指标、教师队伍指标、教育普及率指标、教育服务质量指标六个方面的模块构成,因此,基本可以通过所得分数全面反映出县级政府在教育管理各方面所取得的成绩和存在的不足,从而对其政绩作出科学合理的评判。并且在此基础上,应该形成自评报告,作为自身整改的依据和他评的参照。

4. 整改提高

自评的结果主要是"为我所用",最终是要落实到促进教育的科学发展上。针对评价体系构架中的六个模块,可以很明显地找到不足,然后将这种结果反馈到相关教育职能部门,进行工作的改进和提高。比如在教育投入指标方面不达标,则县级政府可以在财政支出方面加大教育经费的比重;如果在教师队伍指标方面得分较低,则由教育局和相关学校采取进行人才引进和师资培训等方面的补救措施。

自评的详细步骤,可以参照以下流程图进行:

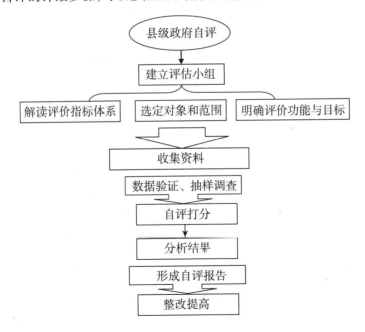

（三）自评应注意的问题

自评不是简单的自我评分,而是县级政府教育政绩评价指标体系运用程序中的重要环节,县级政府应该高度重视,并且在实践中应该注意三个方面的问题。

1. 自评中要坚持实事求是原则

自评工作必须一切从实际出发,尊重客观事实和准确的数据,对反映的成绩和暴露的问题都要进行恰如其分的分析。所提出的经验和不足都要力求确切和中肯,对结果的处理要贯彻实事求是的精神。

2. 要用发展的眼光进行综合评价

自评工作中要历史、全面、发展地看问题,特别是要看清其发展的趋势。要将教育工作中的问题放到一定的历史环境中做具体分析,从整体上分析原因,既看到客观条件和工作基础,又要准确地分析主观原因。比如在县级教育政绩的评价中,要和上一年度的发展水平进行比较,有所进步的要按照权重进行加分,退步的则相应扣分,这样进行自身的发展环比就可以起到很好的激励作用。

3. 进行自评结果处理时要深入地分析本质问题

自评工作不能满足于简单地罗列表面现象或者数据计算,而是要善于从理论联系实际的高度去进行更加深入的分析,提炼出本质性和规律性的认识,从而对教育管理工作做出科学而又具体的指导工作。

二、他评

评价指标体系在运用中,除开展自评外,还应当开展他评,以促进评价对象的提高以及评价结果的真实性。他评是由被评估者之外的个人或群体开展的评价活动。他评和自评相比有明显的优势,有利于排除被评估者在自评中的自身因素的影响,有利于形成客观的评价结果。因此,在具体评价中,应将自评和他评结合起来运用。

（一）他评的意义

教育政绩的评估中,县级政府主要负责自评,除此之外的评估都属于他评。他评包括的范围非常广泛,有地(市)级政府的督导检查、省级政府的重点评估,有人大、政协的对地区教育的评估,以及群众、教师、学生对教育的评估。虽然他评包括的范畴很广泛,但其中最主要的依然是行政性的政府评估,因为这种评估是由长期从事教育督导工作的专业人员开展的,有较高的评估理论素养、评估技术水平和政策水平,对教育工作更为了解,而且有制度上、程序上的保障,能够更好地反映真实情况,形成宏观评价。其他评估是一种必要的、有效的补充,可以弥补政府评估的不足,丰富评估的内容,为政府评估形成有益的参照。

(二)他评的步骤

他评开展的方式很多,如此前所提及的核对法、抽查法、调查问卷法、谈话法等。具体采用何种方式,应根据评估目标和评估对象而定,但一般来说,应遵循以下基本步骤:

1. 确定他评目标

他评目标的选择具有指向性意义,省、地(市)级政府在督导检查中,应根据工作需要确定他评目标,或者选择某项评价标准作为核查对象,开展他评活动。他评目标的选择可以是近年来教育工作的重点和难点,也可以是地区教育工作中的薄弱点或薄弱地区。如近年来,学前教育成为基础教育中热点,也是难点所在,对各地区学前教育的发展情况,可以进行专项他评,以确保评价信息的真实可靠,从而为下一步制定教育发展的目标奠定基础。

2. 确定他评方式

他评方式的选择需要根据评价对象的特征及他评目标来确定。对于客观指标,可以通过核对法进行他评;对于主观指标,可以通过调查问卷的形式进行测评。如果他评目标是进行可信度调查,或者精确度调查,可以运用抽查法评估。如对"生均学校藏书量"的评估,可以依据《中小学图书馆(室)藏书量标准》(教基〔2003〕5号)的要求,核查《教育事业统计年报》、教育部门购买书籍单据及新书清单,并实地考察学校,根据计算公式核查评估结果。

3. 选择他评对象

他评对象即具体参与评价的主体。主体选择要有针对性,必须是对评价内容高度熟悉,能够切实反映教育工作中存在的问题。如用谈话的方式进行他评,参与谈话者必须是与他评信息密切相关,才能有话可说,真实地反映情况。否则,可能他评的效果值得怀疑。

4. 准备他评材料

与他评目的有关的他评材料是必要的手段。在调查问卷法中,需要根据评价目标,设置切实可行的调查问卷,详细列出调查项目。有的问卷需要设置不同的题型,如填空题、选择题、问答题等,但不宜过于繁难,应根据参加他评的对象来确定,以便参与者把握。如为了考核某地的办学质量,设计调查问卷,了解群众对政府教育的满意度,可以随机抽查部分学生参与问卷测试,形成评估结果;也可以召集教师代表、政协委员、人大代表以及社会有关团体参加座谈会,征集意见,完成调查问卷,形成评价结果。对于更细节的问题的评估,如中小学收费情况,可以核查学校账务,并走访学生及家长,了解具体情况,核对相关的评价指标。

5. 统计他评结果,形成他评报告(略)

(三)他评应注意的问题

1. 加强组织管理

因为他评并非完全按照评价指标体系运作,那样做难度非常大,数据的采集将是一个复杂的过程,因此,往往采取重点抽查的方式进行,这就不同于评价指标体系的系统性检查。对于社会群体,要妥善组织,使用恰当的方式方法,由督导组的成员组织实施。尤其是深入实地进行考察,更要与当地教育管理部门、具体学校做好协调工作,不能干扰正常的教育管理活动及教育教学秩序。

2. 制订细致的评估程序

如制定工作目标、工作对象、工作步骤,以及具体时间、地点的选择都要慎重考虑,以确保他评的顺利开展。在工作目标的选择上,不宜过于笼统,应细致化,具体到某个微观方面,采取以小见大、见微知著的检查方法,尤其是对于具体执行层面的县级政府教育情况的考察,如果仅仅从面上考察,难以形成准确的评估印象,细致的评估程序可以促进考察的精确度。以对"名优骨干教师占比"这一指标为例,可以清楚地说明这一问题。"名优骨干教师占比"在"教师队伍"这个 A 级评价指标中的二级指标,首先要明确自评中的得分情况,然后核查具体教育部门提供的名优骨干教师统计表,选择几所核查学校,深入学校核查学校的统计数字。继而调阅教师的证书原件,核对相关的市级教育行政部门文件以确定其真实性,要排除优秀教育工作者、模范教师、师德标兵、十佳教师等非综合性奖项及表彰性称号,以确保统计口径的一致性。通过这样一系列细致步骤明确的核查,从而保障了他评数据的有效性和真实性。

3. 恰当选择评价对象

由于评价指标体系主要采取量化的方式进行,对具体的评估对象强调总体评价,而非个体评价,因此,他评时亦采取以小见大的方式,检查评价指标的可信度。如对幼儿园教师工资水平的调查,就不宜仅仅考察公办幼儿园,还应当考察私立幼儿园以及一些民间幼教机构,这样才能从各个方面对幼儿园教师的工资水平有一个比较全面的认识,形成一个有效的评价结果。恰当选择评价对象,还应当兼顾地域的差异,注意搞好不同发展地区的教育情况调查。如对于"义务教育阶段合格学校占比"这一指标,不仅要抽查市区的中小学校,还需关注乡镇学校,尤其是一些边远地区的乡镇学校,他们的义务教育发展情况往往会和市区学校有较大差别。如果忽视了这一差异,就会造成核查结果的可信度不高,不能反映真实情况的弊端。

4. 要重视自评和他评的反差

一般情况下,如果自评能够按要求操作,其评价结果应当是准确有效的,和他评结果基本保持一致,但是,有时也会出现自评和他评结果反差较大的情况,这主要应从以下几个方面考察原因:一是自评中部分数据采集方法失当,导致数据不真实。如对于"教师工资水平"的统计,将各类学校民办教师等未进入编制的教师工资排除在外,从而造成统计数据偏高。对"人均教育场所"的统计,将青少年校外活动中心的面积排除在外,导致数据偏低;而将隶属于省或市管理的高职类学校以及各类社会办培训班计算在内,又会导致数据偏高。二是计算失误。在评价指标体系中列出了各指标的计算公式,如出现他评得分与自评得分不同的情况,应考虑重新计算,以确保一致。三是存在弄虚作假行为。对于这种情况,如经查实,应按照相关政策的规定,由督查组给出相应的处罚意见,并责令整改,重新核查。

三、结果运用

我们构建的县级政府教育政绩评价指标体系不能停留在自评、他评的赋分和评估上,而且要将评价的结果转化为有用的信息,运用到实际的教育工作和政绩评价中去。

（一）评价结果的处理

1. 对评价结果进行分析判断

根据县级政府教育政绩评价指标体系的内容,对照自评和他评的资料,逐一分析判断达标的程度。对结果的处理要坚持自评与他评相结合的原则,进行综合性的思考。但是对县级政府的教育政绩作出判定时,应根据他评的资料和自评的实况去综合分析,自评结果仅作为参考,他评结果将作为评判的最主要依据。在这个过程中,还要做好评价结果的验证工作,其检验主要是检查评价程序的每个步骤,判断其是否正确,并且还要检查评价结果是否可信。

2. 作出综合评价的结论

在分析判断的基础上,将分析评定的结果进行合成和汇总,并对整体的评价结果进行数量上的综合评价和文字上的综合描述,形成具有综合概括性的评语和意见的评价报告。在作出综合评价结论时,要重点关注不同经济条件、教育基础之下县区教育发展的增值,力求全面体现政府教育工作实绩。同时还要注意评价对象内部的差异比较,即各项教育管理工作之间的比较,发现问题,找出差距,指出其努力的方向,指导其找到达标的有效方法。另外,评价的结论要以事实为依据,具有客观性、权威性和正确导向。

3. 认定评价等级

根据县级政府教育政绩评价指标体系的计分方法和权重,对县级人民政府教育政绩的认定等级分为优秀、良好、合格、不合格四个等级。按照评价指标体系的要求,对于教育投入、教育资源、教师队伍、教育普及情况、教育服务质量五个部分采取一票否决制,即其中一项在 60 分（按照百分制赋分）以下者则最高只能认定为合格等级。对于五项指标都能达到 60 分以上者,则根据指标体系中的积分权重换算为百分制的总得分,其中 85 分(含)以上者认定为优秀等级,75 分(含)至 85 分之间者认定为良好等级,60 分(含)至 75 分之间认定为合格等级,60 分以下者认定为不合格等级。

(二)信息反馈

运用评价指标体系得出的结果,将成为对县级政府教育政绩评价的最主要依据,不仅要将综合评价的结论和认定等级向上级政府和党委有关部分进行反馈,还要向社会公布。

1. 评价结果作为县级人民政府及其主要领导政绩年度评价与考核的重要依据

根据评价指标体系作出的综合性评价结论和认定的评价等级应及时向被评价的县级人民政府反馈,向社会公布。同时报省级政府和上级党委,抄送有关市人民政府以及区、市组织、人事、教育等有关部门,列为对县级人民政府及其主要领导政绩考核的重要内容,列为实施奖惩和责任追究的重要依据。

2. 评价结果将作为县级主要领导升迁的刚性指标

根据评价指标体系认定的等级,将成为县级人民政府主要领导升迁的主要依据之一,凡属鉴定等级为不合格者将一律不得升职。其必须根据综合评价中的意见,提出整改措施,对县域内的教育工作取得较大进步,并在第二次评价中获得良好及以上等级者才可以重新接受上级组织部门的考核。

3. 评价结果可以进一步完善评价指标体系

评价指标体系并非万能定律,随着我国教育事业的不断发展,以及经济、文化和社会的日新月异,其自身也必然要进行调整和修订。在实践中得出的评价结果以及取得的经验,将为改进和完善评价指标体系提供重要的依据。只有这样,才能更好地履行对县级政府教育政绩评价的职能。

(三)结果运用的意义

通过运用评价指标体系对县级政府的教育政绩作出评价,并将其结果反馈到对县级政府及其主要领导的政绩考核中,可以发挥指标体系的重要作用。评价结果的运用对于县级政府的教育管理工作和基层教育的科学发展都具有重要的意义。

1. 引导县级干部实践科学的发展观与正确的政绩观

干部的政绩观和发展观与干部考核方法和内容密切相关，考核不仅可以了解干部的思想和工作，还可以引导其从政的观念和行为。通过运用评价指标体系，将自评和他评相结合，可以引导县级干部更多地关注教育事业，促使他们把对上负责与对下负责有机地统一起来，将实现教育的科学发展当做自己努力的目标，真心实意地为民办事。通过全面、合理地运用评价指标体系，为县级干部落实科学发展观树立航标，能够促进基层干部树立正确的政绩观，在群众满意中创造政绩，发展群众满意和长期得到实惠的教育。

2. 强化绩效与责任意识，促进县级政府职能转变与绩效提高

县级政府教育政绩评价活动的开展以及评价结果的反馈运用，影响到各部门、人员的根本利益，因此，必将对县级政府及其各部门领导、工作人员起到巨大的激励作用，使政府及其工作人员努力改善绩效，增强责任意识，尽最大努力满足公众的需求，从而提高公共服务的水平和质量。通过自评和他评相结合，形成强大的推动力，促进县级政府职能切实转变到社会管理与公共服务上来。对政绩的评价不是目的，通过评价指标体系的运用来改进县级政府的教育管理工作才是真正目的。

3. 强化公众监督，增强县级政府主体意识，推进教育的全面发展

在县级政府教育政绩评价体系中，人民群众是他评的重要主体之一，这是社会公众监督县级政府教育管理工作的一种有效途径和方式。同时，让社会公众来评价县级政府的教育政绩，肯定成绩乃至暴露问题与不足，加强沟通与反馈，还可以拉近政府与公众的距离，增加公众对政府的理解和信任。运用评价指标体系还可以增强县级政府的主体意识，增加对教育的投入，使得教育资源更加丰富，资源结构更加优化，使更多的人享受到更好的教育服务，从而实现教育优先发展，全面推进素质教育的目的。

第七章 县级政府教育政绩评价指标体系的测试

测试是检验评价指标体系不可缺少的环节。只有通过一系列的实践测试。我们才能评判指标体系是否达到了预期效果,才能发现其不足,进而对其不断健全和完善。本县级政府教育政绩评价指标体系构建之后,我们分别进行了以个案测试、专家评估、民意调查为主要手段的指标体系测试,通过分析测试的数据和结果,它能够比较客观公正、全面地评价县级政府教育政绩,具有相应可行性、科学性以及公信力。

第一节 个案测试——可行性验证

为了验证县级政府教育政绩评价指标体系的可行性,我们选取了苏北某市,研究了该市近三年的对县级政府教育工作督导考核的有关资料,利用本指标体系进行模拟评价,重点对数据采集的可行性、工作过程的可行性、结果生成的可行性进行了验证。

一、苏北某县 2009 年度县政府教育政绩评价报告

(一)主要成绩

1. 认真履行政府职责,高度重视教育工作

县委、县政府领导高度重视教育工作,坚持把"科教兴县"、"人才强县"作为经济和社会发展的基本战略之一。2009 年,县委、县政府共召开专题会议 14 次,形成决议和决定 8 项。党政主要领导和分管负责人深入基层,调研教育热点、难点问题,帮助学校和教师排忧解难。成立了由县委常委、纪委书记和分管县长、教育局长组成的教育跨越式发展指挥部,

统筹规划教育发展。实施教育发展十大工程的目标任务。严把学校干部任用关、教师调配关和学校招生关,加强对教育工作的领导。将控制义务教育阶段学生辍学、治理校园周边环境、维护学校治安和正常教学秩序等工作纳入对各镇和各相关部门考核的重要内容,努力营造全社会都来关心支持教育的良好氛围。

2. 积极增加教育投入,努力改善办学条件

一是增加教育投入。生均预算内教育事业费逐年增长。2009 年全县小学、初中、普高、职高生均预算内教育事业费分别为 4519.06 元、6033.01 元、3830.84 元、3614.7 元,分别比上年增长 22.3%、39.59%、32.26%、5.07%。义务教育阶段生均公用经费按照小学 350 元、初中 550元安排,达到省定标准并能做到及时足额拨付。2009 年全县征收教育费附加等 3565.78 万元,剔除上缴资金 148 万元外,其余 3417.78 万元加上年结余 383.22 万元均用于教育布局调整和校舍改造维修项目。

二是完善经费保障机制。义务教育阶段经费单列,并全额纳入县本级财政预算。县直学校以校为单位,农村学校以"两中心"为单位编制预算。成立教育财务集中核算中心,对全县各学校实行财务集中核算。完善扶困助学机制,投入资金 151.25 万元,按照小学 500 元/生、初中 750元/生的标准,资助义务教育阶段家庭经济困难寄宿生 2037 人。完善规范教育收费工作联席制度,组织开展教育收费工作联合大检查。本次督导评估中未发现各类教育违规收费现象。

三是改善中小学办学条件。投入资金约 663 万元,改造危险校舍29175 平方米,拆建围墙 1209 米,改造电线老化学校 8 所,实现当年新增危房当年消除。投资 1736.7 万元,实施农村初中留守少年儿童食宿条件改善工程和农村合格幼儿园建设工程,并顺利通过省市验收。计划投入1.3 亿元,用两年时间建成"一镇三中心"。计划投资 1.68 亿元,高起点规划、高速度推进、高质量建设实验初中城南校区,着力解决城南新区教育资源不足的矛盾。

3. 切实规范办学行为,协调发展各类教育。

一是促进义务教育均衡发展。制定《关于完善全县农村义务教育阶段学校布局调整工作的实施意见》,控制县城热点学校的招生规模,提高

四星级高中定向生指标,促进义务教育均衡发展。

二是做好特殊教育工作。投入资金 120 万元,建设 1200 平方米的培智楼,改善了特殊教育办学条件。全县残疾儿童义务教育入学率超过了 96.6%。

三是提高职业教育质量。落实职业教育助学政策,投入资金 740.4 万元,资助学生 4936 人。投资 340 万元,为职教中心添置实训设备。全县 500 多名职校学生参加中级工考试,460 多人过关,另有 8 名学生在省级职校学生技能大赛中获奖。

四是规范中小学办学行为。出台《中小学违规办学行为处理办法》和《规范办学行为督查方案》。教育局统一制订城乡中小学作息时间表,与校长签订《执行"五严"规定责任书》。公布举报电话,组织被群众举报的中小学校长集中学习规范办学行为有关文件。开展专项督查、随机督查和重点督查活动,发现问题及时通报、限期整改。在努力减轻学生负担的同时,深入开展"有效教学"研究、"有效课堂教学达标"和打造"听课特色县"活动,探索减负增效新途径。开展丰富多彩的文体活动和社会实践活动,发挥素质教育基地和青少年活动场所的功能,营造青少年健康成长的良好社会环境。

4. 不断加强队伍建设,整体提升教师素质

一是重视师德教育。制定《师德师风考核奖惩办法》,进一步完善了教职工政治学习制度和家长评教师、社会评学校制度,开展"学规范、塑师德、展风采"等主题活动,评选百家师德标兵。

二是加强培养培训。选派 600 多名教师参加省网络培训,送 400 多名教师到市参加省骨干教师培训,100 多名教师参加省级英特尔中小学英语培训,200 名中小学副校长、教导主任参加县教育管理培训,256 名幼儿教师参加县教育教学基本技能培训。

三是保障教师权益。在全市率先发放了教师绩效工资,确保教师工资"一县一标",不低于当地公务员平均水平,并积极筹措资金,为全县教师办理养老、医疗保险,缴纳住房公积金。

四是稳定农村教师队伍。2009 年新招聘师范类本、专科毕业生 144 人,充实一线特别是农村教师队伍。制定《农村边远艰苦地区义务教育

学校教师补贴发放办法》,对符合条件的600名教师每人每月发放生活补贴100元。通过分流中小学富余人员、完善支教制度、严格控制从边远学校抽调骨干教师到驻城学校等措施,着力解决城乡教师结构失衡的问题。

(二)存在问题

1. 教育投入还需加强,"三增长一提高"尚未完全落实到位

资料显示,2009年县教育财政经费拨款低于财政经常性收入增长比例,下降了4.68个百分点;预算内教育经费支出占财政总支出的比例未逐年提高,2009年与2008年比下降了3.49个百分点。要进一步依法加大对教育的投入,确保当年教育财政拨款的增长高于财政经常性收入的增长;预算内教育经费支出占财政总支出的比例要逐年提高;要安排足够的校舍维修经费,确保当年危房当年消除;要在预算内按有关规定安排教师专项培训经费,妥善解决教师培训和专业成长等资金问题。

2. 优质教育资源不足,县域教育现代化建设仍需着力推进

农村合格幼儿园、省优质园和三星级以上高中及国家级和省级中等职业学校的比例还达不到要求。如:幼儿教师人数不足,具备任职资质的教师比例偏低;社区教育和成人教育尚薄弱;教师队伍总体素质不高,结构性矛盾还比较突出。

幼儿教师数量不足,全县在编幼儿教师有248人,入园幼儿38961人,师生比达1∶157。中小学教育信息化水平不高,现有教育技术装备不足,离教育现代化评估指标要求还有一定的距离。总体而言,县城学校办学条件改善较大,而部分乡镇学校特别是经济欠发达地区学校的办学条件还需进一步改善。

要尽力解决好教育发展中的薄弱环节,进一步推进县域教育事业的高位均衡发展。要进一步加大农村合格幼儿园的建设力度,努力提高优质园的比例,提升办园质量;要着力解决好教师队伍结构性矛盾;要采取措施,努力改善农村办学条件,尽快全面启动县域教育现代化建设;要加强中小学素质教育实践基地建设,进一步加大职业教育和社会教育建设力度。

3. 办学行为需进一步规范,管理水平有待提升

要进一步提高认识,切实增强贯彻执行《管理规范》的自觉性;要努力构建长效机制,确保"五严"规定逐步落实到位;要进一步提升课程实施水平,加大课程开发力度,提高校本课程品位;要严格按照课程计划要求,努力开足开启课程;要认真执行"减负增效"八项规定,有效减轻学生课业负担;要妥善解决好部分学校班学额超标问题,努力提升课堂有效教学的效度;要千方百计解决好设施、设备、场地等问题,不断提高现有设施设备的使用率;要严格控制学生的在校时间量,努力使学生每天有不少于1小时体育活动量和充足的睡眠时间;要进一步强化督察考核,完善奖惩制度,充分发挥长效机制的作用,向管理要质量,使教育的总体水平再上新台阶。

二、指标的可行性分析

本指标体系最主要的特征就是用数据说话,5大项20个指标34个观测点共需要60项数据佐证,我们对样本区2009年、2010年度的政府公报、教育事业年报、教育局统计材料进行了研究,并实地对乡镇学校进行抽样调查,发现指标所涉及的数据全部可查,从生成的客观性、可信度和可操作性上可以把数据分成四类。

(一)部分数据可以直接从政府公报上获得

这里所指的政府公报主要包括三类:一是指财政教育经费决算报表,这是由财政形成、提经人大审议批准的,具有较强的可信度。教育经费收入、支出情况,公用经费总额,在编教师工资总额均可以在此报表上获得。二是教育事业统计年报,这是由学校报送,县区教育行政部门汇总而成。教师数、学生数、班额,学校固定资产、建筑面积、计算机、图书数等反映县区教育发展情况的数据均可以从此报标准获得。三是人口普查公报。第六次人口普查的数据已经形成,在研究过程中尚未将详细数字汇编向社会发布。测试过程中我们主要采用第五次人口普查数据为依据。

(二)部分数据可以通过查看上级部门文件获得

例如,县域省级优质幼儿园数量,省级优质高中数量、职业学校参加市以上技能大赛获奖人数。省教育行政部门每年专门组织人员对此类学

校或幼儿园进行评估,达到省定标准即通过颁发奖牌、文件确认的方式予以认可,对于已经评上三星级以上高中的学校,省评估院还定期组织复检,对办学质量下滑、管理松弛、学校发展达不到省优要求的,予以降级处理。这些数字可以通过查看资料、统计汇总的方式获得。由于有上级文件为依据,数据的可信度很高。

（三）部分数据需要县级教育行政部门统计汇总

例如名优骨干教师人数可以由教育局人事部门提供统计报表,教师发表市级以上论文数由教育科研部门提供数据,中考成绩按学校统计标准差可以由招办提供中考成绩,按学校统计平均分,计算标准差获得,普通高中二本以上达线人数可以以招办提供的数字为依据。这些数据由于是基层部门提供,准确性需要进一步考证。有的地方为了提高考核成绩,存在弄虚作假、虚报数字的现象,所以,在教育部门提供统计汇总数字的同时,还要要求他们提供基础支撑材料。例如,名优骨干教师数量,还要查看名优骨干教师花名册,抽样核实其称号确认的文件或者获奖证书。

（四）部分数据需要通过现场采集后获得

例如,学生、家长、教师对县级政府教育工作的满意度,可以通过问卷调查的方式获得。民办教师工资由学校或幼儿园发放,在财政统计报表上没有体现,可以通过抽样学校、统计汇总的方式获得。

在采集数据时,我们和市政府教育督导团、市教育局的有关业务同志进行了交流,他们认为通过以上四种方式,本指标体系所需的基础数据全部可查,而且数据的客观性、可信度基本能够得到保证。但也容易出现以下三类问题:一是把教育事业统计年报作为提取数据的重要依据,有的县区为了获得高分,容易在统计数据上作假,导致教育事业统计的基础数据失真。二是调查问卷在对象选择上方法仍不够细致,有的地方倾向于选择对县级政府予以正面评价的人员,有的甚至可能要求学生只能选择满意的选项,教学生帮助弄虚作假,造成不良的社会影响。三是论文的认定标准需要进一步细化。当前期刊种类较多,各种论文评选名目繁多,确定市级以上论文需要花费的时间较长,在两三天的考核时段内恐怕很难完成。

第二节　专家评估——科学性验证

为了验证县级政府教育政绩评价指标体系的科学性,我们邀请了国内一批研究教育政绩评价指标体系的专家和学者,对本指标体系进行系统的研究,对本教育政绩评价指标体系进行了科学性的理论探讨,并且对这一指标体系进行了实践运用,从理论与实践两个层面验证这一指标体系的科学性。

一、专家评估

（一）理论研讨

对于这套新的考核评价办法,我们邀请了国内一些知名专家进行了论证。与会的专家做了深入解读,对其指导思想和诸多亮点给予了高度评价。比如既看县级政府党政干部目前已经取得的成绩,又看其对县级教育长远发展作出的贡献、打下的基础。他们一致认为这一指标体系能够把当前的教育政绩指标评价体系存在的不足和缺憾弥补,能够较好地考核县级政府党政领导的教育政绩,促使他们树立正确的教育政绩观,对于贯彻落实科学发展观,促进县域教育的全面协调可持续发展,办好人民满意的教育具有重要的意义。

与会学者在仔细研究这一指标体系后,进行了热烈讨论,从不同角度纷纷提出了自己的见解和意见。有的专家指出:"这一指标体系基本上反映了当前县级政府教育政绩评价指标体系的基本内容,体现了全面性的基本特征。"

有的专家对这套教育政绩评价指标体系评价道:"一是定性考核少,定量考核多。真正建立可量化的指标体系,而不是只能凭感觉打主观印象分。二是共同考核少,分类考核多。目前,各地基本都是按同一内容、同一权重进行考核,分类考核没有真正实现。三是传统方法少,现代手段多。普遍以定期考核为主,考核资料的收集、管理方式手段仍比较传统,还没有充分利用现代科技手段实现考核工作信息化、高效化,还没有形成对考核工作的有效监督。四是考核活动少,结果运用多,能够形成长效机制,便于对干部考核、选拔、培训工作的开展。"

有的专家认为:这套指标评价体系坚持正确导向,体现目标指向性。作为"指挥棒",教育政绩考核评价办法体现了明确的目标指向性,特别是体现了科学发展观的要求,能够准确反映其基本内涵和基本要求。

(二)实践验证

1. 专家组成员组成(略)

2. 专家组评估验证过程

专家组运用本套政府教育政绩评价指标体系对某县进行评估。评估内容主要包括:教育投入、教育资源、教师队伍、教育普及率、教育服务品质等方面。

专家组进行评估所采用的数据,主要通过以下渠道获得:被评价单位提供指标数据。直接利用官方发布的统计数据作为依据。例如,编印成册的统计年鉴、教育经费预算报表、决算报表、教育事业统计年报等。政府网站上发布的统计公报,教育局网站上发布的教育统计信息。例如,人口和经济社会发展情况可以从政府网站上获得,教育管理的有关文件可以从地方教育局网站上获得。对于没有明确的官方数字支撑的考核指标,进行抽样调查。即在县域内按照随机方式选取一定量的样本,通过对样本情况的研究来推算整体的情况。例如,教育资源增量,可以随机抽取一定数量的初中和小学,考核其人均教育建筑面积、人均教育固定资产、人均拥有的计算机数量、人均藏书量,判断其中达到合格标准的学校数量,以此推算全县教育资源增量合格学校占比。

专家组按照本政府教育政绩评价指标,采取的评估方式主要有:第一,评估专家要集体听取学校的汇报,评估组人员要随机听课,听课面要尽可能覆盖所有班级和学科。第二,评估专家要实地考察学校校园校舍、设施设备及日常管理。第三,评估专家查阅学校各类允许公开的数据信息、活动记录、教师教案及学生作业等各类媒体档案资料。第四,专家组分小组召开座谈会:辖区内人大代表、政协委员座谈会;校长座谈会;学生座谈会;教师座谈会;群众座谈会。第五,专家组还通过问卷调查,进行县级政府教育政绩社会满意度的调查。社会满意度包括学生满意度、教师满意度、家长满意度。被问卷人员的抽取要有代表性,能涵盖县镇、农村的不同类型的学校;抽取方式、标准统一,以便于数据之间的比对。

专家组在通过查阅资料、专题评估、实地考察、个别访谈、问卷调查获取了数据之后,严格按照本套政府教育政绩评估指标体系的要素指标进行评价。形成了《单项指标考察评估意见》和《专业综合考察评估意见》,反馈了评估意见。

3. 专家组的评估反馈意见

(1)主要成绩:

第一,政府教育行为落实到位。县级政府高度重视,把实施义务教育发展作为提升教育整体水平,摆上党政工作的重要议事日程,成立了由政府主要领导任组长的领导小组,认真制订工作计划,明确目标任务,建立责任制,明确分工,开展社会宣传,政府各职能部门、"工青妇"组织、各乡(镇、街)、村居委会明确责任,分工合作,形成了推进义务教育的有机整体,义务教育的政府行为得到比较全面的落实。

第二,法定教育经费投入到位,办学条件较好。实现了教育经费的"三个增长"。2009、2010 两年财政对教育投入增长分别高出财政经常性收入增长 29.1 个和 2 个百分点。生均教育事业费:小学,2009、2010 两年分别比上年增加了 226.9 元和 445.4 元;中学,分别比上年增加了 238.9 元和 431.1 元。生均公用经费:小学,2005、2006 两年分别比上年增加 67.1 元和 94 元;中学,分别比上年增加 93.4 和 46.9 元。办学条件得到明显改善。积极稳妥调整学校布局,加快薄弱校改造步伐。县政府制定了学校布局调整"十一五"规划,到 2010 年全县撤并学校 37 所,2006—2007 年已撤并 15 所,其中:中学 3 所,小学 12 所。全县改善办学条件总投入达到 15196.5 万元,其中县本级财政投入 6924.5 万元,税费改革后上级转移支付资金用于教育部分 2000 万元。

第三,教育普及率得到提高。幼儿教育得到了较快发展,基本普及了学前三年教育,接受学前三年教育适龄儿童比例达 90% 以上。乡、村以小学为依托举办幼儿园(址),基本普及了学前一年教育,接受学前一年教育人数 6612 人,占适龄儿童的比例达到 99% 以上。"两基"工作成果进一步巩固提高。初等义务教育和初级中等义务教育的入学率、完成率都达到"两基"标准,并逐年有所提高,15—50 周岁人口非文盲率达到

99%以上。以普及高中段教育为目标,大力发展普通高中和中等职业教育。普通高中发展到11所,全县普通高中在校学生人数逐年增加,2007年达到2.461万人,占高中段教育适龄人口的比例较高。职业教育开始走出低谷,办学规模逐步扩大,2007年职业教育在校生3695人,比2006年增加1094人。

第四,教师队伍的管理与建设得到加强,使全县中小学教师队伍的整体素质明显提高。教师队伍管理规范。一是完善了教师准入制度,严把教师资格关。全县按省编制标准,逐校核定了教师编制;认真执行教师资格认证制度,全县教师都取得了教师资格证。二是建立教师补充机制,严把教师入口关。师德建设强化。其一是县、乡、校三级都成立了领导小组,加强对师德建设工作的领导;其二是加强制度建设。建立师德工作校长负责制和问责制,使师德建设工作制度化、规范化、经常化。继续教育效果明显。全县深入推进"十一五"教师继续教育工程,构建教师培训体系。全面实施以"三新一德"为重点的培训工程。教师评价制度逐步完善。同时,全县还建立了"一评三考"的教师岗位成长评价考核机制,通过对教师的师德评议和专业素质、教学成果的考核,激发教师的工作热情,促进中小学教师整体素质的提升。目前,全县小学教师专科学历比例达到73.6%;初中教师本科学历的比例达62.9%;高中教师学历合格率达95.7%;中职校教师学历合格率达到97.2%。硕士研究生占普通高中教师总数的5.3%。全县涌现出省市县级骨干、明星、专家型教师1144人,占专任教师总数的11.6%。

第五,社会满意度比较高。在加强教师队伍建设的同时,各级政府、教育行政部门积极协调有关部门,努力为中小学实施素质教育给予政策支持,提供政策保障。广大中小学校以课程改革为载体,认真贯彻省教育文件精神,努力加强未成年人思想道德建设,教学管理制度逐步完善,校风逐步改善,群众对教育的满意度不断提高。

(2)存在的主要问题:

第一,"职普比"低,职业教育规模较小。2009年全县高中段学校在校生总数为2.461万人,其中职业高中在校生为3695人,占15%,即"职普比"为15∶85。这一比例虽比前两年有所提高,但离经济、社会发展的需求和省的要求差距较大。

第二,农村教育经费管理体制尚有缺欠,需要进一步完善。省政府的文件明确规定"农村税费改革后上级转移支付资金和新增农业税用于教育部分,统一纳入县财政预算,拨付县级教育行政部门用于教育"。没有完全做到"拨付教育行政部门用于教育",教育部门在农村教育经费管理上尚未实现责、权、利真正意义上的统一,不利于教育系统内的预算管理、层次管理和校舍建设的规范与监督。

第三,个别学校基础设施建设还不够完善,办学条件需要进一步改善。中学学生宿舍是上下两层大铺,条件简陋。农村个别分校图书质量较差,可读性不强。个别中学的学校学生课桌椅损坏严重,完好率只有70%左右。所到乡(镇)的 6 所学校实验仪器柜普遍陈旧,且数量不足,教学仪器摆放不开。

二、指标的科学性分析

通过理论研讨和实践论证,专家组对本套县级政府教育政绩评价指标体系给予了较高的评价,认为这套教育政绩评价指标体系能够全面、客观、公正地评价县级政府的教育政绩,主要体现了构建理论科学性、指标构建系统性、指标内容针对性、增值性评价四个方面的科学性特征。

（一）构建理论科学性

这一指标体系体现了科学的设计理念。县级教育政绩评估的理念体系,在教育政绩评价过程中首先要树立正确的政绩理念,要对教育政绩全面的了解。政绩是政府在依法行政、依法履行职责所产生的结果,最终要体现在教育发展上,体现在人民满意上。这套教育政绩评价指标体系是按照系统性的理论进行总的构建,在指标设置的过程中又坚持了先进性、客观性、科学性、发展性等构建的基本原则,又坚持了针对性、可比性、可行性、整体性等构建的具体原则,这样就使这套教育政绩评价指标体系具有科学的理念和宗旨。这一指标体系能够运用整体性原理,发挥指标体系的比较优势;运用组织性原理,提高评价的合理性和可行性;运用层次性原理,促进评价的多层次性参与和认同;运用结果功能原理,实现指标体系的结构整合与功能优化;运用开放性原理,推进指标体系的不断创新完善和发展。可以说,这一评价指标体系的构建完全是在科学的系统论指导下进行的,它坚持了科学的理念设计、科学的理论指导、科学的制度保障、科学的方法实施。

(二)指标构建系统性

本县级教育政绩评价指标体系在考核内容和标准的设置上,按照系统性的理论进行科学的构建。科学的指标体系要基于一个逻辑完整的理论模型,围绕着评价的核心要素进行整体建构,以阐明指标之间的内在逻辑关系,使各指标形成一个有机的整体,体现出科学的整体性和体系化。这一指标评价体系根据当前县级政府教育工作的特点,运用"投入—管理—成效"的绩效评估模型,依据该模型构建县级政府教育政绩评价指标体系。没有投入就没有产出,教育投入是前提,也是衡量县级政府对教育工作重视程度的标尺;教育管理是核心,体现政府管理教育的工作过程,教育管理是关系教育工作的关键环节,是教育事业发展的重要保障;成效是结果,最直观地反映县级政府工作的实绩。政府教育工作的成效体现在内向积淀和外向产出两个方面。积淀成效是指在教育投入和有效的管理之下,教育资源更加丰富,资源品质不断优化。这里的教育资源,可以细分为物化的资源(学校、设施设备)和人力资源(教师队伍)两类。例如,在本指标体系中关于物化资源的规定:教育资源增量、人均教育建筑面积、人均教育固定资产、按人数平均教育机构、场所拥有的计算机、按人数平均教育机构、场所藏书等指标要素。关于人力资源的规定有:师生比、高一级学历教师占比、名优骨干教师占比、每100名教师发表论文数等指标要素。规定产出成效在数量上体现为教育普及率提高;在质量上体现为提供教育服务质量和人民群众满意度不断提高等方面。本指标体系按照"投入—管理—成效"的绩效系统评估模型,依照其内在逻辑,从教育投入、教育资源、教育普及率、教师队伍、教育服务品质五个方面系统地构建县级政府教育政绩评价指标体系,这五个方面相辅相成,按其内在逻辑,统一构成了县级政府教育政绩评价指标体系的整体。

(三)指标内容针对性

在坚持系统性的前提下,教育评价指标体系要突出重点,有针对性地进行考核评价。突出重点就是要在纷繁复杂的工作中提炼出体现全局、具有宏观统领作用的核心指标,不迷失于微观。本教育政绩评价指标体系主要根据当前县级政府教育政绩评价的核心内容,有针对性地从以下五个方面进行考核。

第一,教育投入方面。把教育投入作为教育政绩评价指标的核心内容之一。评价指标体系主要考核县级政府在教育方面的投入,除了财力,还包括人力、物力、政策、措施等,但评估工作要求抓住核心的、可测定的指标,而政府在教育上花了多少钱,最能反映政府对教育工作的重视程度、度量县域内群众享受的教育服务水平。

第二,教育资源方面。考核教育资源的积累不仅表现在量的变化上,如学校数的增加,设施设备的添置等,更体现在质的提升上,即资源布局更趋合理,优质资源比例提高,教育现代化水平不断提升等。

第三,教师队伍方面。考核教师队伍一要看数量,各类教育的师生比如何;二要看质量,教师的学历情况,名优骨干教师的比例,教师科研创新能力等。本指标体系的职业道德水平也是衡量教师队伍素质的重要指标,而道德评价最终要反映到人民群众的对教育满意度上。

第四,教育普及率方面。主要考核在经济社会和教育发展的不同阶段上,教育普及率提升的重点、难点也不尽相同。经济欠发达地区的重点是义务教育完成率。高水平高质量普及九年义务教育的地区面临的主要任务是提升高中阶段教育的入学率,基本普及高中阶段教育的地区开始加快学前三年教育的普及。

第五,教育服务品质方面。主要考核教育公平、素质教育、社会满意度,能否体现政府发展教育的指导思想端正,能否为区域内所有居民提供大致均衡的教育资源,能否保障弱势群体的受教育权利等。

(四)体现增值性评价原则

这一指标体系运用增值评价和发展性评价理论,重点考量教育发展的增量和县级政府任期内对教育的贡献值,为处于不同经济发展和教育基础水平的地区之间提供了相对公平的比较平台,更能调动经济欠发达、教育基础薄弱地区县级政府教育工作的积极性。本指标体系能够紧密结合本地区的实际情形,根据县域经济社会发展水平,区分不同地区发展基础、区位优势的不同情况来界定发展指标;根据岗位职责的分工,考虑工作的共性和个性,划分不同工作岗位领导干部和领导班子的考核评价标准,减少笼统性定性指标,强化具体性量化指标,对实绩考核内容赋予不同的权重结构和侧重点,重点考核政府工作之下教育事业在原有基础上的增值和发展,实现了对政府教育政绩的动态评价。例如,本指标体系中规定:人均教育经费较上年度每增加 1 个百分点,增加 2% 的权重分,加满 20% 为止;每减少 1 个百分点,扣除 10% 的权重分,此项分数扣完为止。生均图书较上年度每增加 1 个百分点,增加 2% 的权重分,加满 20% 为止;每减少 1 个百分点,扣除 10% 的权重分,此项分数扣完为止。教师工资较上年度每提高 1 个百分点,增加 5% 的权重分。通过这种增长比考核,能够更加全面、合理、公平地反映出县级政府任期内的教育政绩。

第三节　民意调查——公信力验证

为了进一步验证本指标体系的社会公信力,我们还对本指标体系进行了民意调查。民意调查采用发放问卷的形式,运用这一指标体系对政府的教育政绩进行评价,其最终的反馈结果基本能够反映出本指标体系的评价水平。由于本指标体系在民众运用过程中体现了公共性、公正性、连续性和可操作性等特征,在人民群众中得到了较好的评价,体现出指标体系的公信力。

一、民意调查

人民群众是创造历史的主体力量,而教育问题是当前中国最为重要的民生问题之一。胡锦涛同志提出的"问政于民、问需于民、问计于民"正是民本思想的具体体现。可以说,人民群众是县级政府教育政绩的评价主体,社会力量的广泛参与和监督是准确、科学、合理评价县级政府教育政绩的前提。实质上,县级政府教育政绩评价的核心和关键在于得到社会的深度认可和人民群众的广泛认同。人民群众参与政府政绩评价最为有效的方式,便是通过民意调查的形式实现的。温家宝总理指出:"政府要自觉接受人民的监督。政府的一切权力都是人民赋予的,必须对人民负责,为人民谋利益,接受人民的监督。只有人民监督,政府才不会懈息。"以民意调查形式进行县级政府教育政绩评价，是服务和顾客至上理念的贯彻，是社会公众监督县级政府的一种有效途径与方式。同时，让社会公众来对县级政府教育政绩进行评价，肯定成绩乃至暴露问题与不足，不仅能加强沟通与反馈，还可以拉近政府与公众的距离，增加公众对政府的理解和信任。事实上，进行县级政府教育政绩评价的真正主体应该是人民群众，而不是政府组织。开展民意调查评价县级政府教育政绩，发挥社会公众的监督作用，能够让社会公众特别是广大的人民群众树立主体意识，主动去关心县级政府的教育政绩，了解县级政府各项政策以及发展规划，积极参与推进县级教育新发展。另外，人民群众对于县级政府教育政绩评价的广泛参与以及评价结果的反馈运用，影响到各部门、人员的根本利益，因此，必将对县级政府及其各部门领导、工作人员起到巨大的激励作用，使政府及其工作人员努力改善自身工作，增强责任意识，尽最大努力满足公众的教育需求，从而提高发展教育服务的水平和质量，引导县级政府在教育实践中树立科学的发展观与正确的政绩观。

所谓民意调查，又称民意测验（public opinionpoll），是测量特定人群在某一问题上所持意见的分布情况的一种工具。民意调查研究用科学的方法、客观的态度，以人们的意见、观念、习惯、行为和态度为调查的主要内容，有效地收集和分析有关的信息，从而为管理决策部门制定有关的战略和策略提供基础性的数据和资料。民意调查是通过调查研究社情、民情、舆情，增强舆论宣传的感召力和影响力的方法和途径。通过它可以分析、揭示人群中持某种意见的强度及其产生的原因，从而测出人群在此问题上的态度和行为倾向，比较准确地分析和估计社会舆论，了解公众舆论趋向的一种社会调查。就其内容而言，属于舆论调查；就其方法而言，属抽样调查。民意测验所研究的是公众普遍关心的政治或社会、经济问题。通过抽样调查的方式，征询调查对象的意见、观点或想法，并以此进行分析和推论，然后向公众公布调查结果，以期说明和解释问题的趋势或倾向，引起社会公众或被调查者的关注和重视，藉此造成舆论并形成影响。清华大学社会学系教授孙立平认为，在目前的中国社会，利益表达的制度化安排还不太健全，民意调查作为一种不同利益主体的利益和意愿表达的替代性渠道，是扩大公民有序参政议政的有效方式，必将在中国社会发展中发挥重要作用,成为政府科学政策不可缺少的依据。

严格意义上讲,民意调查的概念和方法是舶来品,西方的是从市场研究发展起来的。研究者在人群中挑选出小量的取样,测量消费者对某种商品的品种、质量等的意见,以便改进商品,提高销售额。20 世纪 30 年代,民意测验在美国被广泛地应用于政治、经济等重大社会问题上。1935年,美国心理学家 G. H. 盖洛普创立美国舆论研究所,开始对美国当时的政治和社会问题开展全国性的大规模民意测验。测验方法是根据年龄、性别、教育程度、职业、经济收入、宗教信仰六个标准,在美国各州按比例取样,寄问卷给测验对象填答,派调查员进行个别访问,然后统计分析测验结果,作出解释,最后交由"特稿供应社"向日报订户发稿。由于盖洛普对民意测验作出了巨大贡献,因此美国舆论研究所通称为盖洛普民意测验所,民意测验也通称为盖洛普测验。

关于民意调查的程序和方法,比较成熟的理论是美国乔治·盖洛普(George Gallup)在 1936 年配额抽样法(the Quota Method of Sampling)所倚重的程序标准(见下图):

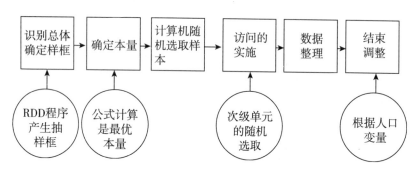

这一方法被引入中国后,经过不断完善和发展,形成了自己的特色。一般意义上,民意调查的程序和工作方法包括:确定调查范围,选择调查样本,制订调查问卷,使调查者与被调查者确立融洽关系,抽样访问,制订表格,分析结果。

为了验证县级政府教育政绩评价及其指标体系的公信力,我们组织开展了一次民意调查,基本情况如下:

(一)调查选题

这是开展民意调查的第一步,也是整个调查的基础性前提和核心内容。设计者必须充分运用自身的知识和经验,把好"选题关"。严格按照问卷设计的系列步骤,结合调查目的,从指标的信度、效度进行整体构思。科学进行问卷指标设置,并进行反复研究与修改,才能在技术上将调查的前期工作误差尽量能控制在小范围内,最大限度地测量并解读出人民群众对县级政府教育政绩的真实意见。在县级政府教育政绩的评价中,教育投入的多少、教育资源的优劣、教师队伍的建设、教育普及率的高低、教育服务质量的好坏等是评价主体所关心的基本问题。因此,在关于县级政府教育政绩评价的民意调查中,这些人们所关注的基本问题则成为选题的方向。

(二)调查对象

民意调查的主题一经确定,那么接下来要做的就是进行调查对象的选定。或者说是确定测验的人群范围,这是第二步,一般是由要调查问题的内容决定的。某个国家总统竞选的测验范围就应是这个国家的全体公民;某种商品销售情况的测验范围就应根据该商品消费者的分布情况来确定。教育作为当今中国社会五大民生问题之一,基本上每个人都能与之发生联系。关于县级政府教育政绩评价的民意调查,因其主题内容是县级政府教育政绩的评价,与此相关的评价主体是庞大的,也是多元的。也就是说,我们进行民意调查的人群范围是广泛的,调查对象非常之多。需要注意的是,范围定得过大或过小都将影响民意测验的准确性。依据合理适中的原则,将县级政府教育政绩评价民意调查的对象确立和划分为以下几个群体。一是学生群体。他们是县级政府教育的最大利害群体,对县级政府教育政绩具有最真实感受和最大发言权;二是县级各类学校工作人员群体,主要包括学校领导、教师、教学保障人员。他们在县级教育中起到承上启下的关键作用,向上反映一线学生群体的需求,对下具体负责贯彻执行县级政府教育的政策性要求和指示,他们对于县级政府教育政策和方针的理解,很大程度上直接影响着教育政绩效果的实现;三是学生家长群体。因为他们的特殊地位,使他们成为县级政府教育政绩评价民意调查一支重要的参与力量;四是其他社会力量群体,具体包括"两会"代表、新闻媒体等。他们对县级政府教育政绩评价民意调查的参与,是促使调查结果公正可信不可或缺的力量。

（三）样本选取

调查取样的准确与否是测验是否可靠的关键。取样调查的目的是把对总体中有限的样本的意见调查结果，作为普遍适用于总体的估计或推断。一旦选出的样本缺乏代表性，取样调查的结果就会与总体大多数意见不相符，测验就出现偏差，甚至失败。民意调查一般采用数理统计中的取样方法，常用等概率抽样、不等概率抽样、分层抽样等，或把几种抽样方法加以综合使用。在县级政府教育政绩评价民意调查的样本选取中，既要坚持全面性的方针，又要做到重点突出。在遵循民意调查样本选取一般规律的基础上，根据相关度的要求，我们对调查对象从学生群体、学校工作人员群体、家长群体、其他社会群体按照 3：3：2：2 的比例进行了权重划分，以此构成调查的样本。

另外，调查者要与被调查者建立融洽的关系，使被调查者愿意合作，讲心里话。被调查者愿意或不愿意合作，对调查结果影响很大。抽样访问是一项技术性很强的工作。不但被访问者是否愿意合作，而且访问者本身的态度、访问时的语气、手势，都能影响研究的结果。因此，访问者事先应受特别的训练。

（四）调查形式

民意调查形式灵活多样、调查范围广泛、调查方式专业规范，是当前国际流行的了解小同利益群体意愿表达的一个有效渠道，其调查主题应以人们的态度观念为主。由于调查问卷的简易操作、易于量化、直观简明的特点和县级政府教育政绩评价的实践要求，在此次民意调查中，主要采用了调查问卷的形式，辅之以座谈走访、实地调研、网络研讨等方式。

问卷设计、尤其是态度观念调查的问卷设计是个比较复杂的过程。问卷的制订需要相当的训练并掌握一定的技巧，民意测验问题的形式一般有自由答话和选择回答两种。前让被测者对所提问题用自己词汇自由陈述意见；后者要求被测者对所提问题从准备好的答案中挑选其中一个答案来回答。二者各有优缺点：前者被测者思想不受限制，但统计比较困难，后者回答范围有局限性，可是统计便利。一般民意测验同时使用这两种问题形式。问题提出过程多用"漏斗式"的次序，开始用自由答话形式提出问题，问题范围逐渐缩小，最后提出很具体的问题。用选择回答形式来提问,让被测者表示自己的态度。问卷的词汇要准确、明晰,应为一般人所理解,同样的问题由于使用不同的词汇或不同的句子结构顺序,会得出不同的结果。提出的问题不能双关,模棱两可。即使是有经验的研究者,也要对他们初拟的问卷进行预备试验,以便修改。制订好的问卷可通过邮寄方式送给被测者或派专人访问取样对象得到结果。大规模的民意调查往往通过报纸、广播电台、电视台发放问卷。现在的问卷多预先编码,答案输入计算机以制订表格,然后根据表格显示的各种数据进行分析。分析必须综合考虑多方面影响因素,得出客观、准确的结果。

（五）信息收集与整理

本次民意调查采用的是发放调查问卷的形式,调查问卷从构思设计到校对印刷,从发放回收到结果统计,都经过精心准备、策划和组织。调查中,共发放调查问卷 1000 份,回收 987 份,回收率为 98.7%,有效问卷为 982 份,有效率为 98.2%。调查问卷设计为"教育投入"、"教育资源"、"教师队伍"、"教育普及率"及"教育服务质量"五个大的基本部分,"教育经费"、"教育资源增量"、"每 100 名教师发表论文数"、"19 周岁人口高等教育入学率"、"教育公平情况"等共计 76 道选择题,基本囊括了县级政府教育政绩这一调查主题所涉及的重要问题。另外,调查问卷数据的统计和结果的分析,采用了当前统计学普遍使用的 SPSS17 电脑统计软件,在提高调查工作效率的同时,使得调查结果准确可信。

（六）结果分析

调查结果及其分析是整个民意调查的最终形式和反映。

比如,关于"教育投入"的调查。调查结果显示,学生群体和学校工作人员群体作为县级政府教育的一线人员,明显地感觉到了近年来县级政府对教育事业财政投入的加大。当被针对性地问及"教师工资有无提高及提高程度"时,以教师为主体的学校工作人员有 318 人选择了"有,很大的提高",约占被调查人数的 32.4%;有 501 人选择了"有,较大提高",约占被调查人数的 51%;而选择了"有,但提高不大"的人数为 110 人,占被调查人数的 11.2%;只有 53 人选择了"没有任何提高"的选项,所占比例仅为 5.4%。数据表明,对县级政府教育经费投入持肯定态度的占绝大多数,比例为 94.6%。也就是说,县级政府在思想上加强了对教育的重视,表现在财政投入的加大和经费管理的加强。但仍然有16.6%的被调查者并未感到县级政府对教育经费投入的提高,甚至有一部分人持否定的态度。这也反映出当前经费投入的不足和问题所在,为下一步县级政府教育经费工作的重点提供了借鉴。

再比如,关于"教师队伍"的调查。当针对"目前学校教师学历状况"进行实地民意调查时,这时的调查对象既包括学校领导、教师自身等教育工作者,也包括教育主管部门的工作人员。综合各方面的统计结果来看,当前县级教育教师队伍的学历构成是一个以本科学历为主,以研究生和大专学历为辅,中间大、两头小的"橄榄"型学历结构。具体而言,在通过各种渠道求证的前提下,对每100名县级教育所属教师的学历进行匿名跟踪摸排调查。2011年其中本科学历为62人,所占比重为62%;具有研究生学历的为11人,比例数为11%;具有大专学历的为25人,所占比例为25%;其他为2人,比例数为2%。这些数据反映的事实说明,当前县级教育师资队伍在学历结构上的表现,已经基本上满足了教学实际的需求,本科及以上学历所占比例为73%。但调查结果所反映的问题也不容忽视,专科学历的人数和比例还占据着相当大的比重,甚至还有极少数比例教师的学历低于专科学历。这说明,县级政府在改善县级教育师资质量和水平方面已经作出了较大努力,也取得了相当的成绩。在肯定成绩的同时,更应为进一步解决当前存在的问题而继续努力。

以上诸事例充分说明,当我们用依据县级政府教育政绩指标体系为基准所设计的具体、直观、全面的调查问卷选项,对县级政府的教育政绩进行评价调查时,这些调查结果能够客观、清晰、准确地反映出县级政府教育政绩评价当中存在的成绩与不足。

二、指标的公信力验证

本指标体系通过民意调查,取得了良好的成效,较好地体现出指标体系的公信力。指标体系的公信力是政府公信力的重要表现,它反映出公众对教育政绩评价指标体系的信任程度,是衡量县级政府教育政绩指标体系的重要标尺。指标体系的公信力从政府行政角度讲,是"政府行政能力的客观结果,体现出其权威性和民主程度,反映了人民群众对政府的评价,反映了人民群众对政府的满意度和信任度"。指标体系的公信力实际上就是广大公众对教育政绩评价指标体系在合法性、正当性、科学性、有效性等方面给予的评定。通过此次教育政绩评价指标体系的民意测验,本县级政府教育政绩指标体系的公信力主要体现在公共性、公正性、连续性、可操作性四个方面。[①]

(一)公共性

以公共利益的价值取向作为指标体系的基本衡量标准,能够促进公众对指标体系的信任。公共利益的价值取向就是制定和执行指标体系必须反映、表达和综合绝大多数公众的利益,满足绝大多数公众的利益需求。我国的教育事业是国家一项公共性事业。政府的教育工作做得好不好,关键是人民群众满意不满意。2010 年《国家中长期教育改革和发展规划纲要(2010—2020 年)》明确指出:"坚持教育的公益性。"县级政府的教育是以公共利益为价值基础,它体现出公共性的基本特征。县级政府教育政绩评价指标体系在相当的程度上考核县级政府主要党政领导干部教育政绩,也就是考察其对教育事业实现公共性的程度,必然体现出指标体系的公共性。因为政府的合法性在于政府满足公众的需求,实现公共利益的程度。教育是一种公共服务,服务的质量如何,关键要看人民群众满意不满意。指标体系是为了科学合理地考核县级政府党政领导教育行政行为,目的是为了推动教育事业的发展,最终体现出追求公益性。本套县级政府教育政绩评价指标体系体现了公共性。本指标体系在设计中体现出:一是教育公平。教育公平是社会公平的基础,体现政府发展教育的指导思想是否端正,能否为区域内所有居民提供大致均衡的教育资源,能否保障弱势群体的受教育权利。二是社会满意度。社会满意度就是县级政府教育是否体现了广大人民群众的意愿,能否做到让社会满意。例如,本指标体系明确将"教育普及情况、学前教育毛入园率、义务教育巩固率、初中毕业生升学率、19 周岁人口高等教育入学率、从业人员年培训率"纳入指标要素之中。指标体系还明确设置"社会满意度"指标,其下包含"学生满意度、教师满意度、家长与社会满意度"三个核心指标要素。

---

① 唐铁汉:《提高政府公信力,建设信用型政府》,《中国行政管理》2005 年第 3 期。

以此来考核社会满意度。

（二）公正性

公正是一种应该的、合理的价值选择，这种选择是社会成员的共同理性判断，是人类社会理性的充分体现。作为在制度框架下生成的考核县级政府教育政绩指标体系，也必须以实现社会公平公正为出发点和落脚点。指标体系的公正性，首先表现出指标要素的合理性。合理性是建立在事实与价值互相渗透的基础上，是与理性相关联、与非理性相对应而与反理性相对应的评价性概念。① 这套县级政府教育政绩评价指标体系体现了合理性。在设计指标体系时把握了三个原则：一是立足于政府的责任；二是突出重点；三是关注实绩。立足于政府的教育责任主要是把政府要做的事、学校要做的事、教师要做的事区别开来。政府的主要职责是教育投入、物质保障、统筹规划、宏观管理和环境营造，而不是具体去抓教育教学；不能误导教育，片面追求升学率。突出重点就是要在复杂的工作中提炼出体现全局、具有宏观统领作用的核心指标，不迷失于微观。本指标体系根据政府教育工作的特点，提出"投入—管理—成效"的评估模型，并依据该模型构建县级政府教育政绩评价指标体系，从教育投入、教育资源、教师队伍、教育普及率、教育服务品质五个方面进行教育政绩考核。又如，本教育政绩评价指标体系考核的教育公平情况，主要有：义务教育择校生比例、义务教育学校中考平均成绩标准差、残疾儿童接受教育比例、素质教育实施情况、小学、初中、高中学生平均睡眠时间、普通高中高考二本以上达线人数占比、职业学校学生参加技能大赛获奖情况等指标要素。其次，指标体系的公正性还表现为指标的合法性。指标体系的合法性至少包含两层意思。其一是指指标体系为广大人民群众所接受和认同的程度；其二是指指标体系制定和运用过程中的合法律性，要求指标体系的制定、执行、评价，必须按照法定程序进行，它是指标体系公信力的重要体现。只有指标体系的合法性得到保障，指标体系本身才有权威性，指标体系才能得到有效的实施，才能最终达到预期效果。本套县级政府教育政绩评价指标体系严格按照国家关于促进教育发展的法律法规制定

---

① 曹锡环：《哲学合理性在政策科学中的应用》，《江汉论坛》2001年第7期。

的,每个指标要素的设计都体现着现行教育法律法规的规定。例如,本指标体系设置考核教育投入的指标要素完全根据《教育法》的规定。《教育法》对政府教育投入有"三增长一提高"的明确规定,即"各级人民政府教育财政拨款的增长应当高于财政经常性收入的增长,并使按在校学生人数平均的教育费用逐步增长,保证教师工资和学生人均公用经费逐步增长","各级财政支出总额中教育经费所占比例应当随着国民经济的发展逐步提高"。《国家中长期教育改革和发展规划纲要(2010—2020 年)》第 57 条要求:"进一步明确各级政府提供公共教育服务职责,完善各级教育经费投入机制,保障学校办学经费的稳定来源和增长。各地根据国家办学条件基本标准和教育教学基本需要,制定并逐步提高区域内各级学校学生人均经费基本标准和学生人均财政拨款基本标准。"

(三)连续性

县级政府教育政绩评价指标体系对教育政绩考核具有重要作用,必须保持连续性。连续性一般是指制定的教育政绩评价指标体系的影响力在时间上具有延续性。任何一个指标体系都有其存在的周期,既不能随意缩短,也不能随意延长,而要保持其相对的稳定性。本指标体系在出台之后就保持了良好的稳定性,没有朝令夕改。稳定的指标体系便于广大民众运用掌握,正确地运用指标体系进行科学评价政府的教育政绩。这里需要明确指出的是,我们所谓的"连续性"还指能够动态地考察一个区域的政府教育政绩的发展情况,进行发展性评价。本套教育政绩评价指标体系的指标选择重要原则就是要体现发展性。政绩是政府工作的成绩,是评估时段内由政府努力带来的教育的发展变化。重在描述评价时段内通过政府努力形成的教育工作的发展变化,其实质是一种增量的评价,即评估时段终点的教育水平相对于起点的增量。这样的评价才是更科学、更客观、更公正的评价,才能使人民群众对指标体系产生公信力。例如,本指标体系考核教育资源的增量主要包括人均教育建筑面积、人均教育固定资产、按人数平均教育机构、场所拥有的计算机、按人数平均教育机构、场所藏书。又如,本指标体系中考核各类教育班额,主要包括:班额达标率、小班化比率等要素。考核学校布局调整情况,主要包括学校平均服务半径、优质资源占比、优质幼儿园占比、义务教育阶段合格学校占比、优质高中教育资源占比等要素。通过这些指标要素的考察,有效地体现出教育政绩评价的发展性。

（四）可操作性

本教育政绩评价指标要素的设计,紧紧围绕发展县级教育这个工作中心,立足本地区实际,从纷繁复杂的工作中确定重要的、有代表性的、足以反映领导班子和领导干部工作面貌、教育工作实效的若干重点工作,作为考核干部教育政绩的主要内容,突出重点,便于操作。本指标体系考核评价干部涉及的内容、环节比较多,考核评价办法力求适应不同地区、不同层次、不同类型领导班子和领导干部的实际需要,做到于法周延,于事简便。在设计指标时,我们突出了指标的客观性和数据的可采集性两个特征。本指标体系中没有主观地对县域教育情况和政府工作政绩的描述,绝大多数为可以量化的数据。例如,在教育投入方面,主要包括人均教育经费、教育支出占财政总支出的比重、生均公用经费、教师工资水平等可量化指标,易于采集数据进行客观公正的评价。唯一的主观指标是社会对政府教育工作的满意度。在教育服务质量中包括社会满意度、学生满意度、教师满意度、家长与社会满意度等方面。这些指标也可以通过问卷调查的形式予以数据化。评估人员只需要按照程序采集数据,并将数据带入固定的计算公式即可,避免陷入模棱两可的主观判断之中。如"政府关心支持教育发展"、"各项教育事业和谐发展"、"建立了教职工激励竞争机制"等对工作的主观描述性指标均未选入。指标体系中所列的数据多数是公开的法定数据,可以从教育事业统计年报和政府公报中获得,对于由政府提供的数据也规定了抽样核实的办法,使评价工作简便易行。通过合理确定考核目标和目标的不同标准,实事求是地分出优劣好坏的不同档次。对能量化考评的工作坚持做到量化,难以量化的,则采取群众民主测评、群众满意度调查等多种方式,把抽象的变为具体的,以便于指标体系的实际操作。

结　语

　　建立健全县级政府教育政绩评价指标体系对于县级政府领导干部树立正确的教育政绩观,推动县域教育事业健康发展具有重要作用。教育政绩是领导干部素质和能力的客观体现,也是对领导干部进行考核、评价使用的重要依据。长期以来,县级政府教育政绩评价受到了各级政府的重视,并进行了不断的探索,形成了基本的评价指标体系。伴随教育事业的蓬勃发展,县级政府教育政绩评价指标体系也存在明显不足,日益暴露出的问题也越来越多,亟待进一步完善和改进。在此背景之下,我们以县级政府教育政绩评价指标体系构建为题开展了一系列理论探索与实践研究。

　　经过近两年的研究与试验,我们在分析总结各省(市)对县级基础教育考核评价的措施、机制及效果的基础上,基于政府对教育的"投入—管理—成效"的内在逻辑,建立了评价模型,设计了县级政府教育政绩评价指标体系,提供了县级政府政绩评价指标的测量方法,能够较为全面地体现政府教育工作实绩,客观测量不同经济条件、教育基础之下县区教育发展的增值,因而具有较强的可行性、科学性和公正性。

一、该指标体系有较强的可行性,
便于操作,易于执行

　　在设计县级政府教育政绩评价指标时,能够立足于地方教育发展实际,不贪大求全,指标的设置明确具体,所涉及的数据全部可查。在设计指标时突出指标的客观性和数据的可采集性两个特征。一方面应尽量采用客观的可以量化的指标,对能量化考评的工作坚持做到量化,难以量化

275

的,则采取群众民主测评、群众满意度调查等多种方式,以便于指标体系的实际操作,评估人员只需要按照程序采集数据,并将数据带入固定的计算公式即可,避免陷入模棱两可的主观判断之中。另一方面尽量采用公开的法定数据,可以从教育事业统计年报和政府公报中获得,并适当地进行抽样核实。

部分数据可以直接从政府公报上获得。例如财政教育经费决算报表、教育事业统计年报、人口普查公报等;部分数据可以通过查看上级部门文件获得。例如县域省级优质幼儿园数量,省级优质高中数量、职业学校参加市以上技能大赛获奖人数等,由于有上级文件为依据,数据的可信度较高;部分数据需要县级教育行政部门统计汇总。例如名优骨干教师人数可以由教育局人事部门提供统计报表,教师发表市级以上论文数由教育科研部门提供数据,中考成绩按学校统计标准差可以由招办提供中考成绩,按学校统计平均分,计算标准差获得,普通高中二本以上达线人数可以以招办提供的数据为依据;部分数据需要通过现场采集后获得。例如学生、家长、教师对县级政府教育工作的满意度。通过以上四种方式,考核数据的客观性、可信度基本能够得到保证。

二、该指标体系有较强的科学性,
逻辑完整,体现发展

县级政府教育政绩评价指标体系能够全面、客观、公正地评价县级政府的教育政绩,该指标体系基于“投入—管理—成效”的绩效评估模型,依照其内在逻辑,系统构建县级政府教育政绩评价指标体系。教育投入是前提,也是衡量县级政府对教育工作重视程度的标尺;教育管理是核心,体现政府管理教育的工作过程,教育管理是关系教育工作的关键环节,是教育事业发展的重要保障;成效是结果,最直观地反映县级政府工作的实绩。政府教育工作的成效体现在内向积淀和外向产出两个方面。积淀成效是指在教育投入和有效的管理之下,教育资源更加丰富,资源品质不断优化。这里的教育资源,可以细分为物化的资源(学校、设施设备)和人力资源(教师队伍)两类。例如,在本指标体系中关于物化资源的规定:教育资源增量、人均教育建筑面积、人均教育固定资产、按人数平均教育机构、场所拥有的计算机、按人数平均教育机构、场所藏书等指标要素。关于人力资源的规定有:师生比、高一级学历教师占比、名优骨干教师占比、每100名教师发表论文数等指标要素。规定产出成效在数量上体现为教育普及率提高,在质量上体现为提供教育服务质量和人民群众满意度不断提高等方面。

该指标体系运用增值评价和发展性评价理论,重点考量教育发展的增量和县级政府任期内对教育的贡献值,为处于不同经济发展和教育基础水平的地区之间提供了相对公平的比较平台,更能调动经济欠发达、教育基础薄弱地区县级政府教育工作的积极性。指标体系必须能够紧密结合本地区的实际情形,根据县域经济社会发展水平,区分不同地区发展基础、区位优势的不同情况来界定发展指标;减少笼统性定性指标,强化具体性量化指标,对实绩考核内容赋予不同的权重结构和侧重点,重点考核政府工作之下教育事业在原有基础上的增值和发展,实现对政府教育政绩的动态评价。

三、该指标体系有较强的公信力,
公平公正,合理合法

在设计指标体系时立足于政府的责任,把政府要做的事、学校要做的事、教师要做的事区分开来。政府的主要职责是教育投入、物质保障、统筹规划、宏观管理和环境营造,努力体现一届政府工作的成绩。县区之间经济基础、教育基础条件、民风民情不同,教育发展的水平也有很大差异,本套指标能够动态地考察一个区域的政府教育政绩的发展情况,进行发展性评价。因为政绩是政府工作的成绩,是评估时段内由政府努力带来的教育的发展变化。重在描述评价时段内通过政府努力形成的教育工作的发展变化,其实质是一种增量的评价,即评估时段终点的教育水平相对于起点的增量。这样的评价才是更科学更客观更公正的评价,才能使人民群众对指标体系产生公信力。

本套县级政府教育政绩评价指标体系严格按照国家关于促进教育发

展的法律法规制定,每个指标要素的设计都体现着现行教育法律法规的规定。例如,本指标体系设置考核教育投入的指标要素完全根据《教育法》的规定。《教育法》对政府教育投入有"三增长一提高"的明确规定,即"各级人民政府教育财政拨款的增长应当高于财政经常性收入的增长,并使按在校学生人数平均的教育费用逐步增长,保证教师工资和学生人均公用经费逐步增长","各级财政支出总额中教育经费所占比例应当随着国民经济的发展逐步提高"。《国家中长期教育改革和发展规划纲要(2010—2020 年)》第 57 条要求:"进一步明确各级政府提供公共教育服务职责,完善各级教育经费投入机制,保障学校办学经费的稳定来源和增长。各地根据国家办学条件基本标准和教育教学基本需要,制定并逐步提高区域内各级学校学生人均经费基本标准和学生人均财政拨款基本标准。"

总而言之,本套县级政府教育政绩评价指标体系的构建带有多角度、全方位、动态化的特点,追求可行性、科学性和公正性。对于县级政府教育政绩评价指标体系的构建,可行性是前提、科学性是基础、公正性是关键,三者统一于指标体系构建的创新实践中。

参考文献

何东昌主编:《中华人民共和国教育文献选编:2003—2008》,新世界出版社 2001 年版。

教育部全国教育普法领导小组办公室编:《常用教育法律法规》,教育科学出版社 2010 年版。

教育部发展规划司主编:《2003—2007 年教育振兴行动计划》,教育科学出版社 2004 年版。

教育部发展规划司主编:《国家中长期教育改革和发展规划纲要:2010—2020 年》,人民出版社 2010 年版。

国家教育督导团办公室编:《当代中国教育督导重要法规经典文献》,人民教育出版社 2007 年版。

江苏省教育厅主编:《江苏教育年鉴2009》,江苏教育出版社 2010 年版。

山东省教育厅主编:《山东教育年鉴 2009》,山东教育出版社 2009 年版。

山东省教育厅主编:《山东教育年鉴 2010》,山东教育出版社 2010 年版。

广东省教育厅主编:《广东教育年鉴 2010》,中山大学出版社 2011 年版。

广东省教育厅主编:《广东教育年鉴 2009》,中山大学出版社 2010 年版。

徐州教育局主编:《徐州教育年鉴 2009》,方志出版社 2009 年版。

徐州教育局主编:《徐州教育年鉴 2010》,方志出版社 2010 年版。

吴德刚:《中国教育改革发展报告——改革开放二十年回顾与展

望》，中共中央党校出版社 1999 年版。

曹利军：《可持续发展评价理论与方法》，科学出版社 1999 年版。

刘志强主编：《学校资产管理实务手册》（上、中、下），宁夏大地音像出版社 2003 年版。

张成福、党秀云主编：《公共管理学》，中国人民大学出版社 2001 年版。

张胜勇：《反思与建构——20 世纪的教育科学研究方法论》，山东教育出版社 1999 年版。

喻立森：《教育科学研究通论》，福建教育出版社 2001 年版。

庄国波：《领导干部政绩评价的理论与实践》，中国经济出版社 2007 年版。

郭庆晨：《政绩统计法》，哈尔滨出版社 2004 年版。

程培杰：《教育评价和督导》，辽宁师范大学出版社 1999 年版。

张向众：《中国基础教育评价的积弊与更新》，教育科学出版社 2009 年版。

朱光磊：《当代中国政府过程》（第 2 版），天津人民出版社 2002 年版。

彭国甫：《地方政府绩效评估研究》，湖南人民出版社 2005 年版。

魏宏森、曾国屏：《系统论——系统科学哲学》，清华大学出版社 1995 年版。

戴维·奥斯本、特德·盖布勒：《改革政府——企业精神如何改革着公营部门》，上海译文出版社 1996 年版。

凯瑟琳·纽科默：《迎接业绩导向型政府的挑战》，中山大学出版社 2003 年版。

艾尔·巴比：《社会研究方法》，华夏出版社 2000 年版。

马歇尔：《经济学原理》，商务印书馆 1979 年版。

舒尔茨：《教育的经济价值》，吉林人民出版社 1982 年版。

路·冯·贝塔朗菲著，魏宏森等译：《一般系统论：基础、发展和应用》，清华大学出版社 1987 年版。

路·冯·贝塔朗菲著，秋同、袁嘉新译：《一般系统论》，社会科学文献出版社 1987 年版。

保罗·R. 尼文著,胡玉明等译:《政府及非营利组织平衡计分卡——如何设计科学的政绩评价体系》,中国财经出版社 2004 年版。

布卢姆著,邱渊等译:《教育评价》,华东师范大学出版社 1987 年版。

后　记

　　百年大计,教育为本。教育事关人民福祉、民族振兴、国家兴衰。将教育置于优先发展的战略地位,办好人民满意的教育,是各级党委和政府义不容辞的责任。我国实行"以县为主"的义务教育管理体制,县级政府担负着统筹管理县域内义务教育、幼儿教育、普通高中教育、中等职业教育和成人教育的重要责任。随着《国务院办公厅关于完善农村义务教育管理体制的通知》和《义务教育法》的颁布,县级政府的教育责任更加凸显。可以说,县级政府教育履责情况直接关系到我国整个教育事业的健康发展,直接关系到党的十七大提出的"办好人民满意教育"目标的实现。建立对县级人民政府教育工作的科学政绩评价制度,有利于县级党政主要领导干部落实科学发展观,树立正确的政绩观,进而全面履行教育工作职责,推动县域内各类教育的改革与发展。

　　教育政绩评价是党和国家对教育事业发展进行宏观管理的一个重要手段,其具有鲜明的导向功能、改进功能和提高建设功能,对保障和促进教育事业的科学发展起重大作用。而教育政绩评价指标体系作为开展教育政绩考核评价工作的重要前提和核心,其设计是否科学合理直接影响考核评价作用的有效发挥。本研究综合运用公共管理和教育评价的相关理论,引入增值评价和发展性评价理论,从教育职责履行、教育发展增值、教育服务质量三个维度构建县级政府教育政绩评价指标体系,重点考量教育发展的增量和县级政府任期内对教育的贡献值,从而使得县级政府教育政绩评价指标体系更加科学、公正、实用。

　　教育政绩评价是一个全新的课题。作为长期奋斗在教育第一线上的一名教育工作者,选择这样一个课题,一方面是有籍以提升自己的学术水平考虑,另一方面是期望通过自己的研究为我国县域教育事业发展尽一份绵薄之力。此正如北宋文学家王安石所言:"为己,学者之本也。……为人,学者之末也。是以学者之事,必先为己,其为己有余,而天下之势可以为人矣,则不可以不为人。故学者之学也,始不在于为人,而卒所以能为人也。"但我深知,以自己的学术水平和研究能力,把该研究做到一个比较完美的境地实不可能,故疏漏、缺陷乃至错误在所难免,恳请专家、同行及广大读者批评指正,以便进一步修订完善。

本书是2010年教育部人文社会科学研究规划项目"县级政府教育政绩评价指标体系研究"的一个主要成果。在研究的过程中得到了教育部、江苏省教育厅、徐州市人民政府、徐州市教育局等有关单位的支持,在成书的过程中得到了李乐、徐锋、肖光文、时培磊、吴荣生、王飞、朱春花等同志的协助,在出版的过程中得到了人民出版社吴学金、詹素娟、肖辉等同志的帮助,在此一并表示感谢。

作 者
2011 年 8 月

责任编辑:詹素娟
封面设计:肖　辉

图书在版编目(CIP)数据

县级政府教育政绩评价指标体系研究/宋农村 著.
　—北京:人民出版社,2011.10
ISBN 978－7－01－010497－3

Ⅰ.①县… Ⅱ.①宋… Ⅲ.①县–地方政府–教育工作–评价–研究–中国
Ⅳ.①G4

中国版本图书馆 CIP 数据核字(2011)第 264323 号

县级政府教育政绩评价指标体系研究
XIANJI ZHENGFU JIAOYU ZHENGJI PINGJIA ZHIBIAO TIXI YANJIU

宋农村　著

人民出版社 出版发行
(100706　北京朝阳门内大街 166 号)

环球印刷(北京)有限公司印刷　新华书店经销

2011 年 10 月第 1 版　2011 年 10 月北京第 1 次印刷
开本:710 毫米×1000 毫米 1/16　印张:18.25
字数:330 千字

ISBN 978－7－01－010497－3　定价:38.00 元

邮购地址 100706　北京朝阳门内大街 166 号
人民东方图书销售中心　电话 (010)65250042　65289539